古典文獻研究輯刊

十八編

潘美月・杜潔祥 主編

第 4 冊

《淮南子》校補（第一冊）

蕭 旭 著

國家圖書館出版品預行編目資料

《淮南子》校補（第一冊）／蕭旭　著—初版—新北市：花
木蘭文化出版社，2014〔民103〕
序 12+ 目 2+178 面；19×26 公分
（古典文獻研究輯刊 十八編；第 4 冊）
ISBN：978-986-322-612-3（精裝）
1. 淮南子　2. 校勘
011.08　　　　　　　　　　　　　　　　103001304

ISBN-978-986-322-612-3

9 789863 226123

古典文獻研究輯刊
十八編　第四冊　　　　　　ISBN：978-986-322-612-3

《淮南子》校補（第一冊）

作　　者　蕭旭
主　　編　潘美月　杜潔祥
總 編 輯　杜潔祥
副總編輯　楊嘉樂
編　　輯　許郁翎
企劃出版　北京大學文化資源研究中心
出　　版　花木蘭文化出版社
社　　長　高小娟
聯絡地址　235 新北市中和區中安街七二號十三樓
　　　　　電話：02-2923-1455／傳眞：02-2923-1452
網　　址　http://www.huamulan.tw 信箱 hml810518@gmail.com
印　　刷　普羅文化出版廣告事業
初　　版　2014 年 3 月
定　　價　十八編 22 冊（精裝）新台幣 40,000 元

《淮南子》校補（第一冊）

蕭　旭　著

作者簡介

　　蕭旭，男，漢族，1965 年 10 月 14 日（農曆）出生，江蘇靖江市人。中國訓詁學會會員，中國敦煌吐魯番學會會員，江蘇省語言學會會員。現在靖江廣播電視臺工作。

　　無學歷，無職稱，無師承。竊慕高郵之學，校讀群書自娛。出版學術專著《古書虛詞旁釋》、《群書校補》（廣陵書社 2007 年、2011 年出版），參編《靖江方言詞典》（江蘇人民出版社 2008 年出版）。20 多年來，在海內外學術期刊《文史》、《中國語文》、《古漢語研究》、《語言研究》、《古籍整理研究學刊》、《江海學刊》、《敦煌研究》、《敦煌學輯刊》、《湖南省博物館館刊》、《古籍研究》、《傳統中國研究集刊》、《文津學志》、《人文論叢》、《漢語史學報》、《敦煌吐魯番研究》、《中國文字研究》、《語言研究集刊》、《澳門文獻信息學刊》、《書目季刊》（臺）、《敦煌學研究》（韓）、《東亞文獻研究》（韓）、《中國語學研究・開篇》（日）發表學術論文 70 餘篇，100 餘萬字。

　　曾任《嘉定王鳴盛全集》編委，新版點校本《史記》外審專家之一，二書中華書局分別於 2010、2013 年出版。

提　　要

　　《淮南子》21 卷，「牢籠天地，博極古今」，是西漢以前學術集大成之作。是書文辭古奧，多用淮楚方俗語辭，是兩漢最難讀的書之一。東漢許慎、高誘曾為之作注（今本二注相雜）。有清以降，眾多學者整理此著，成就斐然。王念孫作《讀書雜志》，其中《淮南子雜志》王氏用力最勤，所得最多。然千慮一失，智者難免。析疑訂誤，固有俟乎方來者也。

　　本書以《道藏》本為底本，廣泛參考相關校釋著作，包括高誘注、許慎注、陳觀樓《正誤》、王念孫《雜志》、劉台拱《補校》、顧廣圻《校補》、陶方琦《許注異同詁》、錢塘《天文訓補注》、蔣超伯《讀淮南子》、李哲明《義訓疏補》、吳汝綸《點勘》、劉家立《集證》、易順鼎《許注鈎沉》、陶鴻慶《札記》、吳承仕《舊注校理》、楊樹達《證聞》、方光《要略篇釋》、劉文典《集解》、胡懷琛《集解補正》、于省吾《新證》、劉盼遂《許注漢語疏》、沈延國《補證》、向宗魯《簡端記》、馬宗霍《舊注參正》、徐仁甫《辨正》、王叔岷《斠證》、蔣禮鴻《札記》、劉殿爵《札記》、鄭良樹《校理》、于大成《淮南雜志補證》、張雙棣《校釋》、何寧《集釋》、趙宗乙《札記》、陳廣忠《斠詮》，以及清代以來各種涉及《淮南子》的學術筆記。在前修、時賢的基礎上作校補，其誤者正之，是而不盡者申證之，諸家未及者補之。

　　我崇尚「考本字、探語源、尋語流、破通假、徵方俗、系同源」的治學理念，故所作校補，非僅僅對對甲本乙本，查查字書韻書，寫寫敘錄校記而已，此有異於時下之流行者也。

《淮南子校補》序

　　靖江蕭君旭，一心務於學術，時值盛年，積學頗豐，故其成果迭出。繼
2007 年出版《古書虛詞旁釋》之後，今年又出版《群書校補》四冊，校補文
獻 30 多種，洋洋百萬餘字，不久又以《淮南子校補》書稿見示，囑余作序，
心有難焉。出版《群書校補》前，亦囑余作序，本已應允，後得知已有三君
賜序，因借故推辭，實有私心在焉。因為人作序，要麼資歷甚高，名望甚大，
要麼學識甚豐，術有專攻；自念諸端無有，妄發議論，於學術無益，於私心
不安，加之手頭文債甚多，向來不習慣中斷思維，另起拙筆。思及徐復師生
前多為人作序，其旨重在提攜後學，鼓舞同道，故不作他想，姑且為友君致
贊許之情耳。

　　《淮南子》一書，堪稱難治。《漢書‧藝文志》列入雜家，所謂「兼儒、
墨，合名、法」，實為劉安之前傳世文獻的彙編，足見其內容之廣博。高誘序
云：「此書其旨近《老子》，淡泊無為，蹈虛守靜，出入經道。言其大也，則
燾天載地；說其細也，則淪於無垠，及古今治亂存亡禍福，世間詭異瑰奇之事。
其義著，其文富，物事之類，無所不載，然其人較歸之於道。」而道家之文
獻，又比儒家之言更深奧，前賢時修，治者甚夥，眾說紛紜，莫能一是焉。
多年前就聽說師兄王繼如教授攻治《淮南子》，迄今未見問世，亦可見其難焉。

　　蕭君在《群書校補》的基礎上，廣泛收羅，古今中外，紙質專著論文，
乃至網上資料，幾乎殆盡。蕭君自謂經史子集，帛書竹簡，敦煌寫卷，佛經
音義，皆所涉及；遵循清儒軌躅，考本字、探語源、尋語流、破通假、徵方
俗、系同源。所成《淮南子校補》，計 2043 則，或引證，或補充，多發前人
所未發，對別人的錯誤之見，直摘詿謬，可謂率真者也。其間條目，多則七

八千言，如《俶眞篇》第 7 條；少則數字，如《齊俗篇》第 72 條，皆以求眞為準的。其間精義，讀者自能明之。茲舉一例以明之，如《天文篇》第 5 條補充汪維輝先生之說：

> ……汪維輝謂「豔」釋為「火焰延伸（延及）」，指出「今天寧波話仍有此語，如『火豔出灶外了』，『火豔上屋簷了』。」汪說甚是，靖江亦有此語。汪先生又曰：「『豔』當是一個借音字，查《廣韻》、《集韻》，未得本字……這個『豔』在當時可能就是一個吳方言口語詞。」茲為汪說補證，又據以上引證，恐非吳方言所專有。敦煌寫卷 P.3078V《禮懺文》：「男抱熱豔銅柱，女臥赤鐵之床，遍體燋燃，舉身烘爛，俄然粉碎。」「豔」當讀為「焰」，可為旁證。

學術之所以能薪盡火傳，是因為存在一條螳螂捕蟬將有黃雀在後的生物學規則。細讀此書，也難免存在值得進一步商榷和加工之處，今舉例說明之：

> 如：「《齊俗篇》（19）：風雨之變，可以音律知也。高注：律知陰陽。
> 按：知，《文子·下德》同；《御覽》卷 13 引作『和』，《劉子·心隱》亦作『和』。王叔岷謂『和乃知之誤』，趙宗乙謂『知當為和』，趙說慎矣。」

此條中「知」與「和」，作「知」固是，若能補充致誤之由，讀者得益更多。《戰國策·趙策》「觸龍說趙太后」中「和於身」，帛書文字作「知」，實為一字而當時寫法互通。

《淮南》一書，多引《莊子》，余教學《莊子》十幾年，其中許多詞語因難以得旁證，未能確詁，茲舉兩例說明之：

> 如：「《主術篇》（17）：夫養虎豹犀象者，為之圈檻，供其嗜欲，適其飢飽，違其怒恚。按：《莊子·人間世》、《列子·黃帝》作『時其飢飽，達其怒心』。敦煌寫卷 P.3454《六韜》：『時其飢飽，達其恚怒。』時，讀為伺。適，節也。違，向宗魯、呂傳元、王叔岷據《莊》、《列》校作『達』，是也。楊樹達校『達』為『違』，何寧駁之。郭象注：『知其所以怒而順之。』達，知也。」

此條「違」與「達」，詞義相關，《淮南》意改作「違」。作「達」固是，《說文》辵部：「達，行不相遇也。」又「違，離也。」「違其怒恚」或「達其怒心」，皆指避開虎豹犀象之怒心。《莊子》郭象注多闡發大義，而訓達為知，未有理據。

又如：《覽冥篇》（35）：臥倨倨，興眄眄。高注：倨倨，臥無思慮也。眄眄，視無智巧貌。按：《莊子‧應帝王》：「其臥徐徐，其覺于于。」又《盜跖》：「臥則居居，起則于于。」王念孫據校「眄眄」爲「盱盱」，是也。《論衡‧自然》：「坐者于于，行者居居。」亦其證。于于，或作「懇懇」、「與與」、「吾吾」、「俉俉」、「衙衙」等字形，形容「暇豫」。

此條「于于」釋爲暇豫，於義可通。竊以爲可另作他釋，今詳申之。《盜跖》：臥則居居，起則于于。郭象注：「于于，廣大之意。」成玄英疏：「于于，自得之貌。」 曹礎基：混混沌沌的樣子。（居居，安穩的樣子。）《應帝王篇》：「泰氏其臥徐徐，其覺于于。」曹礎基：于于，愚昧無知的樣子。（徐徐，安閒自得的樣子。）成玄英疏：徐徐，寬緩之貌。司馬彪：徐徐，安穩貌。于于，無所知貌。簡文：徐徐于于，寐之狀也。郭慶藩：于于，即盱盱。盱，張目也。《淮南‧俶眞篇》：「萬民睢睢盱盱然。」高誘注：「睢睢盱盱，視聽之貌也。」此注誤。《呂覽‧覽冥篇》：「臥倨倨，興盱盱。」高誘注：「盱盱，無智巧貌也。」盱，一本作「眄」，應誤。考《列子‧黃帝篇》引《老子》曰：「而睢睢而盱盱，而誰與居？」楊伯峻案：「睢、居爲韻，古音同是魚部之平聲。」（中華書局本 80 頁）朱駿聲認爲「睢」是「睢」的誤字，其說甚是。（朱駿聲《定聲》598 頁）按《齊物論》「前者唱于而隨者唱喁」，曹礎基釋爲相應和的聲音，是依據李頤所云聲之相和也。《天地篇》（十二）：「爲圃者曰：子非夫博學以擬聖，於于以蓋衆，獨弦哀歌以賣名聲於天下者乎？」成玄英疏：「於于，佞媚之謂也。」《釋文》：「於于並如字，本或作吁吁，音同。司馬云：誇誕貌。一云：行恩之貌。」林希逸《口義》釋於于爲自大之貌，誤。郭慶藩引郭嵩燾曰：「於、于字同。於于，猶于于也。」據「徐徐」，崔本作「祛祛」，與「居居」，與「睢睢」皆是魚部字。各種異文同義。于于，當從李頤的解釋爲聲之相和也，即發出一種自然的聲音。大自然可以唱于，百姓起則于于，皆屬自然狀態，而孔子的於于，也是從聲音說，但擬聖、蓋衆、賣名聲等，則遠離自然了，所以莊子通過爲圃者譏諷之。

　　如切如磋，如琢如磨，是爲序。

方向東

2011 年 12 月 25 日

寫於南京師範大學

關於《淮南子》的幾個問題
——蕭旭《淮南子校補》序

(一)

我國先秦特別是戰國時期諸子百家文化輝煌燦爛,構成了華夏民族後世文化的奠基石,諸子百家的著作在世界文化史上佔有極其重要的地位。到了戰國末期的《呂氏春秋》和西漢前期的《淮南子》,則是對此前已經發展了數百年的學術文化思想予以整合與昇華,成為雜家的代表作。作為雜家的《呂氏春秋》和《淮南子》視野開闊,相容並包,如同蜜蜂兼采,沒有明顯的門戶之見,可謂「傾群言之瀝液,漱六藝之芳潤」〔註1〕,故《呂氏春秋》和《淮南子》能成為我國先秦以來學術义化思想集大成的文化巨著。其體大思精,弘博淵妙,與世界上任何民族的任何文化名著相比都毫無愧色。

《文心雕龍‧諸子》稱:「《呂氏》鑒遠而體周,《淮南》汎採而文麗,斯則得百氏之華采,而辭氣之大略也。」《淮南子》與《呂氏春秋》的一個明顯的區別是《淮南子》文采麗縟。為什麼會有這樣的區別呢?從學術文化史看,《淮南子》的文采風流是繼承了戰國時代的作為楚文化系統的《莊子》和《楚辭》的文學傳統,所以能夠汎採而文麗;而《呂氏春秋》更是代表了西北方剛勁簡直的文風。二者的不同實際上是我國最早的南北文學風格的不同,是《詩經》與《楚辭》的不同的延續和發展:《詩經》與《楚辭》文風的不同是南北文學在詩歌風格上的不同;《呂氏春秋》和《淮南子》的不同是南北文學

〔註 1〕 語出陸機《文賦》。

在散文風格上的不同〔註2〕。南北文學這樣的歧異一直貫穿我國整個文學史。

《淮南子》能這樣文采麗雅，其原因主要是漢初以來楚文化流行於帝王和上層貴族之中，作爲貴族文化產物的《淮南子》自然受其影響；而楚文化之所以輝煌燦爛，在北方的儒家文化之外能夠別開生面，重要原因就是楚文化是非常開放的文化，精神自由，能夠相容並包，不斷吸納異文化，絕不作繭自縛，這是楚文化與北方的儒家文化明顯的不同。我們略舉數端，以窺豹一斑。1、作爲楚文化系統的《莊子》、《楚辭》、《淮南子》都有大量的神話，夸張浪漫，富於幻想，這與北方的儒家文化、法家文化完全不同；我們可以說我國神話大規模進入文學領域是創始於楚文化；2、《楚辭》有明顯的情色描寫。作爲楚文化的《神女賦》、《高唐賦》甚至描寫人間君王與神女發生性行爲；這樣的文學意象完全不見於北方的文學系統。因此，楚文化的一大特徵是性開放〔註3〕，與儒家文化不同；3、楚文化不受儒家文化或周禮的約束，追求享樂的風尚很明顯，這在《楚辭》中的《招魂》、《大招》中反映得很具體；4、楚文化重視哲學性，而儒家文化更重視倫理性，二者在精神上頗不相同；由於《老子》、《莊子》都是楚文化系統，所以似乎可以說我國真正的哲學思想發端於楚文化；而《淮南子》是楚文化哲學思想的集大成者。正是由於楚文化有文采風流和睿智哲學的傳統，這最終孕育了東晉時代楚文化的殿軍巨擘葛洪及其《抱朴子》內外篇，爲唐以前的楚文化做了最後的昇華，與《莊子》、《淮南子》先後相輝映；5、楚文化沒有華夷思想，而儒家文化一直重視華夷之別；正因爲如此，楚文化才比儒家文化更加開放自由，海納百川，不捐細流，善於吸納異文化；這成爲後來我國道教文化的一大特徵〔註4〕。溯

〔註2〕 近代學者譚廷獻《復堂日記》三稱《呂氏春秋》「尋其脈絡，篇篇銜接，義義相生，文章之妙，《淮南》不能及也」。這是說《呂氏春秋》篇章分目詳細，結構緊密，易於循覽，而《淮南子》篇目較粗略。若謂《淮南子》文章之妙不如《呂覽》，則未必然。

〔註3〕 《文心雕龍·辨騷》論《楚辭》：「士女雜坐，亂而不分，指以爲樂，娛酒不廢，沉湎日夜，舉以爲歡，荒淫之意也。」同篇稱：「昔漢武愛《騷》，而淮南作《傳》，以爲《國風》好色而不淫，《小雅》怨誹而不亂，若《離騷》者，可謂兼之。」《全唐詩》卷354劉禹錫《觀柘枝舞二首》：「燕秦有舊曲，淮南多冶詞。」

〔註4〕 陳寅恪《馮友蘭〈中國哲學史〉下冊審查報告》（收入《陳寅恪集·金明館叢稿二編》，三聯書店，2011年精裝版）284頁有一些精彩的論述：「六朝以後之道教，包羅至廣，演變至繁，不似儒教之偏重政治社會制度，故思想上尤易融貫吸收。凡新儒家之學說，幾無不有道教，或與道教有關之佛教爲之先

其源流，不得不追溯到先秦的楚文化；6、在楚文化中，除了《離騷》用香草美人象徵君臣之外，其他的文學作品更是純粹的文學，並沒有多少政治理想或美刺的寄託。《楚辭》中的《漁父》是直白地表示屈原不願同流合污的人格操守，更重要的是通過漁父之口表達了楚文化思想中存在對屈原憤懟沉江的批判。也就是說屈原自殺在當時的楚文化中就是受批評的，屈原沉江的行爲違背中國文化中的「明哲保身」的精神〔註5〕，歷來爲我國知識份子所詬病，始終沒有成爲我國文化人的楷模〔註6〕。後世讀書人喜歡《楚辭》只是喜歡借《楚辭》來消愁遣恨，來抒發心中的不平〔註7〕，一般不會效法屈原沉江，他們更喜歡像《遠遊》一樣去求取神仙般的長生不老之法〔註8〕，既遠離塵世的紛擾，也可以修煉長生之術。《漁父》表達的是與世浮沉的人生哲學，而不是任何象徵或寄託，與《離騷》在精神上完全相反。而《詩經》的傳統是美刺，其精神就是強調文學爲政治服務，這與楚文化不同。

（二）

關於《淮南子》的作者問題。學術界一般都認爲《淮南子》的作者是淮南王劉安。實則，劉安雖篤雅好學，卻非《淮南子》的作者，最多算主編，猶如呂不韋乃《呂氏春秋》的主編，而非作者。若謂呂不韋這樣的投機商人能夠自己創作一部《呂氏春秋》，天下恐無人能信〔註9〕。更考《史記·淮南

導。……至道教對輸入之思想，如佛教摩尼教等，無不儘量吸收，然仍不忘其本來民族之地位。既融成一家之說以後，則堅持夷夏之論，以排斥外來之教義。此種思想上之態度，自六朝以來亦已如此。雖似相反，而實足以相成。」則道教思路開闊，善於吸收異文化，在我國是很長久的一個傳統，這個傳統其實是來自先秦時代的楚文化。學者對此學術源流似乎多未明朗。

〔註5〕參看班固《離騷序》。又《文心雕龍·辨騷》：「然其文辭麗雅，爲詞賦之宗，雖非明哲，可謂妙才。」

〔註6〕唐朝的李白甚至譏笑屈原殺身貪名，與刺客同類。如李白詩《笑歌行》：「趙有豫讓楚屈平，賣身買得千年名。」（不過有人說此詩非李白所作，但無論如何唐朝人有這樣的思想意識）。李賀《相和歌辭·箜篌引》：「屈平沉湘不足慕，徐衍入海誠爲愚。」

〔註7〕如清朝的納蘭容若。

〔註8〕如李白《秋夜獨坐懷故山》：「小隱慕安石，遠遊學屈平。」

〔註9〕近代大儒劉師培《讀左札記》（收入《劉申叔遺書》，江蘇古籍出版社1997年版）稱：「《呂覽》一書多成於荀卿門人之手（劉申叔公自注：安吳包氏亦有此說）。荀卿爲《左氏春秋》之先師，故《呂覽》一書多引《左氏》之文。」可知劉申叔等學者認爲《呂氏春秋》是出於荀子的眾多弟子之手。此說定有

衡山列傳》《索隱》引《淮南要略》云：「（劉）安養士數千，高才者八人，蘇非、李尚、左吳、陳由、伍被、毛周、雷被、晉昌，號曰八公也。」〔註10〕這是八公之名的最早出典。東漢學者高誘《淮南鴻烈解敘》：「初安爲辯達，善屬文。時武帝方好藝文，以安屬爲諸父，甚尊重之，詔使爲《離騷傳》。自旦受詔，日早食已。上愛而祕之，天下方術之士多往歸焉。於是遂與蘇飛、李尚、左吳、田由、雷被、毛被、伍被、晉昌等八人及諸儒大山小山之徒，共講論道德，總統仁義而著此書。其旨近《老子》，淡泊無爲，蹈虛守靜，出入經道。言其大也，則燾天載地；說其細也，則淪於無垠，及古今治亂、存亡禍福、世間詭異瓌奇之事。其義著，其文富，物事之類，無所不載。然其大較，歸之於道，號曰鴻烈。」高誘明言《淮南子》是蘇飛、李尚等八人還有大山、小山共同所著。後世不甚言及大山、小山，而神化蘇飛等八人，稱之爲淮南八公〔註11〕。考《宋書・樂志三》古詞《善哉行》：「來日大難，口燥唇乾。今日相樂，皆當喜歡。經歷名山，芝草翻翻。仙人王喬，奉藥一丸。自惜袖短，內手知寒。慚無靈輒，以報趙宣。月沒參橫，北斗闌干。親交在

根據，而不甚爲學術界所知。

〔註10〕 光華按：此文不見於今本《淮南子・要略》，當是佚文。

〔註11〕 西晉的干寶《搜神記》卷1《淮南八公》條不列八公姓名，只言其能返老還童，略謂：「淮南王安好道術，設廚宰以候賓客。正月上午，有八老公詣門求見，門吏白王。王使吏自以意難之，曰：『吾王好長生，先生無駐衰之術，未敢以聞。』公知不見，乃更形爲八童子，色如桃花，王便見之，盛禮設樂，以享八公。援琴而弦歌曰：『明明上天，照下土兮；知我好道，公來下兮；公將與余，生毛羽兮；升騰青雲，蹈梁甫兮；觀見三光，遇北斗兮；驅乘風雲，使玉女兮。』今所謂《淮南操》是也。」干寶已不言八公爲學者，但能駐衰長生，似乎還沒有突出其他的神通。干寶筆下的八公顯然是仙，而不是神。到了東晉大學者葛洪《神仙傳》卷6《淮南王》（參看胡守爲《神仙傳校釋》，中華書局2010年版）所列出的八公姓名全是寓託，與高誘《敘》完全無關（後來唐末五代的杜光庭《錄異記》卷1所述八公姓名全本葛洪），顯然是模擬《莊子》的技法。這說明淮南八公到了東晉時代已經被神化，是典型的神仙了，比起干寶《搜神記》的八公已經更具神通了。後來唐詩中大量歌詠淮南八公說不定主要是根據了葛洪《神仙傳》的《淮南王》篇，而不是高誘《敘》。因爲高誘《敘》中的淮南八公主要是學者形象，而不是神仙。而《神仙傳》中的八公已經是神仙，法力無邊，「各能吹噓風雨，震動雷電，傾天駭地，迴日駐流，役使鬼神，鞭撻魔魅，出入水火，移易山川，變化之事，無所不能也」。葛洪並沒有言及八公的學問和哲學思想。高誘筆下的八公和葛洪筆下的八公明顯是不同實質的，這種不同是黃老學派與神仙道教的不同，其時代變遷之跡甚爲明顯。八公的形象大致的演變過程是思想弘通的黃老學者（東漢以前）→能長生的仙人（魏晉時代）→神通廣大的神仙（東晉已降）。

門，饑不及餐。歡日尙少，戚日苦多。何以忘憂，彈箏酒歌。淮南八公，要道不煩。參駕六龍，遊戲雲端。」《樂府詩集》卷58有《八公操》，又名《淮南操》，分明指淮南八公。《全唐詩》卷50楊炯《和輔先入昊天觀星瞻》：「漢君祠五帝，淮王禮八公。」又卷127王維《贈焦道士》：「海上游三島，淮南預八公。」又卷166李白《白毫子歌》：「八公攜手五雲去，空餘桂樹愁殺人。」又卷173李白《寄上吳王三首》之一：「淮王愛八公，攜手綠雲中。」又卷480李紳有詩曰：「未登崖谷尋丹灶，且歷軒窗看壁題。那遇八公生羽翼，空悲七子委塵泥。」甚至安徽省鳳台縣東南的八公山也是以淮南八公而得名〔註12〕。唐代詩人有不少詩詠淮南八公或八公山。淮南八公在唐朝可謂名不寂寞，這自然與唐朝崇尙道教、追慕神仙有密切關係。更重要的是淮南八公成爲後來八仙過海的八仙的最早來源〔註13〕。因此，可以說淮南八公在我國民間文化中的重要性要高過淮南王劉安。其所以如此，我認爲正是因爲八公撰具了千古文化名著《淮南子》。

還有幾條證據：一、《淮南子·要略》：「若劉氏之書，觀天地之象，通古今之事，權事而立制，度形而施宜，原道之心，合三王之風，以儲與扈冶。」如果《淮南子》是劉安本人所撰，《淮南了》就斷不會稱本書是「劉氏之書」。至少可以確定《要略篇》絕不是劉安所著；二、《漢書·藝文志》：「《淮南道訓》二篇。淮南王安聘明《易》者九人，號九師說。」足見劉安請人著書也以《淮南》爲書名。並非書出淮南就是劉安所著；三、《漢書·淮南王傳》：「淮南王安爲人好書，鼓琴，不喜戈獵狗馬馳騁，亦欲以行陰德拊循百姓，流名譽。招致賓客方術之士數千人，作爲《內書》二十一篇，《外書》甚眾，又有《中篇》八卷，言神仙黃白之術，亦二十餘萬言。」可見《漢書》也不曾言《淮南子》是劉安所著，而是其賓客所撰。

（三）

先秦兩漢的淮南地區是楚文化的大本營，《淮南子》是楚文化的集大成之

〔註12〕 參看《水經注》「肥水」節。袁珂《中國神話大詞典》（四川辭書出版社1998年版）第12頁《八公山》條。光華按：袁珂乃神話學名家，而此條言及八公姓名僅據縣志，不徵引高誘《敘》，也不提干寶《搜神記》、葛洪《神仙傳》，粗疏淺陋，匪夷所思。

〔註13〕 關於『八仙』的考證參看浦江清《八仙考》，收入《浦江清文錄》，人民文學出版社1989年版；又收入《浦江清講古代文學》，鳳凰出版社2010年版。

作，是對先秦諸子百家學說很好的總結和昇華，是我國文化上的一顆明星。唐代劉知幾《史通・自敍》稱譽：「昔漢世劉安著書，號曰《淮南子》。其書牢籠天地，博極古今，上自太公，下至商鞅。其錯綜經緯，自謂兼於數家，無遺力矣。」正因爲如此，對《淮南子》進行訓詁學和校勘學的研究實爲極端重要的基礎工作。自清朝乾嘉諸老潛心文字音韻訓詁之學，學術界對《淮南子》的研究已有很大的進展。迄今爲止，其代表性的研究成果有王念孫《淮南子雜志》、劉台拱《淮南子補校》、顧千里《淮南子校補》、俞樾《淮南內篇平議》、陶方琦《淮南許注異同詁》、劉文典《淮南鴻烈集解》、吳承仕《淮南舊注校理》、楊樹達《淮南子證聞》、馬宗霍《淮南舊注參正》、王叔岷《淮南子斠證》、鄭良樹《淮南子斠理》、于大成《淮南子校釋》、張雙棣師《淮南子校釋》、何寧《淮南子集釋》。諸家各有成就，互有發明，然而對《淮南子》的訓詁和校勘至今未能臻於至善。

當今江東學者蕭旭先生慨歎《淮南子》一書意蘊弘深，通貫非易〔註14〕，憂懼先聖之微言精義將墜於後世。乃發奮精勵，究心《鴻烈》，網羅資料，鉅細靡遺，可謂「上窮碧落下黃泉」；徧考異文，審慎抉擇，堪稱「收百世之闕文，採千載之遺韻」〔註15〕；精治訓詁，疏通文義，信能「恢萬里而無閡，通億載而爲津」〔註16〕。多歷寒暑，不辭繁劇，終造作《淮南子校補》一書，凡六十餘萬言，其廣博深邃足以上追清朝大儒王念孫的《淮南子雜志》。此書以《道藏》本《淮南子》爲底本，對此前所有關於《淮南子》的注釋校勘予以全面地審視，對前賢之說了然於心，然後對其疑似者釋之，不足者補之，詿誤者正之，窒礙者通之，分歧者抉之，妖妄者剔之。義皆得自胸襟，正所謂「謝朝華於已披，起夕秀於未振」〔註17〕，絕無掠人美辭之嫌疑。此書對

〔註14〕《西京雜記》卷上：「淮南王安著《鴻烈》二十一篇。鴻，大也；烈，明也；言大明禮教。號爲《淮南子》，一曰《劉安子》。自云『字中皆挾風霜』。楊子雲以爲一出一入。公孫宏著《公孫子》，言刑名事，亦謂『字直百金』。」《古今圖書集成・經籍典》亂引典籍，顛倒錯謬，竟稱：「楊氏《法言》曰：《淮南子》一出一入，字直百金。」不知楊雄之語不出於《法言》，而出於《西京雜記》；『字直百金』不是楊雄評價《淮南子》的話，而是公孫宏評價自己的《公孫子》的話。何寧《淮南子集釋》（中華書局，1998年）第1499頁《淮南子總評》完全抄錄《古今圖書集成》，僅作標點，不加考證，可謂疏於檢點。
〔註15〕語出陸機《文賦》。
〔註16〕語出陸機《文賦》。
〔註17〕語出陸機《文賦》。

《淮南子》的校勘和訓詁成就巨大，自成一家之言，足以匡補前修之未逮。若起王念孫於九原，亦當感歎其道不孤。此書發現了前人所沒有發現的許多問題，解決了張雙棣師《淮南子校釋》、何寧《淮南子集釋》所遺留的許多疑難。信爲今後閱讀研究《淮南子》所必備之參考書。

蕭旭先生苦心孤詣、學風嚴謹，沉潛學術，不羨虛名，追慕高郵之學，深得乾嘉遺風。我閱讀蕭先生此書，震懾於此書之精湛弘深，極有裨於國學，信淮南之功臣，訓詁之矩範。我相信閱讀此書的學者定能從中發現瑰寶，絕不會空手而歸。

龐光華

2012 年 1 月 10 日

目次

第一冊
《淮南子校補》序　方向東
關於《淮南子》的幾個問題 —— 蕭旭《淮南子校補》
　序　龐光華
引　言 ························· 1
《原道篇》校補　卷第一 ···········　3
《俶真篇》校補　卷第二 ··········· 47
《天文篇》校補　卷第三 ··········· 93
《地形篇》校補　卷第四 ··········· 103
《時則篇》校補　卷第五 ··········· 109
《覽冥篇》校補　卷第六 ··········· 123
《精神篇》校補　卷第七 ··········· 139
《本經篇》校補　卷第八 ··········· 157

第二冊
《主術篇》校補　卷第九 ··········· 179
《繆稱篇》校補　卷第十 ··········· 239
《齊俗篇》校補　卷第十一 ·········· 277
《道應篇》校補　卷第十二 ·········· 327

第三冊

《氾論篇》校補　卷第十三 ……………………………… 379

《詮言篇》校補　卷第十四 ……………………………… 419

《兵略篇》校補　卷第十五 ……………………………… 443

《說山篇》校補　卷第十六 ……………………………… 501

《說林篇》校補　卷第十七 ……………………………… 545

第四冊

《人間篇》校補　卷第十八 ……………………………… 601

《脩務篇》校補　卷第十九 ……………………………… 629

《泰族篇》校補　卷第二十 ……………………………… 685

《要略篇》校補　卷第二十一 …………………………… 721

附錄一：《淮南萬畢術》輯證 …………………………… 743

附錄二：《淮南子》古楚語舉證 ………………………… 781

附錄三：主要參考文獻 …………………………………… 839

後　記 ……………………………………………………… 847

引　言

　　《淮南子》21 卷，是西漢初年由淮南王劉安（公元前 179～公元前 121 年）招集門客，於漢景帝、武帝之交時撰寫的一部論文集。於武帝劉徹即位之初的建元二年（公元前 139 年）進獻於朝廷。

　　東漢許愼、高誘曾分別爲《淮南子》作注（今本許注、高注相雜）。有清以降，眾多學者整理此著，成就斐然。千慮一失，智者難免。析疑訂誤，固有俟乎方來者也。本稿在前修、時賢的基礎上作校補，誤者正之，是而不盡者申證之，諸家未及者補之。

　　黃季剛先生說過：「清代小學之進步：一知求本音，二推求本字，三推求語根。」〔註1〕我崇尚「考本字、探語源、尋語流、破通假、徵方俗、系同源」的治學理念，故所作箋證，非僅僅對對甲本乙本，查查字書韻書，寫寫敘錄校記而已，此有異於時下之流行者也。

　　《淮南子》之爲書，本是左右探獲而成，故本稿亦致力於考證《淮南子》文句之所本及流變情況。

　　本稿以張雙棣先生《淮南子校釋》所依據的《道藏》本爲底本。

　　本稿爲簡省篇幅，所引王叔岷之《淮南子》校說，並見王叔岷《諸子斠證》；所引鄭良樹說，並見鄭良樹《淮南子斠理》；所引于大成說，並見于大成《淮南子校釋》；所引諸家說未列出處者，並轉引自張雙棣《淮南子校釋》、何寧《淮南子集釋》〔註2〕。

〔註 1〕　黃侃述、黃焯編《文字聲韻訓詁筆記》，上海古籍出版社 1983 年版，第 12 頁。
〔註 2〕　王叔岷《淮南子斠證》、《淮南子斠證補遺》、《淮南子斠證續補》，並收入《諸子斠證》，中華書局 2007 年版。鄭良樹《淮南子斠理》，嘉新水泥公司文化基

.

金會研究論文第 125 種，1969 年版。于大成《淮南子校釋》，收入《淮南鴻烈
論文集》，里仁書局 2005 年版。張雙棣《淮南子校釋》，北京大學出版社 1997
年版。何寧《淮南子集釋》，中華書局 1998 年版。

《原道篇》校補　卷第一

（1）夫道者……高不可際，深不可測

　　高注：際，至也。

　　按：際，《文子·道原》作「極」。《六韜·文韜·上賢》：「夫王者之道
　　　　……若天之高不可極也，若淵之深不可測也。」又《文韜·大禮》：
　　　　「高山，仰止不可極也；深淵，度之不可測也。」《管子·九守》：「高
　　　　山，仰之不可極也；深淵，度之不可測也。」《說苑·政理》：「譬如
　　　　高山深淵，仰之不可極，度之不可測也。」本篇下文「天下之物，莫
　　　　柔弱於水，然而大不可極，深不可測」，亦作「極」字。極亦至也、
　　　　及也。馬宗霍謂際訓接為長，實則接、至義相會。馬王堆帛書《道原》：
　　　　「是故上道高而不可察也，深而不可則（測）也。」〔註1〕《廣雅》：
　　　　「察，至也。」察當讀為際。李學勤曰：「『際』即帛書之『察』，比
　　　　《文子》作『極』為好，揣想今傳本《文子》此處係後世因音近而誤。」
　　　　〔註2〕彭裕商從李說，謂「察，知曉之意」〔註3〕，則皆失考。《呂氏
　　　　春秋·論人》：「故知一則應物變化，闊大淵深，不可測也。」高誘註：
　　　　「測，盡極也。」

〔註1〕馬王堆帛書《道原》，收入《馬王堆漢墓帛書〔壹〕》，文物出版社 1980 年版，
　　　　第 87 頁。
〔註2〕李學勤《帛書〈道原〉研究》，收入《古文獻叢談》，上海遠東出版社 1996 年
　　　　版，第 165 頁。
〔註3〕彭裕商《文子校注》，巴蜀書社 2006 年版，第 2 頁。

（2）源流泉浡，沖而徐盈；混混汨汨，濁而徐清

高注：浡，涌也。沖，虛也。汨，讀曰骨也。

按：浡，《雲笈七籤》卷1引同，景宋本作「滂」。鄭良樹曰：「滂、浡義近。」《文子‧道原》作「原流泄泄，沖而不盈；濁以靜之，徐清」。默希子注：「泄泄，水出之貌。」《子華子‧大道》：「源流泄泄，滿而不溢，沖而不盈，夫是之謂久生。」此文「徐盈」當作「不盈」，涉下「徐清」而誤。《老子》第4章：「道沖而用之或不盈。」《文子‧微明》：「道沖而用之又不滿。」是其確證。下文又曰：「濁而徐清，沖而徐盈。」「徐盈」亦當作「不盈」，《文子》亦誤。汨汨，水流貌。一本作「滑滑」，滑亦讀曰骨。《文選‧七發》：「恍兮忽兮，聊兮慓兮，混汨汨兮。」呂延濟注：「混汨汨，相合疾流貌。」與此文同。「汨」從「子曰」之「曰」，楊樹達謂本字為㫱，《說文》：「㫱，水流也。」楊說是，字或作「泄泄」、「淈淈」，《文選‧上林賦》：「潏潏淈淈。」《廣雅》：「㫱㫱、淈淈，流也。」王念孫曰：「汨與㫱同，重言之則曰㫱㫱……汨與淈同，重言之則曰淈淈。」〔註4〕

（3）故植之而塞于天地，橫之而彌于四海

高注：植，立也。塞，滿也。彌，猶絡也。施，用也。用之無窮竭也，無所朝夕盛衰。

按：高注是也，植訓立，與「橫」對舉。《大戴禮記‧曾子大孝》：「夫孝，置之而塞于天地，衡之而衡于四海。」盧注：「置，猶立也。衡，猶橫也。」與此文可互參，置當讀為植。《禮記‧祭義》：「夫孝，置之而塞乎天地，溥之而橫乎四海。」《音義》：「溥，本亦作敷，同。」〔註5〕孔穎達疏：「置謂措置。」孔說失之。朱駿聲曰：「植叚借為值，注：『立也。』失之。」〔註6〕《說文》：「值，措也。」朱駿聲曰：「經傳皆以置為之。」是朱氏謂植當借為值，訓措置，朱說失之。朱氏《說文通訓定聲》說古字通假多極為精審，楊樹達《證聞》多與朱氏暗合，諸家校釋《淮南子》鮮有採錄朱說者，故特為表出，其誤

〔註4〕 王念孫《廣雅疏證》，收入徐復主編《廣雅詁林》，江蘇古籍出版社1998年版，第469頁。
〔註5〕 《初學記》卷17引亦作「敷」。
〔註6〕 朱駿聲《說文通訓定聲》，武漢市古籍書店1983年版，第218頁。下同。

者則正之。

（4）舒之幎於六合，卷之不盈於一握。約而能張，幽而能明，弱而能強，柔而能剛

高注：舒，散也。幎，覆也。

按：卷，《文子・道原》誤作「表」。《御覽》卷 307 引《黃石公記》：「動為事機，舒之彌四海，卷之不盈懷。柔而能剛，則其國彌光；弱而能強，則其國彌章。」《黃石公三略》卷上：「舒之彌四海，卷之不盈杯……讖曰：『能柔能剛，其國彌光；能弱能強，其國彌彰；純柔純弱，其國必削；純剛純強，其國必亡。』」《六韜・文韜・明傳》：「柔而靜，恭而敬，強而弱，忍而剛，此四者道之所起也。」〔註 7〕銀雀山漢簡《孫臏兵法・兵失》：「貪而廉，龍而敬，弱而強，柔而〔剛〕，起道也。」〔註 8〕《孟子・公孫丑上》趙注：「道謂陰陽大道，無形而生，有形舒之彌六合，卷之不盈握，包絡天地，稟授群生者也。」《皇王大紀》卷 10：「柔而定，恭而敬，屈而強，忍而剛，此四者道之所以起也。」並可與此文相參證。漢簡「龍」讀為龏，《說文》：「龏，慤也。」段注：「慤，謹也。此〔龏〕與『恭』音義同。」張震澤曰：「龍當讀為寵。而、能，古音近通用。」〔註 9〕張說並非也。

（5）橫四維而含陰陽，紘宇宙而章三光

高注：紘，綱也。

按：《說文》：「綱，維紘繩也。」故高注紘訓綱。劉家立謂綱乃維之誤，失攷。

（6）泰古二皇，得道之柄，立於中央

按：柄，《路史》卷 2 作「秉」，借字；《文子・道原》、《太白陰經》卷 1 作「統」。《御覽》卷 77 引作「泰古二皇，得於中央」，脫「道之柄立」四字。

〔註 7〕　強而弱，敦煌寫卷 P.3454《六韜》作「屈而強」，其餘同。P.3454《六韜》，收入《法藏敦煌西域文獻》第 24 冊，上海古籍出版社 2002 年版，第 268 頁。
〔註 8〕　銀雀山漢墓竹簡《孫臏兵法》，文物出版社 1975 年版，第 104 頁。缺字原補「剛」，似當據《六韜》作「靜」為長。
〔註 9〕　張震澤《孫臏兵法校理》，中華書局 1984 年版，第 174 頁。

（7）是故能天運地滯，輪轉而無廢

　　高注：滯，止也。

　　按：滯，《文子・道原》、《路史》卷 2 作墆，古字通。《通玄眞經纘義釋音》云：「墆，音垤，止也。」《廣韻》：「墆，止也。」《史記・天官書》《索隱》：「按《古今字詁》：『墆，今滯字。』則墆與滯同。」《莊子・天運》：「天其運乎？地其處乎？……意者其有機緘而不得已耶？意者其運轉而不能自止耶？」爲此文所本。郭注：「天不運而自行，地不處而自止。」《說文》：「滯，凝也。」凝亦止也。滯訓止，與「處」義相會，莊逵吉、何寧申高注，並是也。但莊氏謂滯、塵聲相轉，則殊無必要。于鬯、楊樹達謂滯讀爲纏，訓繞，以後世「地行」說當之，未確。《論衡・說日》：「火附地，地不行，故火不行。」是東漢前人認爲「地不行」，與《莊子》「地處」說相合。

（8）有萬不同而便于性

　　高注：萬事不同，能於便性者，性不欲也。

　　按：性，《文子・道原》作「生」，借字。默希子注：「萬類雖差，各隨其性。」

（9）其德優天地而和陰陽，節四時而調五行

　　高注：優，柔也。和，調也。

　　按：和，《雲笈七籤》卷 1 引作「合」，義同。優，《治要》卷 41、《御覽》卷 77 引作「覆」。楊樹達曰：「『覆』字是也，上文云『覆天載地』。」張雙棣曰：「優字不誤，優、和義近。」張說是也，優讀爲憂，《說文》：「憂，龢之行也。」《呂氏春秋・大樂》：「凡樂，天地之和，陰陽之調也。」此正謂「和天地、調陰陽」也。《韓詩外傳》卷 5：「故三王之道……調和陰陽，順萬物之宜也。」《後漢紀》卷 18：「詔曰：『朕以不德，統奉洪業，無以承順乾坤，協和陰陽。』」《虎鈐經》卷 11：「順天地之情，和陰陽之性。」優天地，即所謂「順萬物之宜」、「順天地之情」、「承順乾坤」也。

（10）呴諭覆育，萬物群生

　　高注：呴，溫恤也。

按：諭，一本作「嫗」，《雲笈七籤》卷 1 引作「俞」，音近通用。洪頤煊謂「呴諭」即「煦嫗」，楊樹達、向宗魯、王叔岷謂「呴諭」與「呴俞」同，並是。呴，讀爲欨，《說文》：「欨，吹也。」指溫吹，欲暖者欨之，欲涼者吹之。字或作「昫」、「煦」、「姁」、「咻」、「休」〔註10〕。嫗，讀爲煦，指以體溫暖之。字或作「傴」，《莊子・人間世》：「以下傴拊人之民。」李注：「傴，謂憐愛之。」崔注：「猶嘔呴，謂養也。」「呴諭」，或作「姁婾」、「呴愉」、「嘔喁」、「呴喻」、「煦嫗」、「燠休」、「噢咻」〔註11〕。

（11）待而後生

按：待，讀爲恃，《文子・道原》作「恃之而生」。《管子・事語》：「不待權輿。」丁士涵曰：「待，當爲恃。」〔註12〕亦其例。向宗魯謂作「待」字非，未得。《雲笈七籤》卷 1 引亦作「待」字。

（12）旋縣而不可究，纖微而不可勤

高注：縣，猶小也。勤，猶盡也。

按：高注勤訓盡，是也；勤、究對舉，究亦盡也。于鬯謂勤當作勒，訓分散，無據。于大成謂勤讀爲覲，訓見，亦非是。覲訓見，是朝見，而非察見。旋縣，《雲笈七籤》卷 1 引作「周旋」，向宗魯疑其妄改。王念孫謂縣當作縣，旋、縣皆訓小，已爲于省吾所駁。于省吾釋曰：「縣、懸古今字。凡物之旋轉者，必縣諸空，而無所窒礙。」于大成謂于省吾說亦未得，疑「旋」爲「浮」字之誤。于大成說亦無據。竊謂縣讀爲轉，旋縣即旋轉。

（13）益之而不眾，損之而不寡

按：《莊子・知北遊》：「若夫益之而不加益，損之而不加損者，聖人之所保也。」爲此文所本。

〔註10〕參見方以智《通雅》卷 1，收入《方以智全書》第 1 冊，上海古籍出版社 1988 年版，第 98 頁。
〔註11〕參見吳玉搢《別雅》卷 3，收入景印文淵閣《四庫全書》第 222 冊，臺灣商務印書館 1986 年初版，第 686 頁。
〔註12〕轉引自郭沫若《管子集校》，科學出版社 1956 年版，第 1037 頁。

（14）悗兮忽兮，用不屈兮

高注：屈，竭也。屈讀「秋雞無尾屈」之「屈」也。

按：（a）屈，《文子・道原》作「詘」，借字。尾屈，尾短也。《韓子・說林下》：「鳥有翢翢者，重首而屈尾。」《易林・睽之升》：「老狐屈尾，東西為鬼。」《初學記》卷 29、《御覽》卷 904 並引何承天《纂文》：「狃，屈尾犬也。」《玉篇》：「狃，犬短尾。」可證尾屈即尾短也。

（b）《方言》卷 2：「斂物而細謂之揫。」錢繹《箋疏》引此文高注，云：「秋與揫同。」又卷 8：「雞雛，徐魯之間謂之鶖子。」〔註 13〕錢繹曰：「鶖通作秋……秋雞即鶖子也。」〔註 14〕《廣雅》：「鶖子，雛也。」王念孫曰：「鶖之言揫也，鶖或作秋。」王氏亦引此文高注〔註 15〕。朱駿聲曰：「秋之言揫也，揫之言細也、小也，則鶖即秋字。」〔註 16〕胡適《〈淮南鴻烈集解〉序》云：「然有一事，猶有遺憾，則錢繹之《方言箋疏》未被採及，是也。」此為一例。今吳方言、江淮方言猶謂物之收縮、縮小曰揫，俗語有「揫筋」、「揫腳」、「揫攏」。字或作瘳，《廣雅》：「瘳，縮也。」王念孫曰：「今俗語猶謂物不伸曰瘳矣。」〔註 17〕《廣韻》：「瘳，縮小。」字或作䪼、䪼，《說文》：「䪼，收束也。讀若酋。䪼，䪼或從要。」《漢書・律曆志》：「秋，䪼也，物䪼斂乃成孰。」《禮記・月令》《正義》引《漢書》「䪼」作「揫」。「䪼（䪼）」音義與「揫」相同，當為或體。字或作䵝，《玉篇》：「䵝，同『䪼』。」字或作愁，《禮記・鄉飲酒義》：「秋之為言愁也。」鄭注：「愁讀為揫。揫，斂也。」字或作緧，《釋名》：「秋，緧也，緧迫品物，使時成也。」字或作䲙，《荀子・議兵》：「䲙之以刑罰。」字或省作焦，也作癄，《戰國策・魏策四》：「季梁衣焦不申。」吳師道《補正》：「焦，卷也。申，舒也。」王念孫曰：「焦，讀為癄。」〔註 18〕焦即䪼，皺縮，故與「不申」同

〔註 13〕從戴震《方言疏證》校，各本「鶖」誤作「秋侯」二字。
〔註 14〕錢繹《方言箋疏》，上海古籍出版社 1984 年版，第 124、496 頁。
〔註 15〕王念孫《廣雅疏證》，收入徐復主編《廣雅詁林》，江蘇古籍出版社 1998 年版，第 989 頁。
〔註 16〕朱駿聲《說文通訓定聲》，武漢市古籍書店 1983 年版，第 269 頁。
〔註 17〕王念孫《廣雅疏證》，收入徐復主編《廣雅詁林》，江蘇古籍出版社 1998 年版，第 249 頁。
〔註 18〕王念孫《戰國策雜志》，收入《讀書雜志》卷 1，中國書店 1985 年版，第 104

義連文，今吳方言猶謂「衣裳䌒勒身上」。切不可誤以爲「焦枯」、「燒焦」。《廣雅》：「瘬，縮也。」王念孫曰：「瘬亦瘶也。」〔註19〕《玉篇》：「瘬，物縮也。」《廣韻》：「瘬，小也。亦作瘶。」字或作燋，《增壹阿含經》卷47：「今被熱銅葉，捲燋不得申。」字或作縐，《廣韻》：「縐，側救切，衣不申。」敦煌寫卷S.5584《開蒙要訓》：「紕縵緊縐。」字或作皺、鄒、搊，《長阿含十報法經》卷1：「譬如雞毛亦（并）筋，入火便縮皺不得申。」〔註20〕《大慧普覺禪師語錄》卷12：「鄒搜斂似天㒹棗，輕輕觸著便煩惱。」《佛鑑禪師語錄》卷2：「數百禪和數十州，襤縿破衲面搊搜。」《希叟紹曇禪師語錄》卷1作「皺搜」。元·關漢卿《關大王單刀會》：「□□都只爲競邊，你見了咱搊搜相，交他家難侵傍。」

（15）遂兮洞兮，不虛動兮

高注：洞，達也。道動有所應，故曰「不虛動」也。

按：俞樾曰：「遂讀爲邃，深也。洞有通義，亦有深義。」劉殿爵舉《說郛》卷54引《文子》作「邃」以證之〔註21〕，于大成舉《雲笈七籤》卷1引「遂」作「邃」以證之〔註22〕。《雲笈七籤》「洞」作「通」，亦爲俞說佐證。通、達同義，俞氏又曰：「高注曰：『洞，達也。』非是。」王利器謂「達字當是通字之誤」，則皆失攷。

（16）歷遠彌高以極往

按：彌亦經歷之義，《韓子·說難》：「曠日彌久。」舊注：「彌，猶經也。」蔡邕《王子喬碑》：「歷載彌年，莫之能紀。」亦彌、歷互文同義〔註23〕。

頁。
〔註19〕王念孫《廣雅疏證》，收入徐復主編《廣雅詁林》，江蘇古籍出版社1998年版，第249頁。
〔註20〕「亦」字當從宋、元、明本作「并」。
〔註21〕劉殿爵《讀淮南鴻烈札記》，香港《聯合書院學報》第6期，1967年出版，第140頁。
〔註22〕于大成《淮南子校釋補》，收入《淮南鴻烈論文集》，里仁書局2005年版，第1251頁。
〔註23〕此例參見汪維輝《〈世說新語〉詞語考辨》，《中國語文》2000年第2期。

（17）蹈騰崑崙，排閶闔，淪天門

高注：蹈，躡也。騰，上也。排，猶斥也。淪，入也。

按：《說文》：「躡，蹈也。」故高氏蹈訓躡。王引之曰：「蹈亦騰躍之名。蹈、騰連文，而其義相近。」〔註24〕《方言》卷1：「躡，登也。自關而西，秦晉之閒曰躡。」司馬相如《封禪文》：「躡梁父，登泰山。」躡、登同義對舉。楊樹達曰：「訓蹈爲躡，非也。蹈當讀爲踔，跳也。」《楚辭・遠遊》：「排閶闔而望予……集重陽入帝宮兮。」《史記・司馬相如傳》《大人賦》：「排閶闔而入帝宮兮。」《易林・比之姤》：「登崑崙，入天門。」〔註25〕文例並同，是淪爲入也。

（18）是故大丈夫恬然無思，澹然無慮……乘雲陵霄，與造化者俱

按：（a）楊樹達謂澹讀爲憺，引《說文》憺、恬並訓安，何寧申之，並是也。《文子・道原》作「惔」，一本作「淡」，《書鈔》卷134、《御覽》卷702引《文子》亦作「淡」，並爲「憺」借字。《玄應音義》卷16引《蒼頡篇》：「惔，恬也。」又引《廣雅》：「惔，靜也。」字或作倓、𠊱，《說文》：「倓，安也。𠊱，倓或從剡。」朱駿聲曰：「倓，與憺略同。」〔註26〕《玉篇》：「倓，靜也、恬也。」陶方琦、王利器謂澹讀爲贍，申許注訓足〔註27〕，未確。（b）《文選・東都賦》、《景福殿賦》、《東方朔畫贊》、《奏彈曹景宗》、《辯命論》、《女史箴》、《新刻漏銘》、《挽歌詩》注引並作「大丈夫恬然無爲，與造化逍遙。」《遊仙詩》注引作「大丈夫乘雲陵霄，與造化逍遙。」《魏都賦》、《西征賦》、《七命》、《鵩鳥賦》、《歎逝賦》注引並作「大丈夫無爲，與造化逍遙。」何寧曰：「今本『無思』與『無慮』義複，疑『無思』當作『無爲』，『者俱』二字亦『逍遙』之誤。」趙宗乙說同〔註28〕，並未確，古人自有複語耳。《選》注所引，皆爲李善

〔註24〕　王引之《經義述聞》卷19，江蘇古籍出版社1985年版，第476頁。

〔註25〕　《易林・革之困》、《震之革》同。

〔註26〕　朱駿聲《說文通訓定聲》，武漢市古籍書店1983年版，第130頁。

〔註27〕　王利器《文子疏義》，中華書局2000年版，第11頁。

〔註28〕　趙宗乙《〈淮南子・原道訓〉語辭管見》，《漳州師範學院學報》，2007年第2期；收入《淮南子札記》，黑龍江人出版社2009年版，第5頁。

改寫，非《淮南》之舊。《御覽》卷 359、《韻補》卷 1「思」字條引並同今本，《文子・道原》作「恬然無思，澹然無慮」，可證今本作「無思」不誤。下文「恬然無慮，動不失時」，亦爲旁證。《御覽》卷 8 引《淮南子》：「陰陽爲駟，乘雲霄，與造化俱。」雖爲約引，可證今本作「者俱」不誤。

（19）上游於霄雿之野，下出於無垠之門

高注：霄雿，高峻貌也。

按：霄雿，字或作「陗挑」，《廣雅》：「陗、挑，高也。」也作「睄窕」，《楚辭・九思・疾世》：「闈睄窕兮靡睹。」一本作「闈胕雿」，同。王延壽注：「睄窕，幽冥也。」朱起鳳謂「睄窕」、「蕭條」一聲之轉，又云：「霄、睄、陗從肖聲，雿、挑、窕從兆聲，古通用。」〔註 29〕《俶眞篇》：「蕭條霄雿。」義與此文相同，王念孫釋爲「虛無寂寞」，則爲「高」義之引申。楊樹達曰：「『霄雿』與『逍遙』同，高說非是。」未確。王偉曰：「『窕』疑爲『窈』之誤，而『闈』疑爲『暗（闇）』之形誤。『睄』無幽暗之義，『幽冥』當爲『窈』之釋言，而『窕』則爲『窈』之誤。」〔註 30〕王君未達「睄窕」之語源，臆改古書，甚不足取。另參見《主術篇》「蕭條」條校補。

（20）是故疾而不搖，遠而不勞

按：《方言》卷 2：「搖，疾也。」疾而不搖，言雖疾速但不趨走耳。《賈子・容經》：「造而不趨，稍（稽）而不苦。」《董子・玉杯》：「造而勿趨，稽而勿苦。」劉師培謂造訓疾〔註 31〕。魏・嵇康《琴賦》：「疾而不速，留而不滯。」與本文皆可互參。彭裕商曰：「搖，搖動顛簸。」〔註 32〕未是。

（21）萬物之變，不可究也

〔註 29〕朱起鳳《辭通》卷 7、19，上海古籍出版社 1982 年版，第 678、2036 頁。
〔註 30〕王偉《〈楚辭〉所載漢人作品校證》，《古籍整理研究學刊》2011 年第 1 期。
〔註 31〕劉師培《賈子新書斠補》，收入《劉申叔遺書》，江蘇古籍出版社 1997 年版，第 998 頁。
〔註 32〕彭裕商《文子校注》，巴蜀書社 2006 年版，第 5 頁。

按：究，《文子・道原》作「救」，借字。古從九、從求之字多通用〔註33〕。《文子》一本亦作「究」。

（22）人生而靜，天之性也；感而後動，性之害也

按：害，當據《禮記・樂記》、《文子・道原》作「欲」，《類聚》卷72引晉・庾闡《斷酒戒》：「爾不聞先哲之言乎？人生而靜，天之性也；感物而動，性之欲也。」《廣弘明集》卷18引晉・戴安公《釋疑論》：「夫人生而靜，天之性也；感物而動，性之欲也。性欲既開，流宕莫檢。」《莊子・大宗師》：「是之謂不以心捐道，不以人助天，是之謂真人。」郭象注：「人生而靜，天之性也；感物而動，性之欲也。物之感人無窮，人之逐欲無節，則天理滅矣。」皆當作「欲」之確證。俞樾謂「害」、「欲」並「容」字之誤，未確。《史記・樂書》作「頌」，《集解》：「徐廣曰：『頌音容，今《禮》作欲。』」「頌」亦當作「欲」，《正義》：「其心雖靜，感於外情，因物而動，是性之貪慾也。」《正義》所解是也。

（23）好憎成形，而知誘於外，不能反己，而天理滅矣

高注：形，見也。誘，感也。滅，猶衰也。

按：《禮記・樂記》：「知誘於外，不能反躬。」鄭注：「形，猶見也。知，猶欲也。誘，猶道也、引也。躬，猶己也。」「道」同「導」。知誘於外，《文子・道原》作「智出於外」，于大成謂《文子》「出」當從別本作「怵」，讀爲訹，訓「誘」。「出」當即「怵」音誤，于說是也。滅，當從《史記・樂書》《正義》解作「滅絕」。吳承仕謂高注「感」當作「惑」，失之。

（24）故達於道者，不以人易天

高注：天，性也。不以人事易其天性也。一說曰：天，身也，不以人間利欲之事易其身也。

按：高注似訓易爲改易，未確。易，輕易、輕視。天，天性，指自然屬

〔註33〕參見張儒、劉毓慶《漢字通用聲素研究》，山西古籍出版社2002年版，第166～167頁。

性。不以人易天，言遵循、重視自然規律。

（25）是以處上而民弗重，居前而眾弗害

高注：言民戴仰而愛之也。

按：于省吾謂害當作容，讀為頌。《老子》第 66 章：「是以聖人處上而民
不重，處前而民不害。」河上公注：「聖人在民前，不以光明蔽後，
民親之若父母，無有欲害之心也。」《主術篇》：「故百姓載之上弗重
也，錯之前而弗害也。」何寧引以上二條材料，謂于說非也，甚確。
《文子·道原》、《治要》卷 41 引《淮南子》並作「害」字，可助證
何說。

（26）以其無爭於萬物也，故莫敢與之爭

按：裴學海曰：「敢，猶能也。」〔註 34〕王念孫據《老子》及《治要》卷
41 所引，校「敢」作「能」，于大成從之，未確。《文子·道原》亦
作「敢」字。

（27）射者扜烏號之弓，彎綦衛之箭

高注：扜，張也。彎，引也。

按：《玉篇》：「扜，持也。」《韓子·說林下》：「弱子扜弓，慈母入室閉
戶。」王引之曰：「當作『扜弓』。扜弓，引弓也。《說文》：『𢪛，滿
弓有所嚮也。』字或作扜，《大荒南經》『有人方扜弓射黃蛇』，郭注
曰：『扜，挽也，音紆。』《呂氏春秋·壅塞》：『因扜弓而射之』，高
注曰：『扜，引也。』《淮南子·原道篇》：『射者扜烏號之弓』，高注
曰：『扜，張也。』今本《呂覽》、《淮南》『扜』字皆誤作『扜』，唯
《山海經》不誤，則賴有郭音也。」段玉裁《說文解字注》「𢪛」條
亦謂《山海經》扜叚為𢪛，《廣雅》「𢪛，張也」條王念孫《疏證》
亦謂《淮南子》扜與𢪛通，陶方琦亦謂「扜」即《說文》之「𢪛」〔註
35〕。王叔岷、陳奇猷並採王引之說。尋《列子·仲尼》：「引烏號之

〔註 34〕裴學海《古書虛字集釋》，中華書局 1954 年版，第 331～332 頁。

〔註 35〕段玉裁《說文解字注》，上海古籍出版社 1981 年版，第 641 頁。王念孫《廣
雅疏證》，收入徐復主編《廣雅詁林》，江蘇古籍出版社 1998 年版，第 28 頁。
陶方琦《許君〈說文〉多採用〈淮南〉說》，收入《漢學室文鈔二》，《清經
解續編》，鳳凰出版社 2005 年版，第 7146 頁。

弓，綦衛之箭。」正作「引」字，可爲段氏、二王說佐證。扞，莊校本作「扜」，《御覽》卷 347、914 引作「扜」。楊樹達曰：「扜，《說文》作『玗』，云：『滿弓令有所嚮也。』」當謂扜讀爲玗（弙），《說文》：「弙，滿弓有所嚮也。從弓于聲。」楊氏失檢。《玉篇》：「玗，弓滿也，持也，引也，張也。」《廣韻》：「玗，滿挽弓有所嚮。」又按《呂氏春秋・貴卒》：「管仲扜弓射公子小白，中鉤。」楊樹達謂當作扜，段爲玗，王利器從之。陳奇猷則謂「扜、關、貫皆彎之通假字」，未確。高氏「扜」訓「張」、「引」，郭氏「扜」訓「挽」，正與《玉篇》、《廣韻》相合。

（28）無以異於使蟹捕鼠

高注：以艾灼蟹匡上，內置穴中，洒熱走窮穴，適能禽一鼠也。

按：《御覽》卷 942 引「內」作「納」，「禽」作「擒」，並古今字；又引《淮南萬畢術》：「燒蟹致鼠。」〔註36〕

（29）昔者夏鯀作三仞之城，諸侯背之，海外有狡心

高注：四海之外皆有狡猾之心也。

按：狡，讀爲徼，古從交從敫之字多通用。言海外有徼倖之心也。

（30）乃壞城平池

按：池，《御覽》卷 82 引誤作「地」。

（31）是故鞭噬狗、策蹏馬，而欲教之，雖伊尹造父弗能化

按：策蹏馬，《意林》卷 2 引作「捶踶馬」。《集韻》：「蹏，或從是。」「蹏」同「踶」，本爲名詞「蹄」，用爲動詞，則爲「踢」。《說文》：「策，馬箠也。箠，擊馬也。」箠，本爲名詞「馬鞭」，用爲動詞，則同「捶」。楊樹達曰：「《說文》蹏訓足，『蹏馬』連文無義。蹏蓋假爲踶，踢也、躍也。」楊氏失攷。張雙棣曰：「蹏用作動詞即爲踶。楊謂蹏假踶，非是。」

（32）故體道者逸而不窮，任數者勞而無功

〔註36〕宋・高似孫《蟹略》卷 2 引同。

按：《韓子・飾邪》：「明主使民飾於道之故，故佚而有功……亂主使民飾於智，不知道之故，故勞而無功。」《孔叢子・抗志》：「體道者逸而不窮，任術者勞而無功。」並可與此文相參證。數，術也。上文「釋大道而任小數」，《御覽》卷 951 引數亦作術。逸，《文子・道原》作「佚」，借字。

（33）夫峭法刻誅者，非霸王之業也

按：峭法刻誅，《治要》卷 41 引同，有注：「峭，峻。」《文選・西征賦》李善注引作「陗法刻刑」，又引許慎曰：「陗，峻也。」《原本玉篇殘卷》：「陗，《淮南》：『陗法刻刑。』許叔重曰：『陗，陵也。』野王案：此謂嚴尅也。」陗、峭，正、俗字。《說文》：「陗，陵也。」陵、峻並陵借字。《史記・秦始皇本紀》：「事皆決於法，刻削毋仁。」削，借為陗。《玉篇》：「誅，罰也。」刑，讀為荊，《說文》：「荊，罰辠也。」經典通作「刑」。刑、誅同義。《文子・道原》作「法刻刑誅」，斯為不辭。

（34）離朱之明，察箴末於百步之外，而不能見淵中之魚；師曠之聰，合八風之調，而不能聽十里之外

按：《類聚》卷 17 引《慎子》：「離朱之明，察毫末於百步之外，下水尺，不能見淺深，非目不明，其勢難覩也。」〔註37〕《道德指歸論》卷 3：「晝見星於天，夜見魚於淵，耳比八風之調，目領羣獸之毛。」可與此文相參證。合、比同義，猶言和協、協調。《弘明集》卷 3 晉・孫綽《喻道論》：「光遍日月，聲協八風。」《俶眞篇》：「目數千羊之群，耳分八風之調。」「分」為「合」字形誤。《宋高僧傳》卷 30：「備五彩而服章，合八風而成樂。」亦作「合」之旁證。鄭良樹謂此文「合」當作「分」，解為分辨，非也。《治要》卷 41、《長短經》卷 8、《記纂淵海》卷 61 引並作「合」字。箴，《文選・景福殿賦》李善注引同，有注：「箴，古針字。」《治要》卷 41、《長短經》卷 8、《文選・琴賦》李善注引作「鍼」，亦古「針」字也。鄭良樹謂「箴疑當作毫」，非也。

〔註37〕《文選・演連珠》李善注、《御覽》卷 366 引同。

（35）脩道理之數，因天地之自然，則六合不足均也

> 高注：均，平也。

> 按：王念孫據《御覽》卷 37、180 所引，及《文子·道原》，謂脩當作循。
> 于大成又舉《長短經》卷 8 自注引作「循」證之。二氏所說是也，
> 《子華子·晏子》：「於傳有之，循道理之數，而以輔萬物之自然，六
> 合不足均也。」《文子·自然》：「無權不可爲之勢，而不循道理之數，
> 雖神聖人不能以成功。」亦皆作「循」字。《韓子·喻老》：「故不乘
> 天地之資，而載一人之身；不隨道理之數，而學一人之智，此皆一
> 葉之行也。」《文子·下德》：「不因道理之數，而專己之能，則其窮
> 不遠。」循、隨、因三字同義，並其旁證。《主術篇》：「夫推而不可
> 爲之勢，而不脩道理之數，雖神聖人不能以成其功，而況當世之主
> 乎？」「脩」亦「循」之誤。不足，猶言不難〔註 38〕。

（36）夫萍樹根於水，木樹根於土

> 按：二「樹」字，《御覽》卷 1000、《爾雅翼》卷 5 引並作「植」。《搜神
> 記》卷 12：「木株於土，萍植於水。」〔註 39〕本於此文。

（37）鳥排虛而飛，獸蹠實而走

> 高注：蹠，足也。實，地也。

> 按：蹠，《白帖》卷 95、《御覽》卷 889 引同，《御覽》卷 914 引作「厥」。
> 馬宗霍謂蹠訓踐，是也。厥讀爲蹶、躄，本篇下文「先者蹛下，則
> 後者躄之。」高注：「躄，履也。」《文選·上林賦》：「蹠石闕。」
> 郭璞注：「蹠，躡也，音厥。」又《思玄賦》：「蹠白門而東馳兮，
> 雲台行乎中野。」李善注引《漢書音義》：「韋昭曰：『蹠，躡也。』」
> 李周翰注：「蹠，履也。」又《羽獵賦》：「蹠松柏。」李善注：「蹠，
> 踏也。」

（38）羽者嫗伏，毛者孕育

> 高注：嫗伏，以氣剖卵也。

> 按：《玉燭寶典》卷 1 引《淮南子》：「剖者嫗伏。」又引許注：「嫗以氣

〔註 38〕參見裴學海《古書虛字集釋》，中華書局 1954 年版，第 645 頁。
〔註 39〕《法苑珠林》卷 43 同。

伏孚卵也。」可證「剖卵」即「孚卵」。剖，讀爲孚，俗作孵。《泰族篇》：「卵割於陵。」王念孫曰：「割當爲剖，字之誤也。剖謂破卵而出也。《初學記》、《白帖》、《御覽》引此並作『卵剖』，《開元占經》引作『卵孚』，孚、剖聲相近。」〔註40〕王氏改字得之，釋爲「破卵而出」則誤。朱起鳳曰：「剖從音聲，與孚聲近。」〔註41〕《說文》：「孚，卵孚也。」徐灝曰：「孚、伏、抱一聲之轉，今俗謂雞伏卵爲步，即孚之重唇音稍轉耳。」〔註42〕今吳方言亦有「雞步窠」、「步小雞」之語。《文選·海賦》：「剖卵成禽。」李善注：「剖，猶破也。」李說亦非也。胡紹煐曰：「『剖』與『孚』聲相近。」〔註43〕字或作部，《呂氏春秋·季春紀》：「戴任降于桑。」高注：「部生於桑。」郝懿行曰：「『部』蓋借爲『抱雞』之抱。」陳奇猷曰：「郝說是。部、抱雙聲通假。」〔註44〕王利器謂「部生」即「族居」〔註45〕，王說非是。字或作捊、荸、菢，《玉燭寶典》卷1：「雞捊粥，捊也者，相粥之時也。或曰：捊，嫗伏也。粥，養也。」注：「《方言》曰：『燕、朝鮮謂伏雞曰菢。』……服虔《通俗文》曰：『荸，返付反，卵化也。』字雖加卓，理非別。然則捊與孚，今古字並通。伏、菢聲相近，是一義也。」字或作抱，《方言》卷8：「北燕、朝鮮、洌水之間謂伏雞曰抱。」《玉燭寶典》卷1、《玄應音義》卷11、《慧琳音義》卷52引抱作菢。丁惟汾曰：「抱古音讀剖，爲孚之異文。」〔註46〕字或作勹、包，《說文》：「勹，覆也。」《龍龕手鑑》：「勹，音抱。」《集韻》：「勹，鳥伏卵。」又「菢、勹，鳥伏卵。或從勹。」《玄應音義》卷12、《慧琳音義》卷75「伏鷄」條云：「又作勹，同。謂鷄

〔註40〕景宋本《淮南子》正作「剖」。《初學記》見卷30，《白帖》見卷95，《御覽》見卷930，《開元占經》見卷120。《爾雅翼》卷31、32、《天中記》卷56引亦作「剖」。

〔註41〕朱起鳳《辭通》卷15，上海古籍出版社1982年版，第1479頁。

〔註42〕徐灝《說文解字注箋》，收入丁福保《說文解字詁林》，中華書局1988年版，第3390頁。

〔註43〕胡紹煐《文選箋證》，《續修四庫全書》第1582冊，上海古籍出版社2002年版，第167頁。

〔註44〕陳奇猷《呂氏春秋新校釋》，上海古籍出版社2002年版，第131頁。

〔註45〕王利器《呂氏春秋注疏》，巴蜀書社2002年版，第273頁。

〔註46〕丁惟汾《方言音釋》，齊魯書社1985年版，第148～149頁。

傴伏其卵也。」《玄應音義》卷18「抱卵」條云:「字體作菢,又作勽,同。」《慧琳音義》卷73「抱卵」條云:「字體作菢,又包,同。」「包」爲「抱」之省。字或作毰、皏,《玄應音義》卷11:「抱不:又作菢,同。《方言》:『燕、朝鮮之間謂伏雞曰菢,江東呼嫗。』經文作毰,未詳字出。」《龍龕手鑑》:「毰,《經音義》作菢,鳥伏卵也。」《改併四聲篇海》引作「皏」。《字彙》:「毰,蒲報切,音暴,鳥伏卵。義與菢同。」《正字通》:「毰,俗『菢』字。」鄭賢章曰:「『毰』爲『菢』之俗,『毰』結構上從『句』不表音也不能表義,疑直接源於『皏』之訛。」〔註47〕字或作附,《法華經玄贊要集》卷8:「如鷄附卵,啐啄同時也。」〔註48〕《續古尊宿語要》卷6、《人天眼目》卷4、《教外別傳》卷6作「抱卵」。育,《禮記·樂記》、《史記·樂書》作「鬻」,鄭注:「鬻,生也。」《釋文》:「鬻,音育,生也。」

(39)秋風下霜,到生挫傷

高注:草木首地而生,故曰到生。挫傷者,彫落也。

按:到,一本作「倒」,並讀爲菿,《說文》:「菿,草木倒。」顧廣圻曰:「到與倒通,古本皆作『到』,作『倒』者非是。」未得本字。

(40)昆蟲蟄藏,草木注根,魚鱉湊淵

按:注,張雙棣訓集向、聚向,是也。注讀爲著,《周禮·天官·瘍醫》:「祝藥。」鄭注:「祝,當爲注。注謂附著藥。」

(41)木處榛巢,水居窟穴

高注:聚木曰榛。

按:《說林篇》:「榛巢者處林茂,安也;窟穴者託埵防,便也。」榛,並讀爲橧,動詞。《廣雅》:「橧,巢也。」指聚集柴木構築居室。字或作曾、層,本字爲增。專字爲竲,《說文》:「竲,北地高樓無屋者。」《禮記·禮運》:「冬則居營窟,夏則居橧巢。」鄭注:「寒則累土,暑則聚薪柴居其上。」《釋文》:「橧,本又作增,又作曾,同。」孔

〔註47〕鄭賢章《〈龍龕手鏡〉研究》,湖南師範大學出版社2004年版,第195頁。

〔註48〕《法華經玄贊要集》卷9同,又卷25「附」字同,「啐」誤作「卒」。

疏：「謂檜聚其薪以爲巢。」《家語・問禮》同《禮記》，王肅注：「掘地而居謂之營窟。有柴謂檜，在樹曰巢。」因稱所建之巢室爲檜巢，名詞。窟，讀爲掘，動詞，指挖掘洞穴構築居室。因稱所掘之洞穴爲掘穴，名詞。《主術篇》：「然民無掘穴狹廬所以託身者，明主弗樂。」正作本字「掘」。《荀子・法行篇》：「夫魚鼈黿鼉猶以淵爲淺，而堀〔穴〕其中；鷹鳶猶以山爲卑，而增巢其上。」〔註49〕楊倞註：「堀與窟同。」《大戴禮記・曾子疾病》：「鷹鶉以山爲卑，而增巢其上；魚鼈黿鼉以淵爲淺，而蹷穴其中。」〔註50〕《治要》卷35引《曾子》：「鷹隼以山爲庫而〔增〕巢其上，魚鼈黿鼉以川爲淺而窟穴其中。」〔註51〕《類聚》卷36引梁・劉孝標《山栖誌》：「夫鳥居山上，曾巢木末；魚潛川下，窟穴沙泥。」〔註52〕諸例中「增（曾、層）巢」、「窟（蹷、堀）穴」皆動賓結構。尋《說苑・敬慎》：「夫飛鳥以山爲卑，而層巢其巔；魚鼈以淵爲淺，而穿穴其中。」又《說叢》：「鷹鷲以山爲卑，而增巢其上；黿鼉魚鼈以淵爲淺，而穿穴其中。」《潛夫論・忠貴》：「夫鳥以山爲卑，而檜巢其上；魚以淵爲淺，而穿穴其中。」〔註53〕《老子》第50章魏・王弼注：「夫蚖蟺以淵爲淺，而鑿穴其中；鷹鸇以山爲卑，而增巢其上。」四例作「穿穴」、「鑿穴」，則「窟（蹷、堀）」爲「挖掘」義至顯。左松超曰：「堀借爲掘，蹷借爲欮，與穿同義。層、曾、檜並借爲增。窟亦借爲掘。」〔註54〕字或作欮、厥，《廣雅》：「欮、掘，穿也。」定縣漢簡《儒家者言》：「厥之得甘泉焉。」《韓詩外傳》卷7、《說苑・臣術》作「掘」，《荀子・堯問》作「扣」，《家語・困誓》作「汩」。楊注：「扣，掘也。」汩、扣亦借爲掘。《御覽》卷37引《荀子》作「掘」。字或作堀、撅、闕，《集韻》：「掘、堀，《說文》：『搰也。』或從土。」又「掘，穿也，或作闕，亦書作撅。」王引之曰：「榛當讀爲檜」，甚確；而又

〔註49〕「穴」字據俞樾、劉師培說補。
〔註50〕四部叢刊本「增」作「曾」。
〔註51〕左松超補「曾」字，茲據《御覽》卷928引《曾子》補「增」字。左松超《說苑集證》，「國立」編譯館2001年版，第633頁。
〔註52〕《廣弘明集》卷24引作「層巢」。
〔註53〕《後漢書・王符傳》「卑」作「埤」，「檜」作「增」。
〔註54〕左松超《說苑集證》，「國立」編譯館2001年版，第633頁。

謂「橧巢連文，則橧即是巢，猶窟穴連文，則窟即是穴」，則誤以「橧」、
「窟」爲名詞矣。

（42）禽獸有芄，人民有室

高注：芄，蓐也。

按：芄，劉績、王念孫校爲芁，並是也。芁，當讀爲菣，《說文》：「菣，
一曰蓐也。」《廣韻》菣音側鳩反，芁音巨鳩反。

（43）由此觀之，萬物固以自然，聖人又何事焉

按：固，當作「因」，上文云「因天地之自然」。《莊子·德充符》：「常因
自然而不益生也。」

（44）九疑之南，陸事寡而水事眾，於是民人被髮文身，以像鱗蟲

高注：被，翦也。

按：劉文典曰：「《類聚》卷7、《御覽》卷41引，眾並作多，疑許注本
如此。」《白帖》卷5、《海錄碎事》卷3、《緯略》卷8引亦作「多」。
王引之謂被無翦訓，改「被」爲「劗」。被、劗形聲俱遠，無緣致
訛。朱駿聲謂被借爲柀〔註55〕，《說文》：「柀，一曰析也。」陳廣
忠曰：「被，通『殹』、『披』、『柀』、『髪』，有折、斷、剃義。」〔註
56〕亦皆未得。被，當作「祝」，形近而誤。《禮記·王制》：「東方
曰夷，被髮文身，有不火食者矣。」亦誤作「被」字。《後漢書·
杜篤傳》《論都賦》李賢注引《穀梁傳》曰：「越人被髮文身。」今
《穀梁傳·哀公十三年》作「吳，夷狄之國也，祝髮文身。」《列
子·湯問》：「南國之人祝髮而裸。」張湛注：「祝，之六反。孔安
國注《尚書》云：『祝者斷截其髮也。』《漢書》云：『越人斷髮文
身，以避蛟龍之害。』一本作『被』，恐誤。」按張引《漢書》見
《地理志》。《戰國策·趙策二》：「被髮文身，錯臂左袵，甌越之民
也。」姚校：「被，三本作祝，《史》作翦。」皆「被」爲「祝」誤
之證。按姚引《史記》見《趙世家》，「斷髮文身」、「翦髮文身」、「祝

〔註55〕朱駿聲《說文通訓定聲》，武漢市古籍書店1983年版，第498頁。
〔註56〕陳廣忠《「被，翦」非「劗，翦」辨》，《淮南師範學院學報》2008年第1期。

髮文身」爲南越、荊蠻風俗，《莊子·逍遙遊》：「越人斷髮文身，無所用之。」《吳越春秋·吳太伯傳》：「（太伯、仲雍）遂之荊蠻，斷髮文身，爲夷狄之服。」而「被髮」，有二義：（a）被讀爲辮，「辮髮」爲西南夷及胡俗，《論語·憲問》：「微管仲，吾其被髮左衽矣。」《後漢書·西羌傳》：「羌胡被髮左衽。」尋《漢書·終軍傳》：「解編髮，削左衽。」顏師古注：「編，讀曰辮。」又《西南夷傳》：「編髮隨畜移徙，亡常。」顏師古注：「編音步典反。」《後漢書·西南夷傳》：「辮髮隨畜遷徙，無常。」《南齊書·高帝本紀》：「是以辮髮左衽之酋，款關請吏。」此可證「被髮」即「辮（編）髮」。（b）「被」同「披」，謂披散其髮，《左傳·成公十年》：「晉侯夢大厲，被髮及地，搏膺而踊。」汪少華謂「被髮文身」與「被髮左衽」的「被髮」都同樣指披散頭髮〔註57〕，則是將東、西夷風俗混一，有必要一辨。

（45）短袂攘卷以便刺舟

高注：卷，卷臂也。

　　按：朱駿聲謂攘借爲纕，卷借爲絭〔註58〕，《說文》：「纕，援臂也。絭，攘臂繩也。」〔註59〕蔣禮鴻、何寧說同，楊樹達說「卷」字亦與朱氏同。刺，讀爲趀，《說文》：「趀，側行也。」

（46）鴈門之北，狄不穀食，賤長貴壯，俗尚氣力，人不弛弓，馬不解勒

　　按：俗，王念孫據《御覽》卷 358 所引改爲「各」，劉文典、楊樹達駁之。所駁是也，《漢書·地理志》：「故其俗誇奢，上氣力。」《三國志·諸葛恪傳》：「俗好武習戰，高尚氣力。」《晉書·伏滔傳》：「其俗尚氣力而多勇悍。」並其不誤之證。

（47）今夫徙樹者，失其陰陽之性，則莫不枯槁

高注：失，猶易也。

〔註57〕汪少華《「被髮文身」正義》，《古漢語研究》2002 年第 2 期。
〔註58〕朱駿聲《說文通訓定聲》，武漢市古籍書店 1983 年版，第 892、749 頁。
〔註59〕段注改作「纕臂繩」。

按：何寧曰：「《齊民要術》卷 4 引徙作移。」《類說》卷 44 引亦作「移」。高注「失，猶易也」者，據下文「形性不可易」為說。

（48）以恬養性，以漠處神，則入於天門

按：《文子·道原》作「以恬養智，以漠合神，即乎無門。」可互校。此文「性」當作「智」，《莊子·繕性》：「古之治道者，以恬養知，生而無以知為也，謂之以知養恬。」《釋文》：「知，音智。」為此文所本，「知」同「智」，《白帖》卷 26、《說文繫傳》「恬」字條、《雲笈七籤》卷 94 引《莊子》並作「智」。顧觀光曰：「『即』下脫『入』字，『無』當作『天』。」俞樾說同，是也。李定生、徐慧君則謂俞說非是，云：「即乎無門，與上『出乎無門』相一致。《廣韻》：『即，捨也。』無門，謂大道也。」〔註60〕非是。

（49）偶眥智故

按：偶眥，本字為「隅差」，《本經篇》：「衣無隅差之削。」高注：「隅，角也。差，邪也。古者質，皆全幅為衣裳，無有邪角。邪角削殺也。」隅指直角。差訓邪者，古衣裳以全幅為之，沒有折角，故無削殺、裁剪之差。俗作「叉」字。字或作「隅眥」（參王念孫說）〔註61〕，《齊俗篇》：「（衣）不務於奇麗之容，隅眥之削。」向宗魯曰：「《本經篇》之『隅差』，《晏子春秋》作『隅眥』。眥與眥同。」〔註62〕字或作「齵差」（參劉台拱說），《荀子·君道》：「天下之變，境內之事，有弛易齵差者矣。」王先謙曰：「齒不齊曰齵。齵差，參差不齊。」劉台拱曰：「齵齵不正，參差不齊。」朱起鳳曰：「齵差，言齒相佹也，即齟齬之義。」〔註63〕並以「齵差」為本字，失之。《呂氏春秋·君守》：「智差自亡也。」高注：「差，過也。用智過差，極其情欲以

〔註60〕 李定生、徐慧君《文子校釋》，上海古籍出版社 2004 年版，第 27 頁。

〔註61〕 朱謀㙔曰：「隅差、隅眥，削殺也。」則已將二者為一矣，先於王說。朱謀㙔《駢雅》卷 1，收入景印文淵閣《四庫全書》第 222 冊，臺灣商務印書館 1986 年版，第 518 頁。

〔註62〕 向宗魯《淮南鴻烈簡端記（續）》，《新國學》第 2 卷，巴蜀書社 2000 年版，第 31 頁。

〔註63〕 朱起鳳《辭通》，上海古籍出版社 1982 年版，第 152 頁。

自消亡也。」高氏差訓過，「過差」爲漢代人成語，猶言過分、過甚〔註64〕，故以「極」字申之。俞樾謂「智差」即「偶睥智故」，高亨謂差訓邪，陳奇猷謂「智差」即僞詐，張雙棣從之，並失之。

（50）循天者，與道遊者也；隨人者，與俗交者也

　　高注：循，隨也。遊，行也。

　　按：《人間篇》：「知天而不知人，則無以與俗交；知人而不知天，則無以與道遊。」〔註65〕可與此文互證。

（51）夫井魚不可與語大，拘於隘也；夏蟲不可與語寒，篤於時也；曲士不可與語至道，拘於俗、束於牙教也

　　按：《莊子·秋水》：「井鼃不可以語於海者，拘於虛也；夏蟲不可以語於冰者，篤於時也；曲士不可以語於道者，束於教也。」爲此文所本。張雙棣曰：「郭慶藩云：『司馬訓篤爲厚，其說迂曲難通。《爾雅》：「篤，固也。」篤字正與上下文拘、束同義。』雙棣按：郭說是，篤亦可訓困，困亦與拘、束同義。」郭說實木於王念孫〔註66〕。篤訓困，本字爲窶，《說文》：「窶，窮也。」

（52）故聖人不以人滑天，不以欲亂情

　　高注：天，身也。不以人事滑亂其身也，不以欲亂其清淨之性者也。

　　按：身，一本作「理」。《文子·道原》作「故聖人不以事滑天，不以欲亂情。」《道原》又云：「不以物滑和，不以欲亂情。」〔註67〕

（53）不謀而當，不言而信，不慮而得，不爲而成，精通於靈府，與造化者爲人

　　高注：《詩》云：「不識不知，順帝之則。」故曰不謀而當，不慮而得也。

　　按：《呂氏春秋·本生》：「若此人者，不言而信，不謀而當，不慮而得，

〔註64〕參見蕭旭《古書虛詞旁釋》，廣陵書社 2007 年版，第 390～391 頁。
〔註65〕《文子·微明》同。
〔註66〕王念孫說見王引之《爾雅述聞》所引，王引之《經義述聞》，江蘇古籍出版社 1985 年版，第 619 頁。
〔註67〕《子華子·北宮意問》同。

精通乎天地，神覆乎宇宙。」爲此文所本。此文「不言而信」四字
當在「不謀而當」上，《文子・道原》誤同此文。觀高注引《詩》
以解「不謀而當，不慮而得」，則其間亦必不容錯入「不言而信」
四字矣。《亢倉子・全道篇》：「神全之人，不慮而通，不謀而當。」
亦爲旁證。《荀子・君子》：「不視而見，不聽而聰，不言而信，不
慮而知，不動而功。」「不爲而成」即「不動而功」。

（54）昔舜耕於歷山，朞年而田者爭處境堮，以封壤肥饒相讓；釣於河濱，朞年而漁者爭處湍瀨，以曲隈深潭相予

高注：湍瀨，水淺流急少魚之處也。曲隈，崖岸委曲。深潭，回流饒魚
之處。

按：（a）《韓子・難一》：「歷山之農者侵畔，舜往耕焉，朞年甽畝正；河
濱之漁者爭坻，舜往漁焉，朞年而讓長；東夷之陶者器苦窳，舜往
陶焉，朞年而器牢。仲尼歎曰：『耕、漁與陶，非舜官也，而舜往爲
之者，所以救敗也。舜其信仁乎！乃躬藉處苦而民從之。故曰：聖
人之德化乎！』」與本書所載「釣於河濱」相同。《管子・版法解》：
「舜耕歷山，陶河濱，漁雷澤。」《墨子・尚賢中》、《呂氏春秋・慎
人》、《新序・雜事一》、《史記・五帝本紀》、《列女傳》卷 2、《初學
記》卷 9 引《帝王世紀》所記皆「耕」、「陶」、「漁（釣）」三事，地
點亦合。上博楚簡《容成氏》：「昔〔者〕舜靜（耕）於歷丘，匋（陶）
於河賓（濱），魚（漁）於雷澤，孝羕（養）父母，以善其新（親），
乃及邦子。」〔註68〕《尚書大傳》卷 1：「舜販於頓丘，就時負夏，
陶於河濱，漁雷澤之中，堯致舜天下，贈以昭華之玉。」《御覽》卷
409 引《魯連子》：「舜耕於歷山而交益，陶於河濱而交禹。」《說苑・
反質》：「歷山之田者善侵畔，而舜耕焉；雷澤之漁者善爭陂，而舜
漁焉；東夷之陶器窳，而舜陶焉。」三書所記，則詳略不同。《路史》
卷 21：「歷陽之耕侵畔，乃往耕焉，田父推畔，爭以督亢授；濩澤之
漁爭坻，乃往漁焉，鮫人異長，爭以深潭與；東夷之陶苦窳，陶於
河濱，期年而器以利。」則所漁地點又異。《資治通鑑外紀》卷 1：「耕

〔註68〕上博楚簡《容成氏》，收入馬承源主編《上海博物館藏戰國楚竹書（二）》，上
海古籍出版社 2002 年版，第 259～260 頁。

於歷山，朞年而田者爭處境埒，以封壤肥饒相讓；漁於雷澤，漁者爭處湍瀨以曲隈深潭相予；陶於河濱，河器不苦窳。」與本書最近，疑本書當作「陶於河濱」，下脫「河器不苦窳；漁於雷澤」九字。（b）境埒，楊樹達讀爲「磽确」，《說文》：「磽，礐也。确，礐也。」《原本玉篇殘卷》「确」字條、《慧琳音義》卷 72、《御覽》卷 81 引正作「磽确」。（c）封壤，王念孫據《御覽》卷 81、《爾雅》邢昺疏引改作「封畔」，蔣禮鴻、何寧補引《原本玉篇殘卷》「确」條引亦作「封畔」，可從。《資治通鑑外紀》卷 1、《記纂淵海》卷 60 並作「封壤」，則宋時已誤。（d）潭，《御覽》卷 81 引作「潤」，《原本玉篇殘卷》「潤」字條云：「《淮南》『以曲隈深潤相與』，許叔重曰：『潤，入之處也。』野王案：謂潤利也。」陶方琦、易順鼎謂潤爲潤字之誤；蔣禮鴻、馬宗霍謂澗當作潤，高本作「深潭」爲長。按「深潭」、「深澗」並通，潤爲澗字之誤，野王說非也。于大成謂「潤字必非誤文」〔註69〕，非也。攷《楚辭·抽思》王逸注：「潭，淵也，楚人名淵曰潭。」《淮南》多楚語，疑作「深潭」爲《淮南》之舊。《說文繫傳》：「澳，隈崖也。其內曰澳，其外曰隈，從水奧聲。臣鍇按《淮南子》：『漁者以其隈隩曲崖相讓。』內謂岸內曲；隈，外曲也。」參見附錄二《〈淮南子〉古楚語舉證》。

（55）使舜無其志，雖口辯而戶說之，不能化一人

高注：志，王天下之志也。一曰：人心之志也。

按：「志」當爲「悳」誤，「悳」爲「德」古字；《記纂淵海》卷 60 引正作「德」字。《韓子·難一》仲尼歎曰：「聖人之德化乎。」正贊舜有德而化天下，尤爲確證。張雙棣曰：「此『志』當即上文之『玄德』，注非。」張說得其意，未得其字。宋·金履祥《資治通鑑前編》卷 1 引已誤作「志」。

（56）保其精神，偄其智故

按：保，讀爲寶。《要略篇》云「愛養其精神」，是其誼也。偄，讀爲匽，

〔註69〕于大成《淮南子校釋補》，收入《淮南鴻烈論文集》，里仁書局 2005 年版，第 1260 頁。

《說文》：「医，匿也。」字或作掩，參下「掩其聰明」條。《文子・道原》作「屬其精神，偃其知見」。

（57）故窮無窮，極無極，照物而不眩，響應而不乏

按：《荀子・脩身》：「夫驥一日而千里，駑馬十駕，則亦及之矣，將以窮無窮、逐無極。」《意林》卷 1 引「逐」作「極」。乏，《文子・道原》作「知」。「知」爲「之」音訛，「之」爲「乏」脫誤。

（58）所謂志弱者，柔毳安靜，藏於不敢，行於不能

按：不敢，俞樾謂當從《文子・道原》作「不取」，已爲劉文典、楊樹達、蔣禮鴻所駁；何寧謂語本《管子・勢》「行於不敢，而立於不能」。尋《管子・勢》云：「故賢者安徐正靜，柔節先定，行於不敢，而立於不能，守弱節而堅處之。」本文上句「所謂志弱者，柔毳安靜」，亦與《管子》意合，何氏失之交臂。其實皆本於《老子》第 73 章：「勇於敢則殺，勇於不敢則活。」此文以「不敢」、「不能」爲行藏，即守柔、守弱之義。《文子・道德》：「立於不敢，設於不能。」亦可互參。行、藏對舉，猶言行、止，《論語・述而》：「用之則行，舍之則藏。」藏於不敢，即《文子》「立於不敢」，言以不敢而處世。行於不能，即《文子》「設於不能」，言以不能而行事。《說文》：「設，施陳也。」與「行」、「用」同義。《管子》「行」、「立」當互易，當作「立於不敢而行於不能」，馬王堆帛書《十六經・順道》：「立於不敢，行於不能。」〔註70〕尤爲確證。此諸家所未及。《治要》卷 36 引《申子・大體》：「故善爲主者，倚於愚，立於不盈，設於不敢，藏於無事，竄端匿疏，示天下無爲。」

（59）在中以制外

按：《文子・道原》同。在，猶處也。馬宗霍謂在訓居，是也。王利器曰：「陳季皋先生以爲『在』當爲『任』。案《爾雅》：『在，察也。』不必改字。」二說皆誤。

〔註70〕馬王堆帛書《十六經・順道》，收入《馬王堆漢墓帛書〔壹〕》，文物出版社 1980 年版，第 79 頁。

（60）排患扞難

按：扞，張雙棣訓禦，是也。本字為戟，《說文》：「戟，止也。」

（61）力無不勝，敵無不淩

按：淩，《文子・道原》作「陵」，並讀為夌，《說文》：「夌，越也。」

（62）應化揍時，莫能害之

按：害，讀為遏，阻止。本書「莫之能 V」句式共 6 見，為常式，此例為變式。

（63）強勝不若己者，至於若己者而同；柔勝出於己者，其力不可量

高注：同，等也。至於如己者則等，不能勝也。

按：《詮言篇》：「強勝不若己者，至於與同則格；柔勝出於己者，其力不可度。」許注：「言人力能與己力同也，己以強加之，則戰格也。」《文子・道原》、《符言》並作「至於若己者而格」。格，讀為挌，擊也。《列子・黃帝》作「至於若己者剛」，張湛注：「必有折也。」《說文》：「剛，強斷也。」張氏用許說。吳闓生謂「剛」當作「戕」〔註71〕，無據。同，讀為撞、劃、剴，亦擊也。

（64）而堅強者，死之徒也

高注：徒，眾也。

按：此句見《老子》第 76 章，《廣韻》：「徒，黨也。」《韓子・解老》：「四肢與九竅，十有三者。十有三者之動靜，盡屬於生焉。屬之謂徒也，故曰：『生之徒也十有三者。』」高注徒訓眾，與韓子解「徒」為「屬」相合。馬敘倫曰：「徒，讀為道途之途。」〔註72〕于大成從之，非是。不煩改讀也。

（65）然而趨舍指湊

高注：指，所之也。湊，所合也。指湊猶言行止也。

〔註71〕吳說轉引自楊伯峻《列子集釋》，中華書局 1979 年版，第 83 頁。
〔註72〕馬敘倫《老子校詁》，中華書局 1974 年版，第 609 頁。

—27—

按：高注「之」即「至」義。朱駿聲曰：「指，叚借爲底。」〔註73〕朱說是，《國語・周語上》韋昭注：「底，至也。」字或作底，《玉篇》：「底，至也。」《書・微子》：「今爾無所指告。」《左傳・襄公九年》「指」作「底」。此指、底相通之證。金其源謂指同旨，失之。

（66）故蘧伯玉年五十而有四十九年非

按：有，猶見也〔註74〕。《類聚》卷 23 引後漢・張奐《誡兄子書》：「蘧伯玉年五十見四十九年非。」可爲旁證。茅本等「有」作「知」，恐爲臆改，非《淮南》之舊。《莊子・則陽》：「蘧伯玉行年六十而六十化，未嘗不始於是之，而卒詘之以非也，未知今之所謂是之非五十九非也。」又《寓言》：「孔子行年六十而六十化，始時所是，卒而非之，未知今之所謂是之非五十九非也。」傳聞異辭。

（67）先者難爲知，而後者易爲攻也

按：攻，攻擊、指責、改正。言後者容易指責先前的錯誤，故年五十而知四十九年非。于鬯、楊樹達謂攻讀爲功，並失之。

（68）先者上高則後者攀之，先者諭下則後者蹍之

按：諭，當從別本作「踰」。踰，下降。《大戴禮記・武王踐阼》：「王下堂，南面而立。」上博簡《武王踐阼》「下」作「𡉚」〔註75〕。「𡉚」、「逾」、「踰」古字通。

（69）貴其周於數而合於時也

高注：周，調也。數，術也。合於時，時行則行，時止則止也。
按：《文子・道原》作「調其數而合其時」，調亦合也。

（70）時之反側，間不容息

高注：言時反側之間，不容氣息，促之甚也。
按：《文子・道原》作「時之變則，間不容息」。俞樾曰：「變與反通，則

〔註73〕 朱駿聲《說文通訓定聲》，武漢市古籍書店 1983 年版，第 583 頁。
〔註74〕 參見蕭旭《古書虛詞旁釋》，廣陵書社 2007 年版，第 63 頁。
〔註75〕 馬承源主編《上海博物館藏戰國楚竹書（七）》，上海古籍出版社 2008 年版，第 152 頁。

乃側之假字。」

（71）禹之趨時也，履遺而弗取，冠掛而弗顧

按：取，《類聚》卷 20、《書鈔》卷 8、《後漢書・崔駰傳》李賢注、《御覽》卷 82、697、《記纂淵海》卷 52、《困學紀聞》卷 17、《玉海》卷 81 引同，《齊民要術》卷 1、《御覽》卷 77 引作「納」。《路史》卷 22 作「冠罜而弗顧，屨稅而弗納。」「取」、「納」蓋高、許之異。《修務篇》高注：「聖人趨時，冠𦅨弗顧，履遺不取，必用仁義之道以濟萬民。」是高本確作「取」字也。《吳越春秋・越王無余外傳》：「冠掛不顧，履遺不躡。」《鹽鐵論・相刺》：「簪墮不掇，冠掛不顧。」《劉子・知人》：「冠絓不暇取，經門不及過。」並可參證。劉殿爵曰：「躡猶納也。」〔註76〕

（72）是故聖人守清道而抱雌節

按：抱，《文子・道原》誤作「拘」。《老子》第 28 章：「知其雄，守其雌，爲天下蹊。」抱亦守也。

（73）脩極於無窮，遠渝（淪）於無崖；息耗減益，通於不訾

高注：訾，量也。

按：通，《文子》作「過」。彭裕商曰：「此『過』字可能是『通』字之誤。」〔註77〕《御覽》卷 58 引《文子》，有注：「涌出曰息，煎乾曰耗，出川枝流曰減，九野注之曰益，過於不訾者，此過尾閭，入天壑、入無底谷。」益，氾溢、漫溢，後作「溢」。訾訓量，朱駿聲謂借爲咨〔註78〕。趙宗乙謂借爲貲〔註79〕，未得本字。

（74）澤及蚑蟯而不求報

高注：蚑，蚑行也。蟯，微小之蟲也。

〔註76〕劉殿爵《讀淮南鴻烈札記》，香港《聯合書院學報》第 6 期，1967 年出版，第 143 頁。
〔註77〕彭裕商《文子校注》，巴蜀書社 2006 年版，第 18 頁。
〔註78〕朱駿聲《說文通訓定聲》，武漢市古籍書店 1983 年版，第 586 頁。
〔註79〕趙宗乙《〈淮南子・原道訓〉語辭管見》，《漳州師範學院學報》，2007 年第 2 期；收入《淮南子札記》，黑龍江人出版社 2009 年版，第 10 頁。

按：歧，別本作「跂」。歧蟯，《文子・道原》、《御覽》卷 951 引同；《御覽》卷 58 引作「跂蹺」，注作：「跂，蹺行也。蹺，微小之蟲也。」歧蟯，為「歧行蟯動」之省，《修務篇》：「歧行蟯動之蟲，喜而合，怒而鬭。」本篇即指歧行蟯動之蟲，用為名詞。《說文》：「歧，行也。蟯，腹中短蟲也。跂，足多指也。」《玉篇》：「蹺，舉足也。」《集韻》：「歧，蟲行，或作跂。」當以「歧蹺」為本字。

（75）富贍天下而不既，德施百姓而不費

高注：贍，足也。既，盡也。德澤加于百姓，不以為己財費也。

按：《左傳・襄公二十九年》：「施而不費。」杜注：「因民所利而利之。」為此文所本。《玉篇》：「贍，周也，假助也。」《廣雅》：「施，予也。」《集韻》：「贍，賙也。施，與也。」高注贍訓足，未安。

（76）擊之無創，刺之不傷，斬之不斷，焚之不然

按：刺，《御覽》卷 58 引作「躰」，為「射」之古字。焚之不然，《文子・道原》作「灼之不熏」。

（77）淖溺流遁，錯繆相紛，而不可靡散

高注：遁，逸也。錯繆相紛，彼此相糾也。

按：淖溺流遁，《文子・道原》作「綽約流循」。遁，讀為循，循環。流循，猶言流轉。下文「蟠委錯紾，與萬物始終〔流轉〕」〔註80〕，是其誼。彭裕商謂「循」、「遁」訓行〔註81〕，未允。

（78）利貫金石，強濟天下

高注：水流缺石，是其利也。舟船所載無有重，是其強也。濟，通也。

按：濟，當從《文子・道原》作「淪」，沉沒。《說文》：「淪，一曰沒也。」言水之利，可貫穿金石；水之強，可沉沒天下。高注「舟船所載」云云，未得其旨。

（79）有餘不足，與天地取與

〔註80〕 「流轉」二字據《御覽》卷 58 引補。
〔註81〕 彭裕商《文子校注》，巴蜀書社 2006 年版，第 18 頁。

按：上「與」，猶隨也、任也。別本作「任天下取與」，蓋據《文子‧道原》
改，「任」義同「與」，「下」字誤。《御覽》卷 58 引作「與天地取與」，
是其舊本。下文「與天地鴻洞」、「與萬物始終」，並作「與」字。

（80）出生入死，自無蹠有，自有蹠無，而以衰賤矣

按：衰賤，衰落卑賤。《越絕書‧外傳記范伯傳》：「（范伯）自謂衰賤未
嘗世祿，故自菲薄。」亦此意。吳汝綸謂「衰賤」當據《俶眞篇》
改爲「衰漸」，未確。二文文例不同，不可據改。《御覽》卷 58 引亦
作「衰賤」。

（81）是故清靜者，德之至也；而柔弱者，道之要也；虛而恬愉者，萬物之用也

高注：萬物由之，得爲人用。

按：張雙棣曰：「《文子‧道原篇》作『萬物之祖也』，似作『祖』義長。
高注因『用』爲說，蓋高所見本已作『用』。」張說未確。《文子》
作「清靜者，德之至也；柔弱者，道之用也；虛無恬愉者，萬物之
祖也。」二文不同。《御覽》卷 58 引亦作「萬物之用」。別本及《文
子》誤作「虛無恬愉」，向宗魯、王叔岷據藏本、景宋本及《御覽》
卷 58 所引校爲「虛而恬愉」；《楚辭‧遠遊》：「漠虛靜以恬愉兮，
澹無爲而自得。」「以」用同「而」，此其旁證。

（82）懷囊天地，為道關門

高注：門，道之門。

按：《御覽》卷 58 引「關」作「開」，引注作「開道之門」。王叔岷曰：
「《御覽》引關作開，乃俗書形近之誤。」何寧謂疑作「開門」是，
舉《管子‧心術》「天曰虛，地曰靜，乃不伐。潔其宮，開其門，去
私毋言，神明若存」爲證。何說未確，《管子》房玄齡注：「宮者，
心之宅，猶靈臺也。門謂口也，開口，使順理而言。」與此文「道
之門」無涉。尋《道德指歸論》卷 3：「故能塞其聰明，閉其天門，
關之以舌，鍵之以心，非時不動，非和不然，國家長久，終身無患。」
爲道關門，猶言黜其聰明，閉其天門，而守之以神，不用智巧，而
循自然也。何寧又謂「注亦當作『開道之門』，若釋『門』字，則注

語贅設矣。」何說亦未得，下文「百事之根，皆出一門」，高注亦曰：
「門，道之門也。」

（83）穆忞隱閔

高注：穆忞隱閔，皆無形之類也。

按：類，吳承仕、蔣禮鴻校爲「頮（貌）」。錢繹謂「穆忞」即「莫文」，
是「文莫」之倒文，也即「侔莫」〔註82〕；朱起鳳《辭通》卷 7 謂
「穆忞」即《精神篇》「芒芠漠閔」之「漠閔」〔註83〕。諸家未引，
茲爲出之。張雙棣引朱起鳳曰：「『穆忞』疑即『沕穆』之倒文。」
此說見《辭通》卷 21「沕穆」條按語〔註84〕。

（84）循之不得其身

按：劉文典曰：「循爲揗叚，《說文》：『揗，摩也。』」劉說是也，《俶眞
篇》：「捫之不可得也。」《道應篇》：「搏之不可得。」搏讀爲拊，《說
文》：「拊，揗也。捫，撫持也。」段注：「捫，又專謂摩挲。」可相
互參證。

（85）是故一之理，施四海；一之解，際天地

高注：解，達也。際，機也。

按：馬王堆帛書《十六經·成法》：「一之解，察於天地；一之理，施於
四海。」〔註85〕上博楚簡《凡物流形》：「旻（得）而解之，上𡨄（賓）
於天，下番於淵。」〔註86〕《管子·內業》：「一言之解，上察於天，
下極於地。」又《心術下》：「是故聖人一言解之，上察於天，下察
於地。」《文子·道原》：「一之理，施於四海；一之嘏，察於天地。」
許維遹謂察、際聲同義通，與「極」同訓「至」〔註87〕；張雙棣曰：

〔註82〕錢繹《方言箋疏》卷 7，上海古籍出版社 1984 年版，第 430 頁。

〔註83〕朱起鳳《辭通》，上海古籍出版社 1982 年版，第 1357 頁。

〔註84〕朱起鳳《辭通》，上海古籍出版社 1982 年版，第 2251 頁。

〔註85〕馬王堆帛書《十六經·成法》，收入《馬王堆漢墓帛書〔壹〕》，文物出版社
1980 年版，第 72 頁。

〔註86〕此從復旦大學出土文獻與古文字研究中心研究生讀書會《〈上博（七）·凡物
流形〉重編釋文》，http://www.gwz.fudan.edu.cn/SrcShow.asp?Src_ID=581。

〔註87〕許說轉引自郭沫若《管子集校》，科學出版社 1956 年版，第 658、787 頁。

「際當訓至。」際當讀爲察，訓審察、窮究。彭裕商曰：「察，知曉。《原道訓》作『際』，即帛書的『察』字。」〔註88〕《內業》察、極對舉，極亦窮究之誼。《管子》「窮天地，被四海」，即此文「施四海，際天地」之誼。施，延及，與「被」同義。高注：「際，機也。」機讀爲幾，《說文》：「幾，精謹也。」朱駿聲曰：「此譏察之本字。」〔註89〕《孟子・梁惠王下》趙注：「譏，察也。」字或作幾，《禮記・玉藻》鄭注：「幾，察也。」吳承仕曰：「疑機當爲幾。幾，近也、盡也。」王利器曰：「注『機』疑當作䮹……引申爲凡近之詞。」唐莉曰：「機即樞機之意，難通。際，此處有『交接』、『通達』之意。」〔註90〕皆失之。解，《文子》作「毄」，彭裕商曰：「二字古音相近，同屬見母，韻部則魚、支旁轉。」〔註91〕所說是也。道藏本《通玄眞經纘義釋音》云：「毄，音假，大也。」王利器申之〔註92〕。李定生、徐慧君曰：「毄，大遠也。又予福也。解與毄，音相近，當作毄。」〔註93〕並非其誼也。楚簡之「番」，讀爲蟠，詳《道應篇》「下蟠於地」條校補。復旦讀書會讀「番」爲「播」，小疋（蔡偉）謂「播，布也」〔註94〕，失之。

（86）萬物之總，皆閱一孔；百事之根，皆出一門

按：《文子・道原》同。馬王堆帛書《十六經・成法》：「萬物之多，皆閱一空。」〔註95〕《漢語大字典》引《文子》此例閱訓出〔註96〕，是也。閱、出同義對舉。閱讀爲脫，《管子・霸形》：「言脫於口而令行

〔註88〕彭裕商《文子校注》，巴蜀書社2006年版，第16頁。
〔註89〕朱駿聲《說文通訓定聲》，武漢市古籍書店1983年版，第568頁。
〔註90〕唐莉《〈淮南子〉高誘注獻疑》，《四川師範大學學報》1993年第4期，第143～144頁。
〔註91〕彭裕商《文子校注》，巴蜀書社2006年版，第16頁。
〔註92〕王利器《文子疏義》，中華書局2000年版，第36頁。
〔註93〕李定生、徐慧君《文子校釋》，上海古籍出版社2004年版，第32頁。
〔註94〕復旦讀書會《〈上博（七）・凡物流形〉重編釋文》，
http://www.gwz.fudan.edu.cn/SrcShow.asp?Src_ID=581。
〔註95〕馬王堆帛書《十六經・成法》，收入《馬王堆漢墓帛書〔壹〕》，文物出版社1980年版，第72頁。
〔註96〕《漢語大字典》（第二版），崇文書局、四川辭書出版社2010年版，第4378頁。

乎天下。」尹注:「脫,出也。」馬宗霍謂閱訓具,尋《說文》:「閱,具數於門中也。」乃「計算」之義,非「具備」義,馬說非是。馬氏又引《詩》毛傳「閱,容也」,謂本文訓容亦通。閱訓容,乃「喜悅」、「悅懌」義,而非「容受」義,此說亦非是。《俶真篇》:「此皆生〔于〕一父母而閱一和也。」〔註 97〕閱亦當訓出。高注:「閱,總也。」李定生、徐慧君曰:「閱訓總,猶容也。」〔註 98〕並失之。《文子·微明》:「天地之所覆載,日月之所照明,陰陽之所煦,雨露之所潤,道德之所扶,皆說一和也。」說亦讀爲脫。王利器、李定生、徐慧君謂說爲閱形誤〔註 99〕,亦失之。

(87) 是故至人之治也,掩其聰明,滅其文章,依道廢智,與民同於公

按:《文子·道原》「掩」作「棄」。《天文篇》高注:「掩,蔽也。」《主術篇》:「古之王者,冕而前旒,所以蔽明也;黈纊塞耳,所以掩聰。」《家語·入官》:「古者聖主,冕而前旒,所以蔽明也;紘紞充耳,所以掩聰也。」正掩、蔽同義對舉。《俶真篇》:「偃其聰明,而抱其太素。」《晉書·張寔傳》:「竊謂宜偃聰塞智,開納群言。」偃、掩並讀爲匽。

(88) 去其誘慕,除其嗜欲,損其思慮

高注:常恬澹也。

按:損,王念孫據《文子·道原》校作「捐」,是也。蔣禮鴻謂損訓減,不必改字,未確。高注「常」字,當作「尙」。下文「憂悲者,德之失也。」高注:「德尙恬和,以憂悲爲失。」

(89) 是故聖人一度循軌,不變其宜,不易其常

高注:一,齊也。軌,法也。

按:一,《御覽》卷 720 引作「守」,於義爲長。守度循軌,即《黃帝內

〔註97〕 「于」字據《御覽》卷 973 引補。

〔註98〕 李定生、徐慧君《文子校釋》,上海古籍出版社 2004 年版,第 34 頁。

〔註99〕 王利器《文子疏義》,中華書局 2000 年版,第 329 頁。李定生、徐慧君《文子校釋》,上海古籍出版社 2004 年版,第 287 頁。

經素問・示從容論篇》「循法守度」之誼。

（90）中能得之，則外能收之

高注：中，心也。外，情欲。不，養也。

按：王念孫據《文子・道原》校「收」作「牧」，高注作「牧，養也」，並確。《易・謙》：「初六，謙謙君子，用涉大川，吉。」《象》曰：「謙謙君子，卑以自牧也。」又「六二，鳴謙，貞吉。」《象》曰：「鳴謙貞吉，中心得也。」可以參證。

（91）堅強而不觵

高注：觵，折也。

按：觵，《文子・道原》作「匱」，馬王堆帛書《道原》作「損」〔註100〕，古字通用。《本經篇》：「剛而不觵……肅而不悖。」高注同，是也，《文子・下德》正作「折」。《兵略篇》：「剛而不可折也。」《氾論篇》：「太剛則折。」《鹽鐵論・訟賢》：「剛者折，柔者卷。」並為確證。字亦作憤，《時則篇》：「肅而不悖，剛而不憤。」《老子》第76章：「木強則折。」此為反面之筆。字亦作匱，《御覽》卷25引《明堂之制》：「肅而不勃，剛而不匱。」「觵」字訓折，其本字有三說：（a）朱駿聲曰：「叚借為劂。」〔註101〕于大成說同，當即本于朱氏。（b）王利器謂朱說未當，曰：「假為劊。」其說當本於其師向宗魯〔註102〕。（c）馬宗霍曰：「蓋匱之假借字。」「匱」本義為匣，馬說未得，前二說各備一通。

（92）處小而不逼，處大而不窕

高注：在小能小，在大能大。

按：《大戴禮記・王言》：「布諸天下而不窕，內諸尋常之室而不塞。」為此文所本。《兵略篇》：「是故入小而不偪，處大而不窕。」許注：「偪，

〔註100〕馬王堆帛書《道原》，收入《馬王堆漢墓帛書〔壹〕》，文物出版社1980年版，第87頁。
〔註101〕朱駿聲《說文通訓定聲》，武漢市古籍書店1983年版，第597頁。
〔註102〕王利器《文子疏義》，中華書局2000年版，第40頁。向宗魯《淮南鴻烈簡端記（續）》，《新國學》第2卷，巴蜀書社2000年版，第40頁。

迫也。」《俶真篇》：「處小隘而不塞，橫扃天地之間而不窕。」高注：「扃，猶閉也。」《氾論篇》：「是以舒之天下而不窕，內之尋常而不塞。」《人間篇》：「內之尋常而不塞，布之天下而不窕。」〔註103〕《要略篇》：「故置之尋常而不塞，布之天下而不窕。」許注：「窕，緩也。布之天下，雖大不窕也。」《荀子・賦》：「曰：『此夫大而不塞者與？充盈大宇而不窕，入郤穴而不偪者與？』」楊倞註：「窕讀爲窱，深貌也。」楊註非是。《墨子・尚同下》：「是故大用之治天下而不窕，小用之治一國一家而不橫者，若道之謂也。」橫，充塞。又《尚賢中》：「大用之天下則不窕，小用之則不困。」諸書可相互參證。偪，同「偪」，急迫、偪塞。窕，寬緩、舒緩。《廣雅》：「窕，寬也。」向宗魯謂許注「窕，緩」之「緩」爲「細」之誤〔註104〕，非也。字或作佻，《荀子・王霸篇》：「佻其期日。」楊倞註：「佻與徭同，緩也，謂不迫促也。」王念孫曰：「佻與窕同。」〔註105〕

（93）其魂不躁，其神不嬈

高注：躁，狡。

按：高注「狡」即「急躁」義，《文選・洞簫賦》李善注：「狡，急也。」《廣韻》：「狡，疾也。」《晏子春秋・問下》：「莊敬而不狡。」王念孫曰：「狡，急也。字通作絞，《論語・泰伯篇》鄭注曰：『絞，急也。』」〔註106〕

（94）迫則能應，感則能動

按：王念孫曰：「當作『感則能應，迫則能動』，《精神篇》：『感而應，迫而動。』《修務篇》：『感而不應，攻（故）而不動。』《莊子・刻意篇》：『感而後應，迫而後動。』皆其證。」向宗魯曰：「王說未

〔註103〕《家語・王言解》「內」作「納」，「內」爲「納入」義本字。

〔註104〕向宗魯《淮南鴻烈簡端記（續）》，《新國學》第 2 卷，巴蜀書社 2000 年版，第 41 頁。

〔註105〕王念孫《廣雅疏證》，收入徐復主編《廣雅詁林》，江蘇古籍出版社 1998 年版，第 237 頁。

〔註106〕王念孫《晏子春秋雜志》，收入《讀書雜志》卷 8，中國書店 1985 年版，第 130 頁。

碻，感、迫義既相因，自可互用。《說苑·指武》：『迫則能應，感則能動。』與此文正同。」〔註107〕何寧曰：「王說似是也，上文云『感而應之』，又云『肅然應感』，皆以感、應連文，一篇之中不當前後岐出。《說苑》疑據誤本《淮南》。」竊謂向氏說是，上文「感而後動。」亦「感」、「動」連文。《文子·自然》：「迫而不應，感而不動。」爲此文之否定式，尤足證此文不誤。

（95）優游委縱，如響之與景

按：委縱，委曲順從，《辭通》卷1謂即「曲從」。縱，讀爲從。《本經篇》：「優柔委從，以養群類。」《說苑·指武》：「復柔委從，如影與響。」〔註108〕正作「從」字。《文子·下德》作「優游委順」，可證「從」、「順」義同。向宗魯謂從讀爲縱，傎矣。游，讀爲柔。《尚書大傳》卷3：「周公將作禮樂，優游之三年不能作。」徐仁甫曰：「優游，猶優柔，表態副詞。不決之貌。」〔註109〕亦其例。

（96）耳聽《九韶》、《六瑩》

高注：九韶，舜樂也。六瑩，顓頊樂也。

按：《列子·周穆王》：「奏《承雲》、《六瑩》、《九韶》、《晨露》以樂之。」張湛注：「《承雲》，黃帝樂。《六瑩》，帝嚳樂。《九韶》，舜樂。《晨露》，湯樂。』」《釋文》「九韶」作「九招」，云：「瑩，烏定切，又音莖。招本作韶，市昭切。」〔註110〕據《釋文》，可知「六瑩」即「六莖」，《類聚》卷28、《永樂大典》卷8844引此文正作「六莖」。何寧謂「瑩、莖音近字通」，是也。六瑩（莖），高氏謂顓頊樂，張氏謂帝嚳樂，二說不同。考《漢書·禮樂志》：「昔黃帝作《咸池》，顓頊作《六莖》，帝嚳作《五英》，堯作《大章》，舜作《招》，禹作《夏》，湯作《濩》，武王作《武》，周公作《勺》。」〔註111〕《白虎通義·禮樂》：「顓頊曰《六莖》者，言和律歷以調陰陽，莖者著萬

〔註107〕向宗魯《淮南鴻烈簡端記（續）》，《新國學》第2卷，巴蜀書社2000年版，第41頁。
〔註108〕復，孫詒讓謂「優」字形誤。
〔註109〕徐仁甫《廣釋詞》，四川人民出版社1981年版，第25頁。
〔註110〕《初學記》卷15「六瑩」條引作「九招」。
〔註111〕《風俗通義·聲音》「招」作「韶」。

物也。帝嚳曰《五英》者，言能調和五聲以養萬物，調其英華也。」
《風俗通義・聲音》：「五英，英華茂也。六莖，及根莖也。」《白帖》
卷 61「顓頊作《六莖》」，自注：「莖，根莖，澤及下也。」《御覽》
卷 566 引《帝系謀》：「顓頊曰《六莖》，帝嚳曰《五英》。」有注：「道
有根莖，故曰六莖。道有英華，故曰五英。」可知高注爲確。莖亦
作䪐，英亦作䪥。《廣雅・釋樂》：「六䪐、五䪥。」諸書並稱「《六
莖》、《五英》」，又有稱「《五莖》、《六英》」者，《周禮》賈疏引《樂
緯》：「顓頊之樂曰《五莖》，帝嚳之樂曰《六英》。」〔註112〕《初學
記》卷 15「六瑩」條：「《樂葉圖徵》曰：『帝顓頊樂曰五莖。』宋均
注曰：『能爲五行之道立根莖也。』」《玉篇》：「䪥，帝嚳樂名六䪥，
亦作英。䪐，䪐刑也，顓頊樂名五䪐，亦作莖。」蓋帝嚳樂名「六
英」，張湛誤以爲即「六莖」耳。又尋《呂氏春秋・古樂》：「帝嚳命
咸黑作爲聲歌：《九招》、《六列》、《六英》。」《齊俗篇》：「《咸池》、
《承雲》、《九韶》、《六英》，人之所樂也。」高注：「《咸池》、《承雲》，
皆黃帝樂。《九韶》，舜樂。《六英》，帝顓頊樂。」「六英」當爲帝嚳
樂，高注誤也。張雙棣謂「九招」即「九韶」，「六英」即「六瑩」。
然「六瑩（莖）」與「六英」不同，據上引《白虎通義》等書，「莖」
指根莖，「英」指英華，可知「英」、「莖」並非音借。何寧曰：「英、
瑩古通……蓋許作英而高作瑩也。」此說未得。

（97）……釣射鸕鷀之樂乎

按：「樂」上當據別本補「謂」字，《類聚》卷 28 引正有「謂」字。

（98）不以奢爲樂，不以廉爲悲

高注：廉，猶儉也。

按：廉，《御覽》卷 468 引作「慊」。下文「是故不以康爲樂，不以慊爲
悲。」高注：「康，安也。慊，約也。」慊，節儉、節約。朱駿聲
謂廉、慊借爲溓、儉〔註113〕，于大成謂廉、慊借爲儉。字或作「慳」。
《玉篇》：「慳，慳悋也。」《世說新語・任誕》：「應聲便許，略無
慊吝。」「慊吝」即「慳悋」。楊樹達、何寧謂慊借爲歉，未得。康，

〔註112〕《劉子・辯樂》同。
〔註113〕朱駿聲《說文通訓定聲》，武漢市古籍書店 1983 年版，第 121 頁。

與「奢」同義〔註114〕。

（99）是故有以自得之也，喬木之下，空穴之中，足以適情

高注：喬木，上疏少陰之木也。空穴，巖穴也。

按：疏，當據別本作「竦」。《道德指歸論》卷4：「喬木之下，精神得全；
　　巖穴之中，心意常欣。」可互參證。

（100）夫內不開於中而強學問者，不入於耳而不著於心

按：「不入於耳」之「不」當作「雖」，《劉子‧專學》：「若心不在學而
　　強諷誦之者，雖入於耳而不諦於心。」即本此文。王叔岷曰：「『不』
　　疑本作『雖』。」可從。俞樾謂「不入於耳」之「不」字衍，何寧、
　　許建平、傅亞庶申之〔註115〕，未確。于省吾駁俞說，謂下「而」
　　訓「則」，亦未得，已為何寧所駁。下「而」當訓「卻」，轉折之詞。

（101）所以制使四支

按：制，讀為挈〔註116〕，拽拉、牽挽之義。本字為「瘛」，《說文》：「瘛，
　　引縱也。」

（102）徹於心術之論，則嗜欲好憎外矣

高注：外，不在心。

按：徹，《文子‧道原》作「達」，義同。《說文》：「徹，通也。外，遠也。」
　　此文外訓遠去，正用本義。

（103）耳聽滔朗奇麗激抮之音

高注：激，揚。抮，轉。皆曲名也。

按：《楚辭‧九辯》：「中結軫而增傷。」「激抮」即「結軫」，猶言鬱結。
　　《玉篇殘卷》：「軨，《淮南》：『激軨之音。』許叔重曰：『軨，轉也。』」
　　「軨」同「軫」。《文選‧七發》、《永明十一年策秀才文》李善註引許

〔註114〕參見許建平《淮南子補箋》，《中國典籍與文化論叢》第6輯，中華書局2000
　　　　年版，第238～239頁。
〔註115〕許建平《淮南子補箋》，《中國典籍與文化論叢》第6輯，中華書局2000年
　　　　版，第238頁。傅亞庶《讀〈淮南子〉札記》，《東北師大學報》1989年第
　　　　3期，第93頁。
〔註116〕參見高亨《古字通假會典》，齊魯書社1989年版，第646頁。

慎《淮南子》注曰：「軫，轉也。」《玄應音義》卷 17、《慧琳音義》
卷 18、73 引同，《玄應音義》卷 17、《慧琳音義》卷 73 又引正文作「激
軫之音」。是許本作「軫（輆）」，高本作「抮」也。《慧琳音義》卷 80
引許叔重曰：「軫猶重也。」「重」即「轉」之誤。抮、軫並讀爲紾，
《說文》：「紾，轉也。」引申訓纏結、纏絞。倒言作「紾結」，《本經
篇》：「菱杅紾抱。」高注：「紾，讀『紾結』之紾。」高注激訓揚，
則所見本已誤。

（104）此齊民之所爲形植黎累，憂悲而不得志也

按：《文選·詣建平王上書》李善註引「此」作「北」，「黎」作「犁」。「北」
當爲「此」形誤，上文「此齊民之所以淫泆流湎」，是其比。齊民，
《淮南子》一書五見，猶言平民。所爲，猶言所以。李注音誤爲「所
謂」。形植，猶言形銷骨立。于省吾謂猶後世言柴立，得之。俞樾謂
植讀爲殖，訓臒瘠，已爲于省吾、馬宗霍、蔣禮鴻所駁；但馬氏謂
植訓多，蔣氏謂形植即形體，亦並未得。章太炎謂植訓志〔註117〕，
何寧申之，未是。黎累，王引之從《文選》李註校「累」爲「黑」，
俞樾從之，是也。黎，黃黑色，字或作鬁、犁、驪、癩〔註118〕。章
太炎謂累讀爲儽，蔣禮鴻謂累讀爲羸，訓羸憊；何寧謂累讀爲纍，
訓不得志，亦各備一通。

（105）聖人處之，不爲愁悴怨懟，而不失其所以自樂也

高注：懟，病也。

按：《說文》：「懟，怨也。」《廣雅》：「懟，恨也。」愁悴怨懟，憂愁怨
恨。陳昌齊謂懟當作懟；王引之說同，又謂怨讀爲苑，懟讀爲蔚，
皆訓病。二氏說失之。下「不」字王引之謂衍，可從。

（106）是故得道者，窮而不慴，達而不榮

高注：雖窮賤不以爲慴懼也，雖顯達不以爲榮幸也。

〔註117〕 章太炎《膏蘭室札記》，收入《章太炎全集（1）》，上海人民出版社 1982 年
版，第 79 頁。

〔註118〕 參見朱起鳳《辭通》，上海古籍出版社 1982 年版，第 2692 頁。但朱氏謂字又
作「徽」則非是，「徽」即後起之「霉」字。

按：《詮言篇》：「禍之至也，非其求所生，故窮而不憂；福之至也，非其求所成，故通而弗矜。」又「聖人無屈奇之服，無瑰異之行，服不視，行不觀，言不議，通而不華，窮而不懾，榮而不顯，隱而不窮，異而不見怪，容而與眾同，無以名之，此之謂大通。」可相互參證。郭店楚簡《唐虞之道》：「身窮不𦰡，𢼸（損）而弗利窮（躬），仁矣。」𦰡讀爲愸、恂〔註119〕，憂悶、憂懼。《說文》、《玉篇》並曰：「愸，憂也。」《廣韻》：「愸，憂也。恂，上同。」又：「恂，憂悶。」《集韻》：「愸，《說文》：『憂也。』或作恂、忴。」

（107）是故得道者……處高而不機，持盈而不傾……入火不焦，入水不濡

高注：機，危也。傾，覆也。

按：《莊子·大宗師》：「若然者，登高不慄，入水不濡，入火不熱，是知之能登假於道者也若此。」《列子·黃帝》：「入水不溺，入火不熱。」並爲此文所本（我不認爲《列子》是僞書）。《史記·秦始皇本紀》：「眞人者，入水不濡，入火不蓺。」機訓危，楊樹達、馬宗霍謂讀爲幾，是也。《文子·道原》：「是以高而不危，安而不傾。」

（108）不利貨財，不貪勢名

按：勢，《文子·九守篇》誤作「世」，《雲笈七籤》卷91《九守》亦作「勢」。下文「漠睧於勢利，誘慕於名位」，「勢名」即「勢利名位」。

（109）氣不當其所充而用之則泄，神非其所宜而行之則昧

高注：昧，不明也。

按：楊樹達謂昧當作眜，引《說文》「眜，目不明也」。張雙棣謂昧訓昏暗不明，不必以爲誤字。張說是也，《說文》：「昧，昧爽，且明也。一曰：闇也。」高注訓不明，與「闇」相合。引申訓昏亂、迷亂，《左傳·宣公十二年》杜預注：「昧，昏亂。」《太玄·聚》范望注：「昧，迷也。」

〔註119〕劉釗謂讀爲困，見《讀郭店楚簡字詞札記（四）》，《古籍整理研究學刊》2002年第5期。

（110）忽去之，則骨肉無倫矣

高注：去之，去道也，則骨肉靡滅，無倫匹也。

按：高注靡讀爲糜，《說文》：「糜，碎也。」

（111）今人之所以眭然能視，瞢然能聽

高注：眭讀曰桂，瞢讀疾營之營也。

按：（a）朱駿聲曰：「眭，叚借爲娃。或曰與睢同字，非。」〔註 120〕陶方琦、楊樹達亦謂眭借爲娃〔註 121〕，《說文》：「娃，圓深目貌。」李哲明引《玉篇》「眭，目深惡貌」，又引《廣韻》「眭，目深惡視」；張雙棣引《說文新附》「眭，深目也」，又引《集韻》「眭，目深貌」，似皆與「能視」義不相應，當非確詁。竊疑眭讀爲睽，《莊子・徐無鬼》：「奎蹄曲隈。」《釋文》：「奎，本亦作睽。」此其相通之證。《說文》：「睽，目不相視也。」〔註 122〕《玄應音義》卷 1「睽眼」注引《廣蒼》：「睽，目少精也。」字亦作睳，《玉篇》：「睳，目瞢。」眭然能視，言雖睽眼，亦能視也。（b）《玉篇》、《廣韻》、《類篇》、《五音集韻》並曰：「瞢，瞢然能聽。」〔註 123〕瞢、覒從目從見一也，當即一字異體。《玉篇》諸書無釋義，《龍龕手鑑》指出：「覒，音營，感也，與瞢同。」〔註 124〕《辭源》、《漢語大字典》謂瞢訓「迷惑」〔註 125〕；朱駿聲曰：「瞢叚爲熒或爲瑩，高讀疾營之營，謂讀爲瑩。」〔註 126〕則解爲「明白」之義；李哲明謂瞢訓「回繞」。皆與「能聽」義不相應，當非確詁。瞢讀爲營，字或作營、嫈、嚳。《說文》：「營，小聲也，從言熒省聲。《詩》曰：『營營青蠅。』」今《詩・青蠅》作「營營」。《廣韻》：「嫈，聲也。」又「嚳，嚳讛，小聲。」《玉篇》：

〔註 120〕朱駿聲《說文通訓定聲》，武漢市古籍書店 1983 年版，第 526 頁。

〔註 121〕陶方琦《許君〈說文〉多采用〈淮南〉說》，收入《漢學室文鈔二》，《清經解續編》，鳳凰出版社 2005 年版，第 7146 頁。

〔註 122〕視，原誤作「聽」，此從嚴可均《校議》、桂馥《義證》校正。

〔註 123〕《集韻》誤作「覒然能視」。

〔註 124〕《漢語大字典》謂「感」當作「惑」。《漢語大字典》（第二版），崇文書局、四川辭書出版社 2010 年版，第 3916 頁。

〔註 125〕《漢語大字典》（第二版），崇文書局、四川辭書出版社 2010 年版，第 2684 頁。

〔註 126〕朱駿聲《說文通訓定聲》，武漢市古籍書店 1983 年版，第 857 頁。

「譻，《說文》曰：『聲也。』」《類篇》：「嫈，嫈嫇，小聲。譻，譻謍，聲也。」字或作嫈，《集韻》：「嫈，聲也。」又「謍，嫈謍，聲也。」字或作謍，《類篇》：「謍，或作嫈，嫈謍，小聲。」字或作謍，《集韻》：「謍，聲也。」「謍」即後出專字。傅山曰：「《玉篇》有『覮』字，于並切，注『覮然能聽』。『脀』或即『覮』之訛。《廣韻》有『瞥』字，下從目，惑也。既言能聽，似當從耳，不見『謍』字。」〔註127〕傅氏所見本誤作「脀」，又失檢《集韻》。字又作瀯，柳宗元《鈷鉧潭西小丘記》：「清泠之狀與目謀，瀯瀯之聲與耳謀。」宋‧童宗注：「瀯音營，水回也。」童說未得。譻然能聽，言雖譻謍小聲，亦能聽也。于大成曰：「文、注瞥字皆當爲祭，字之誤也。《集韻》：『祭，聲也。』是其義也。」〔註128〕祭本祭名，且《集韻》亦無「祭，聲也」之訓，于氏失檢，未得其字。（c）高注「疾營」者，朱駿聲讀營爲祭，是也。李哲明謂「疾營」當作「疾祭」，未達高旨。《修務篇》高注：「營讀營正急之營也。」此注「疾營」即彼注「營正急」之誼〔註129〕。

（112）足蹎趹埳，頭抵植木

高注：蹎，躓也，楚人讀躓爲蹎。

按：「蹎」爲古楚語，參見附錄二《〈淮南子〉古楚語舉證》。《廣雅》：「抵，觸也。」《山海經‧海外北經》：「相柳之所抵，厥爲澤谿。」郭璞注：「抵，觸。厥，掘也，音撅。」本字爲牴，《說文》：「牴，觸也。」楊樹達謂抵爲牴字之誤，則未是。《列子‧說符》亦作「抵」。字或作觝，《玉篇》：「觝，觸也。」《說山篇》：「兕牛之動以觝觸。」

（113）今夫狂者之不能避水火之難而越溝瀆之險者，豈無形神氣志哉

按：俞樾曰：「『不能』當作『能不』。」劉文典曰：「《御覽》卷 869 引

〔註127〕傅山《讀了二‧淮南存駁》，收入《霜紅龕集》卷 33，《續修四庫全書》第 1395 冊，上海古籍出版社 2002 年版，第 661 頁。
〔註128〕于大成《淮南子校釋補》，收入《淮南鴻烈論文集》，里仁書局 2005 年版，第 1264 頁。
〔註129〕何寧謂「正」字衍。

『形神氣志』作『形氣神志』。」尋宋本《御覽》所引與今本同，劉氏所據本誤。何寧指出，上文「形神氣志，各居其宜」，下文「形神相失也」，皆「形神」連文之證。「不能」二字，《御覽》引同，亦不宜乙轉。「避水火之難」、「越溝瀆之險」平列，依俞說，「能不越溝瀆之險」不通。

（114）終身運枯形于連嶁列垺之門，而蹎蹈於污壑阱陷之中

高注：連嶁，猶離嶁也，委曲之類。列垺，不平均也。污壑，大壑。

按：「連嶁」為古楚語，參見附錄二《〈淮南子〉古楚語舉證》。朱駿聲謂污叚借為夿〔註130〕，《說文》：「夿，大也。」按《集韻》：「污，深也。」污借為窊，《說文》：「窊，污裹下也。」字或作汙、洿、窳，另見《說山篇》「文王污膺」條校補。深、大二義亦相因，此文二通。

（115）漠暗於勢利，誘慕於名位

高注：漠暗，猶鈍暗，不知足貌。

按：暗，一本作「暗」。漠暗，當作「漠眠」，為古楚語，參見附錄二《〈淮南子〉古楚語舉證》。

（116）冀以過人之智，植於高世

高注：冀，猶庶幾也。植，立也。庶幾立高名於世也。

按：王念孫曰：「當作『植高於世』，位亦立也。」王說是，《文子·九守》作「幾以過人之知，位高於世」，《雲笈七籤》卷91作「立高於世」，並其證也。幾，讀為冀；知，讀為智，並不煩舉證。

（117）則精神日以耗而彌遠，久淫而不還

高注：耗，秃也。還，復。

按：以，趙萬里謂衍文，諸家從之，是也。耗，消減、減損。高注訓秃，于省吾謂與「零落」義相因。何寧疑「秃」為「亂」字之譌，無據。還，《文子·九守》同。《方言》卷13：「還，積也。」此文即訓積也。戴震曰：「此義別無可考……『偆、疾』、『還、積』，或字形音聲疑

〔註130〕朱駿聲《說文通訓定聲》，武漢市古籍書店1983年版，第421頁。

似而譌。」〔註131〕戴氏改字無據。錢繹曰:「還,繞也。環繞,即積聚之意也。」〔註132〕亦曲為之說。據此可補其闕。高注訓「復」,未洽。

(118) 是故聖人將養其神,和弱其氣,平夷其形,而與道沈浮俛仰

按:和弱,《文子·九守》同。《道德指歸論》卷2:「本我之生,在於道德,孕而未育,所以成形,至於出冥以知,深微纖妙、和弱潤滑之大通也。」又卷6:「戒始慎微,和弱忠信。」皆其例。《周禮·天官·大司徒》鄭玄注:「和,不剛不柔。」又《春官·大司樂》鄭玄注:「和,剛柔適也。」《廣韻》:「和,不堅不柔也。」銀雀山漢簡《孫臏兵法·〔兵情〕》:「偏強偏弱而不和。」〔註133〕可知「和」指不強不弱,介於「強」、「弱」之間。「和弱」謂和適而略偏於柔弱。馬宗霍曰:「《禮記·樂記篇》:『其聲和以柔』,是『和』亦有『柔』義。和弱,猶言柔弱也。」《漢語大詞典》解為「調和抑制」,並未確。別本作「和柔」,蓋為臆改。

〔註131〕戴震《方言疏證》,收入《戴震全集(5)》,清華大學出版社1997年版,第2466頁。
〔註132〕錢繹《方言箋疏》,上海古籍出版社1984年版,第746頁。
〔註133〕銀雀山漢簡《孫臏兵法·〔兵情〕》,《銀雀山漢墓竹簡〔壹〕》,文物出版社1985年版,第64頁。

—45—

《俶眞篇》校補　卷第二

（1）夫藏舟於壑，藏山於澤，人謂之固矣；雖然，夜半有力者負而趨，寐者不知，猶有所遯

按：寐，《莊子・大宗師》作「昧」，馬敘倫曰：「昧借爲寐，《說文》：『寐，臥也。』」〔註1〕楊樹達說同〔註2〕。《莊子》「遯」作「遯」，古字通。成疏：「遯，變化也。」此說是也。林希逸曰：「遯，失也。」鍾泰從之〔註3〕，未得。俞樾曰：「山，疑當讀爲汕，《爾雅》：『罛謂之汕。』藏舟、藏汕，疑皆以漁者言。」〔註4〕武延緒說同〔註5〕，章太炎、馬敘倫並申俞說〔註6〕。王叔岷曰：「（俞）說殊牽強。茅坤評《淮南子》：『山疑作珠。』亦是臆說。古人設譬，多以舟、車對舉，《記纂淵海》卷59引此文山正作車，最爲可貴。惟《淵海》晚出，未知何據？或改山爲車，亦未可知。」〔註7〕「山」讀如字

〔註1〕馬敘倫《莊子義證》卷6，收入《民國叢書》第5編，商務印書館中華民國19年版。
〔註2〕楊樹達《莊子拾遺》，收入《積微居讀書記》，上海古籍出版社2006年版，第155頁。
〔註3〕鍾泰《莊子發微》，上海古籍出版社2002年版，第142頁。
〔註4〕俞樾《諸子平議》，上海書店1988年版，第338頁。
〔註5〕武延緒《莊子札記》，民國二十一年永年武氏刊所好齋札記本。
〔註6〕章太炎《莊子解故》，收入《章太炎全集（6）》，上海人民出版社1980年版，第136頁。馬敘倫《莊子義證》卷6，收入《民國叢書》第5編，商務印書館中華民國19年版。
〔註7〕王叔岷《莊子校詮》，中華書局2007年版，第225頁。又見王叔岷《淮南子斠證》，收入《諸子斠證》，中華書局2007年版，第334頁。

〔註8〕，不煩破讀改作，《文選·雜體詩》、《頭陀寺碑文》李善註二引《莊子》並作「山」，《書鈔》卷137、《類聚》卷9、71、《御覽》卷67、394、768、《事類賦注》卷16、《古今事文類聚》前集卷51、又續集卷27引亦並作「山」。《莊》書固以「山」、「澤」屬文，《天下篇》：「山與澤平」。趨，《莊子》作「走」，《文選·頭陀寺碑文》李善註、《白帖》卷29引《莊子》作「趨」，義同。《說文》：「走，趨也。趨，走也。」互相爲訓。《釋名》：「疾趨曰走。」

（2）物豈可謂無大揚攉乎

高注：揚攉，無慮，大數名也。攉，讀鎬京之鎬。

陶方琦曰：《文選·蜀都賦》注、《江賦》注、《吳趨行》注、《莊子》《釋文》引許注：「揚搉，粗略也。」是許本攉作搉，與《說文》同。又《大藏音義》82、84、87引許注：「揚搉，粗略也。」

按：《慧琳音義》卷82、87引許注並作「楊榷」，卷84引許注作「楊榷」，徐時儀曰：「榷，據文意似當作『榷』。」〔註9〕陶氏失檢。《文選·魏都賦》李善注引許注：「搉，揚搉，略也。」《莊子·徐無鬼》：「頡滑有實，古今不代，而不可以虧，則可不謂有大揚搉乎！」郭象注：「搉而揚之，有大限也。」《釋文》：「揚搉，《三蒼》云：『搉，敲也。』許慎云：『揚搉，粗略法度。』王云：『搉略而揚顯之。』」〔註10〕林希逸曰：「揚搉，提掇發揚而論之也。」宋·褚伯秀《南華眞經義海纂微》引呂註：「揚謂發其幽，搉謂核其實。」《廣雅》：「揚搉、無慮，都凡也。」《廣韻》：「搉，揚搉，大舉。」〔註11〕搉、攉，正、俗字也。《干祿字書》：「攉、搉，上俗下正。」〔註12〕《六書故》：「搉，《說文》曰：『敲擊也。』又作攉，《漢書》：『揚攉古今。』」陳廣忠謂「攉」字誤〔註13〕，失考。《漢書·敘傳》今本作「揚搉古今」，顏師古注：「揚，舉也。搉，引也。揚搉者，舉而引之，陳其趣也。」

〔註8〕　《文選·雜體詩》李善注引司馬彪曰：「山，陸居者。」
〔註9〕　徐時儀《一切經音義三種校本合刊》，上海古籍出版社2008年版，第1994頁。
〔註10〕　《三蒼》：「搉，敲也。」「敲」當作「敲」，形之訛也。
〔註11〕　《五音集韻》作「搉，揚搉，大舉」。
〔註12〕　《龍龕手鑑》：「搉，俗；正作『攉』。」俱矣。
〔註13〕　陳廣忠《淮南子斠詮》，黃山書社2008年版，第57頁。

《弘明集》卷 12 譙王《論孔釋書》：「想二三子揚攉而陳。使劃然有證，祛其惑焉。」《四庫》本作「揚攉」。字又作「揚較」，《漢書·古今人表》顏師古注引張晏曰：「略舉揚較，以起失謬。」《宋書·謝靈運傳》《山居賦》：「研書賞理，敷文奏懷；凡厥意謂，揚較以揮。」自注：「班固亦云：『揚較古今。』其義一也。左思曰：『爲左右揚較而陳之。』」左思《蜀都賦》作「揚攉」。《玄應音義》卷 4「都較」條、卷 7「較略」條、卷 11「較之」條、卷 12「大較」條、卷 18「比較」條並云：「較，古文攉，同。」又卷 20「辜較」條云：「較，又作攉。」朱起鳳曰：「攉、較同音通用。」〔註 14〕「辜較」一作「辜攉」，一作「辜榷」〔註 15〕，亦其比也。字又作「揚榷」、「揚確」，《宋書·謝靈運傳》：「於是抑懷蕩慮，揚榷易難。」朱謀㙔曰：「梗槩、商榷、大較、無慮、揚榷，大要也。」〔註 16〕唐·玄嶷《甄正論》卷 1：「重爲夫子揚攉而論之。」宋、元本作「揚確」，明本作「揚攉（攉）」。唐·彥琮《唐護法沙門法琳別傳》卷 2：「略陳迤邐，揚確後先者也。」唐·唐臨《冥報記》卷 1：「言不飾文，事專揚確。」字又作「揚礭」，唐·法琳《辯正論》卷 7：「今粗揚礭，奉報德音。」宋、元、明本作「揚攉」。《唐廣宗潘君（伽）墓誌銘》：「煥乎千載，無俟揚礭。」〔註 17〕「攉」字義當取乎「敲擊」，《六書故》所說是也，字又作「确」〔註 18〕。馬敍倫曰：「揚攉借爲商㩁。」〔註 19〕許匡一曰：「『揚攉』是『約』的分音形式。」〔註 20〕並不足信。《說文》：「榷，水上橫木，所以渡者。」段注：「凡言大榷、揚榷、辜榷，當作此字，不當從手。」〔註 21〕于大成從之，斯爲謬矣。

〔註 14〕朱起鳳《辭通》，上海古籍出版社 1982 年版，第 2299 頁。

〔註 15〕參見吳玉搢《別雅》卷 5，收入景印文淵閣《四庫全書》第 222 冊，臺灣商務印書館 1986 年初版，第 748～749 頁。

〔註 16〕朱謀㙔《駢雅》卷 2，收入景印文淵閣《四庫全書》第 222 冊，臺灣商務印書館 1986 年版，第 525 頁。

〔註 17〕《新中國出土墓誌·河南卷》，文物出版社 2008 年版，第 7 頁。

〔註 18〕另參見蕭旭《〈世說新語〉吳方言例釋》，收入《群書校補》，廣陵書社 2011 年版，第 1376 頁。

〔註 19〕馬敍倫《莊子義證》卷 24，收入《民國叢書》第 5 編，商務印書館中華民國 19 年版。

〔註 20〕許匡一《〈淮南子〉分音詞三例》，《古漢語研究》1994 年第 4 期，第 65 頁；又《〈淮南子〉分音詞試釋》，《武漢教育學院學報》1996 年第 4 期，第 38 頁。

〔註 21〕段玉裁《說文解字注》，上海古籍出版社 1981 年版，第 267 頁。

（3）其兄掩戶而入覘之

高注：掩，讀曰奄也。覘，視也。

按：《集韻》：「掩，撫也。」又「掩，打也。」掩戶，猶言叩門。朱駿聲則謂「掩」叚借爲「闖」〔註22〕，于大成說同，蓋即取朱說。《說文》：「闖，窺頭門中也。從人在門中。」《集韻》：「覵，《說文》：『闖也。』謂傾頭門中視也。」是「闖」、「覵」同義互訓。字或作睒，《玉篇》：「闖，覵頭門中也。或作睒。」《廣韻》：「睒，候視。」掩，《搜神記》卷12、《文選・思玄賦》李善註引、《御覽》卷888、《古今事文類聚》後集卷36、《記纂淵海》卷98、《事類賦注》卷20、《古今合璧事類備要別集》卷77引並作「啓」，《御覽》卷891引《淮南萬畢術》亦作「啓」，蓋誤以內篇爲外篇也。作「啓」蓋許本。趙宗乙謂「掩」是「閉合」義，此文本作「啓戶」，明人誤作「掩戶」，並增補高注〔註23〕。趙說證據不足，不可輕改古書。

（4）是故形傷於寒暑燥濕之虐者，形苑而神壯；神傷乎喜怒思慮之患者，神盡而形有餘

高注：苑，枯病也。壯，傷也。苑，讀南陽苑。

按：《本經篇》：「百節莫苑。」高注：「苑，病也。苑讀南陽之宛也。」苑訓病者，讀爲蔫。《廣雅》：「蔫、菸、殗，蔫也。」《玉篇》：「蔫，敗也，萎蔫也。」《集韻》：「蔫，《博雅》：『殗蔫，敗也。』」「萎」同「殗」，《說文》：「殗，病也。」也作「瘺」。可知「蔫」爲蔫萎之病。陶鴻慶謂「壯當從本義釋爲壯健」，吳承仕、金其源說並同，是也。《方言》卷3：「凡草木刺人，或謂之壯。」郭注：「今淮南人亦呼壯。壯，傷也。」錢繹《箋疏》引高注申郭說〔註24〕，失之。《文子・道原》作「形究而神杜」，究，盡也；顧觀光、俞樾謂「杜」爲「壯」字形譌〔註25〕，王叔岷曰：「顧、俞說並是。惟『形究而神壯』

〔註22〕朱駿聲《說文通訓定聲》，武漢市古籍書店1983年版，第129頁。

〔註23〕趙宗乙《〈淮南子・俶眞訓〉語辭札記》，《集美大學學報》2007年第1期；收入《淮南子札記》，黑龍江人出版社2009年版，第21～22頁。

〔註24〕錢繹《方言箋疏》，上海古籍出版社1984年版，第197頁。

〔註25〕顧說轉引自王利器《文子疏義》，中華書局2000年版，第22頁。俞樾《讀〈文子〉》，收入《春在堂全書》，《俞樓雜纂》卷21，光緒九年刻本。

亦不可通，『究』乃『苑』之誤。」〔註26〕李定生、徐慧君謂俞說非是，云「杜，閉塞」〔註27〕，可謂以不狂爲狂也。

（5）含哺而遊，鼓腹而熙

高注：鼓，擊也。熙，戲也。

陶方琦曰：《一切經音義》引「遊」作「興」。按：許本作「興」，與高本作「遊」，亦異。又《大藏音義》引正文「遊」作「與」。

按：《莊子·馬蹄》：「含哺而熙，鼓腹而遊。」《玄應音義》卷 1 引「遊」作「興」，又卷 9、13、14 引作「與」〔註28〕。《慧琳音義》卷 46、59 二引，並作「與」；又卷 18 引作「遊」。《莊子·大宗師》：「與乎其觚而不堅也。」郭象注：「常遊於獨而非固守。」正釋「與」爲「遊」。李楨曰：「『與』字或元是『趣』字，抑或是『懇』字，《說文》：『趣，安行也。懇，趣步懇懇也。』並與『遊』義合。」〔註29〕胡遠濬亦謂「與」借爲「趣」〔註30〕。字或作㦬、懇、忥、驉，《集韻》：「㦬㦬，行步安舒也。或作忥，亦書作懇。驉，《說文》：『馬行徐而疾。』」〔註31〕何寧曰：「『興』與『遊』義近，作『與』於義無取。」失考。林希逸曰：「與乎，容與也。」馬敘倫曰：「『與』疑借爲奢，張也。觚借爲㚎，㚎大也。」〔註32〕鍾泰曰：「與，讀若舉。」〔註33〕楊柳橋曰：「與，通『豫』，樂也。」〔註34〕並失之。熙訓戲，朱駿聲謂叚借爲嬉、娛〔註35〕，是也。《初學記》卷 9、《古

〔註26〕王叔岷《文子斠證》，收入《諸子斠證》，中華書局 2007 年版，第 495 頁。

〔註27〕李定生、徐慧君《文子校釋》，上海古籍出版社 2004 年版，第 20 頁。

〔註28〕黃奭《許慎淮南子注》引《玄應音義》卷 9、13「與」誤作「興」，收入《黃氏逸書考·子史鉤沉》，《續修四庫全書》第 1209 冊，上海古籍出版社 2002 年版，第 564 頁。

〔註29〕轉引自劉文典《莊子補正》，收入《劉文典全集（2）》，安徽大學出版社、雲南大學出版社 1999 年版，第 187 頁。

〔註30〕胡遠濬《莊子詮詁》，中國書店 1988 年版，第 51 頁。

〔註31〕另參蕭旭《國語校補》，收入《群書校補》，廣陵書社 2011 年版，第 135～136 頁。

〔註32〕馬敘倫《莊子義證》卷 6，收入《民國叢書》第 5 編，商務印書館中華民國 19 年版。

〔註33〕鍾泰《莊子發微》，上海古籍出版社 2002 年版，第 137 頁。

〔註34〕楊柳橋《莊子譯詁》，上海古籍出版社 1991 年版，第 116 頁。

〔註35〕朱駿聲《說文通訓定聲》，武漢市古籍書店 1983 年版，第 170 頁。

今事文類聚》後集卷 20 引《莊子》「熙」作「嬉」。《路史》卷 7：「鼓
腹而游，含哺而嘻。」「嘻」亦借字。

（6）抱德煬和

高注：煬，炙也。抱其志德而炙於和氣。煬，讀供養之養。

按：《莊子·徐無鬼》：「抱德煬和，以順天下。」陸西星曰：「煬和，養
和。」〔註 36〕林雲銘說同〔註 37〕。馬敍倫曰：「奚侗云：『煬叚作養。』
倫按：煬、養聲同陽類。」〔註 38〕鍾泰亦從奚說〔註 39〕。王叔岷曰：
「奚說是也。《文子·九守篇·守虛》亦有此文，《雲笈七籤》91
引煬作養，即其塙證。《淮南子·俶眞篇》亦有『抱德煬和』一語，
高注亦云：『煬，讀供養之養。』」〔註 40〕王利器曰：「《雲笈七籤》
煬作養，唐寫本《莊子》亦作養。」〔註 41〕諸說並是也。《莊子》
《釋文》：「煬，郭音羊，徐餘亮反。李云：『煬，炙也。爲和氣所
炙。』」成疏：「煬，溫也。」林希逸曰：「煬者，內自溫暖之意。」
《精神篇》：「抱德煬和。」高注：「煬，炙也。向火中炙和氣，以
順天道。」徐仁甫曰：「煬，讀爲向，即向火之向。」〔註 42〕諸說
並誤。養和，保養和氣，猶言愛惜精神。《道德指歸論》卷 2：「是
故絕聖棄智，除仁去義，發道之心，揚德之意，順神養和，任天事
地。」正可移釋此文。《精神篇》：「養以和，持以適。」〔註 43〕此
煬讀爲養之鐵證。《莊子·天運》：「（龍）乘乎雲氣而養乎陰陽。」
「煬和」即「養乎陰陽」也。劉師培謂《莊子》「養」讀爲翔〔註 44〕，
失之。《要略篇》：「處神養氣，宴煬至和。」煬亦讀爲養。《路史》
卷 8：「抱德揚和。」揚亦借字。抱德，猶言懷德。《吳越春秋·勾

〔註 36〕陸西星《南華眞經副墨》，萬曆六年刊本。
〔註 37〕林雲銘《莊子因》，乾隆間重刊本。
〔註 38〕馬敍倫《莊子義證》卷 24，收入《民國叢書》第 5 編，商務印書館中華民國
19 年版。
〔註 39〕鍾泰《莊子發微》，上海古籍出版社 2002 年版，第 587 頁。
〔註 40〕王叔岷《莊子校詮》，中華書局 2007 年版，第 978～979 頁。
〔註 41〕王利器《文子疏義》，中華書局 2000 年版，第 130 頁。
〔註 42〕徐仁甫《諸子辨正》，成都出版社 1993 年版，第 621 頁。
〔註 43〕《文子·九守》同。
〔註 44〕劉師培《莊子斠補》，收入《劉申叔遺書》，江蘇古籍出版社 1997 年版，第 888
頁。

踐伐吳外傳》：「懷道抱德。」又《夫差內傳》：「守仁抱德。」《家語・儒行解》：「戴仁而行，抱德而處。」「抱」與「懷」、「守」、「戴」同義對舉。彭裕商曰：「抱，讀『保養』之『保』。『保』、『養』義近。」〔註45〕失之。

（7）孰肯解構人間之事，以物煩其性命乎

高注：解構，猶合會也。煩，辱也。

洪頤煊曰：《後漢書・隗囂傳》：「勿用傍人解構之言。」《竇融傳》：「亂惑眞心，轉相解搆。」《莊子・胠篋篇》：「解垢同異之變。」《詩・野有蔓草》：「邂逅相遇。」《綢繆》：「見此邂逅。」其音義並同。

朱駿聲曰：搆，叚借爲遘〔註46〕。

按：洪說是也，而猶未盡。《詮言篇》：「行所不得已之事，而不解構耳。」字或作「解搆」，《人間篇》：「或明禮義、推道體而不行；或解搆妄言而反當。」「解構（搆）」爲兩漢前成語，猶言合會、遇合、交構，《淮南子》三例是也；引申爲「紛亂」、「離間」、「捏造」，《後漢書》二例是也。《後漢書・隗囂傳》李賢注：「解構，猶間構也。」此解與高注並是也。桂馥引此例以證《說文》「講，和解也」〔註47〕，失之。《後漢書・竇融傳》李賢注：「解搆，相解說而結搆。」以「解」爲「解說」，此說失之。「邂逅」字或作「解覯」、「解遘」、「邂遘」，《詩・野有蔓草》：「邂逅相遇，適我願兮。」毛傳：「邂逅，不期而會，適其時願。」《釋文》：「遘，本亦作逅。」陳奐曰：「案傳文『邂逅』下奪『相遇適我願兮』六字……是『不期而會』謂之『遇』，非『不期而會』謂之『邂逅』也。『邂逅』有『適願』之義，《穀梁傳》云：『遇者志相得也。』『志相得』即《詩》所謂『適我願』也。《綢繆》傳云：『邂逅，解說也。』『解說』猶說懌，亦是適我願之意……此徑（經）轉寫者刪去複句未盡，遂誤以傳文『不期而會』四字專釋『邂逅』二字，沿譌至今，直以『邂逅』爲塗遇之通稱，學者失其義久矣。『邂逅』當依《綢繆》《釋文》作『解覯』，《淮南子・俶眞篇》：『孰肯解

〔註45〕彭裕商《文子校注》，巴蜀書社 2006 年版，第 57 頁。
〔註46〕朱駿聲《說文通訓定聲》，武漢市古籍書店 1983 年版，第 352 頁。
〔註47〕桂馥《說文解字義證》，齊魯書社 1987 年版，第 203 頁。

構人間之事。』高注云：『解構，猶合會也。』構與覯通。」〔註48〕
《詩‧綢繆》：「見此邂逅。」毛傳：「邂逅，解說之貌。」陳奐曰：「《韓
詩》云：『（邂覯），不固之貌。』固，蔽也。不固，不蔽見也……解
說者，志相得也。」胡承珙曰：「『邂逅』字只當作『解構』，但為『會
合』之意……蓋凡君臣、朋友、男女之遇合，皆可言之。《魏志‧崔
季珪傳》注：『大丈夫為有邂逅耳。』亦是遇合之意。《傳》云『解說
之貌』，即因會合而心解意說耳。」〔註49〕二氏說甚確，足以發千載
之覆。馬瑞辰曰：「逅與姤同，古文作遘……『邂逅』通作『解覯』，
《綢繆》《釋文》云『本作「解覯」』，是也。又作『解構』……古『邂
逅』字正作『解遘』，『邂逅』為後作字，『覯』與『構』皆假借字也。
《爾雅》：『薢茩，英光。』郭注引或曰：『蔆也。關西謂之薢茩。』
則『薢茩』又菱角之別名。」又曰：「《傳》云『解說之貌』者，《釋
文》：『邂，本亦作解。逅，本又作覯。說，音悅。』《廣雅》：『解，
悅也。』……其實此詩『邂逅』亦為遇合。」〔註50〕姜亮夫曰：「艸
木之棱然角者亦曰『薢茩』。」〔註51〕蓋以命名交構成角之植物為「薢
茩」。宋‧馬永卿《嬾真子》卷4：「蓋謂可以解去垢穢，或恐以此得
名。」馬說未得。王先謙曰：「陳說是，『解說』乃相悅以解之意，思
見其人，求而忽得，則志意開豁，歡然相迎，即所謂『邂逅』矣。」
〔註52〕「邂逅」，指志相合，亦即「適願」、「悅懌」之義；《韓詩》云：
「邂逅，不固之貌。」「不蔽見」即「會合」也。諸義並相會。高本
漢謂「《莊子》『解垢』、《淮南子》『解遘（構）』，意義都是『假造』，
他們和《詩經》裏的『邂逅』沒有關係」〔註53〕，則誤矣，「假造」
亦引申義。字或作「迦逅」，《集韻》：「邂，邂逅，解說貌，或作迦。」
《太玄‧迎》：「迎父迦逅。」范望注：「迦逅，邂逅，解脫之貌也。」
「解脫」即「解說」、「悅懌」之義。吳玉搢曰：「迦逅、邂遘，邂逅

〔註48〕陳奐《詩毛氏傳疏》，中國書店1984年據漱芳齋1851年版影印。下同。
〔註49〕胡承珙《毛詩後箋》，黃山書社1999年版，第528～529頁。
〔註50〕馬瑞辰《毛詩傳箋通釋》，中華書局1989年版，第287、346頁。
〔註51〕參見姜亮夫《詩騷聯綿字考》，收入《姜亮夫全集》卷17，雲南人民出版社2002年版，第289頁。
〔註52〕王先謙《詩三家義集疏》，中華書局1987年版，第371頁。
〔註53〕高本漢《詩經注釋》（董同龢譯），中華叢書編審委員會，中華民國49年版，第250頁。

也。」〔註54〕姜亮夫曰：「『邂逅』聲轉爲『解構』，字亦作『迦逅』。」
〔註55〕字或作「解后」，《六書故》：「邂逅，行適相直也。古借用『解
后』。」後世誤爲「不期而會」義，宋・釋道潛《慕容居士雙楠軒》：
「故人解后相逢遇，指點婆娑索新句。」宋・范成大《送江朝宗歸括
蒼》：「半生三解后，相看成老翁。」字或作「解垢」、「解詬」，《莊子・
胠篋篇》：「解垢同異之變。」敦煌寫卷 S.796 作「解詬」。《釋文》：「解
垢，或云：『詭曲之辭。』」成玄英疏：「解垢，詐僞也。」《集韻》：「解
垢，詭曲也。」武延緒謂「解垢」即《淮南子》、《後漢書》之「解構」
〔註56〕，馬其昶曰：「『解垢』即『喫詬』，《集韻》：『喫詬，力諍也。』」
〔註57〕馬敍倫曰：「解借爲謑，垢借爲詬。《說文》：『謑詬，恥也。』」
〔註58〕鍾泰曰：「『解垢』猶『邂逅』，不期而遇合曰邂逅，引申之，
無因而造說亦曰邂逅。逅一作遘……邂逅、解垢、解構、解搆，用字
雖殊，取義則一也。」〔註59〕用爲名詞，指捏造之辭、交構之言，故
舊解爲「詐僞」、「詭曲之辭」。《釋文》：「司馬、崔云：『解垢，隔角
也。』」林希逸說同。朱謀㙔曰：「解垢，違忤也。」〔註60〕陳壽昌曰：
「解，辯之晰也。垢，語之汙也。」〔註61〕羅勉道曰：「解，散也。
垢，身之塵垢也。」〔註62〕楊柳橋曰：「解，疑借爲乖。垢，疑借爲
隔。」〔註63〕並非也。字或作「解構」，《俶眞篇》：「孰肯解構人間之
事，以物煩其性命乎？」高注：「解構，猶合會也。煩，辱也。」洪

〔註54〕吳玉搢《別雅》卷4，收入景印文淵閣《四庫全書》第222冊，臺灣商務印書
　　　館1986年初版，第722頁。
〔註55〕參見姜亮夫《詩騷聯綿字考》，收入《姜亮夫全集》卷17，雲南人民出版社
　　　2002年版，第288頁。
〔註56〕武延緒《莊子札記》，民國二十一年永年武氏刊所好齋札記本，第7頁。
〔註57〕馬其昶《莊子故》，黃山書社1989年版，第70頁。
〔註58〕馬敍倫《莊子義證》卷10，收入《民國叢書》第5編，商務印書館中華民國
　　　19年版。
〔註59〕鍾泰《莊子發微》，上海古籍出版社2002年版，第216～217頁。鍾說「不期
　　　而遇合曰邂逅」稍失之。
〔註60〕朱謀㙔《駢雅》卷1，收入景印文淵閣《四庫全書》第222冊，臺灣商務印書
　　　館1986年版，第517頁。
〔註61〕陳壽昌《南華眞經正義》，光緒十九年怡顏齋刊本。
〔註62〕羅勉道《南華眞經循本》，收入《續修四庫全書》第956冊，上海古籍出版社
　　　2002年版，第181頁。
〔註63〕楊柳橋《莊子譯詁》，上海古籍出版社1991年版，第183頁。

頤煊曰：「《後漢書·隗囂傳》：『勿用傍人解構之言。』《竇融傳》：『亂惑眞心，轉相解搆。』《莊子·胠篋篇》：『解垢同異之變。』《詩·野有蔓草》：『邂逅相遇。』《綢繆》：『見此邂逅。』其音義並同。」〔註64〕朱駿聲曰：「搆，叚借爲遘。」〔註65〕鈕樹玉曰：「邂逅，通作『解覯』，亦作『解構』。」〔註66〕鄭珍曰：「邂逅，又借作『解構』。」〔註67〕字或作「解果」、「蟹螺」、「蟹堁」、「蟹堁」，《荀子·儒效篇》：「是俗人者，逢衣淺帶，解果其冠。」楊倞註：「解果，未詳。或曰：解果，狹隘也。左思《魏都賦》曰：『風俗以韰惈爲嫿。』韰下界反，惈音果，嫿音獲，靜好也。或曰：《說苑》：『淳于髡謂齊王曰：「臣笑鄰圃之祠田，以一壺酒、三鮒魚，祝曰：蟹螺者宜禾，汙邪者百車。」』蟹螺，蓋高地也。今冠蓋亦比之，謂彊爲儒服而無其實。」「韰惈」與「解果」、「蟹螺」義不同〔註68〕。楊氏所引《說苑》見《尊賢篇》，今本作「蟹堁者宜禾，洿邪者百車」，又《說苑·復恩篇》：「下田洿邪，得穀百車，蟹堁者宜禾。」《御覽》卷837引作「蟹堁」。姜亮夫曰：「解果其冠，言間構其冠也。『間構』即『結構』、『交構』，蓋又『糾纏紛援』之引申也。」〔註69〕「蟹螺」、「蟹堁」、「蟹堁」即「解果」，交構也，故以喻高。《御覽》卷391引《說苑》作「譏堁」，有注：「譏堁，譏肝黑土。」「譏」當作「譺」，「譺堁」即「譺詬」、「謕詬」，參下文。彼注「譏肝」，望文生訓。楊倞註引或說解爲「狹隘」，朱謀㙔曰：「解果，狹小也。」〔註70〕孫詒讓曰：「堁，塵塺也。此蟹即解之借字。解堁，言土散解如灰塵者。《荀子》注作『蟹螺』，乃聲

〔註64〕洪頤煊《讀書叢錄》卷16《淮南子叢錄》，收入《續修四庫全書》第1157冊，上海古籍出版社2002年版，第697頁。

〔註65〕朱駿聲《說文通訓定聲》，武漢市古籍書店1983年版，第352頁。

〔註66〕鈕樹玉《說文新附考》，鈕氏非石居本。

〔註67〕鄭珍《說文新附考》，巽進齋叢書本。

〔註68〕方以智《通雅》卷17：「解果，猶蟹螺也。韰惈，言狹而果也，音義全與『解果』、『蟹螺』不同。」收入《方以智全書》第1冊，上海古籍出版社1988年版，第614頁。

〔註69〕參見姜亮夫《詩騷聯綿字考》，收入《姜亮夫全集》卷17，雲南人民出版社2002年版，第289頁。

〔註70〕朱謀㙔《駢雅》卷1，收入景印文淵閣《四庫全書》第222冊，臺灣商務印書館1986年版，第518頁。

之誤；《御覽》作『雞埤』，尤繆，不足據。」〔註71〕又曰：「蟹即解之叚字，蟹埤即粉解也。」〔註72〕朱駿聲曰：「果者累之誤字。」〔註73〕俞樾曰：「解果，古語也……《〔荀子·〕富國篇》：『和調累解。』又《韓非子·揚搉篇》：『若天若地，是謂累解。』『累解』亦即『蟹螺』也……語有倒順耳。《說苑》以『蟹螺』、『汙邪』對文，則『蟹螺』猶平正也。」〔註74〕劉師培曰：「案『蟹螺』，今《說苑》作『蟹埤』，《史記·滑稽傳》則作『甌窶』，《正義》以爲高地狹小之區。蓋『蟹螺』倒文爲『螺蟹』，與『甌窶』一聲之轉……『甌窶』即『岣嶁』、『痀僂』，山巔爲岣嶁，曲脊爲岣嶁。凡物之中高而旁下者，其音皆近於『甌窶』。」〔註75〕王天海曰：「解果，當讀作『懈墮』。懈墮其冠，猶言冠纓不繫，其冠鬆懈欲脫之狀。」〔註76〕日本學者桃氏曰：「蟹甲中隆，比地不平。埤當作螺，與蠃通，蜯屬。」〔註77〕或曰：「蟹螺，音傴僂。」〔註78〕並失之。字或作「奠詬」、「譙詬」、「謑詬」、「謑詢」、「謑呴」，《漢書·賈誼傳》：「奠詬無節。」顏師古注：「奠詬，無志分。」《呂氏春秋·誣徒》：「草木雞狗牛馬不可譙詬遇之，譙詬遇之則小譙詬報人。」《原本玉篇殘卷》「謑」字條引作「謑詬」，又引《說文》：「謑詬，恥辱也。」高誘注：「譙詬，猶禍惡也。」畢沅曰：「『譙詬』疑即『奠詬』，謂遇之不如其分也。彼顏注『無志分』，此注云『禍惡』，亦各以意解耳。」〔註79〕《說文》：「謑，恥也；謑，謑或從奊。詬，謑詬，恥也。」《楚辭·九思·遭厄》：「起奮迅兮奔走，違群小兮謑詢。」王注：「謑，恥辱垢陋之言也。詢，一作呴。」姜亮夫曰：「『奠詬』、『解垢』亦聲轉也……『謑詬』、『奠詬』

〔註71〕孫詒讓《札迻》，中華書局1989年版，第256頁。

〔註72〕孫詒讓《周禮正義》，中華書局1987年版，第1184頁。

〔註73〕朱駿聲《說文通訓定聲》，武漢市古籍書店1983年版，第529頁。

〔註74〕俞樾《古書疑義舉例》，收入《古書疑義舉例五種》，中華書局1956年版，第138頁。

〔註75〕劉師培《荀子補釋》，收入《劉申叔遺書》，江蘇古籍出版社1997年版，第952頁。

〔註76〕王天海《荀子校釋》，上海古籍出版社2005年版，第316頁。

〔註77〕轉引自左松超《說苑集證》，「國立」編譯館2001年版，第360頁。

〔註78〕《古今圖書集成》《字學典》卷36《音義部彙考》二十六《釋適之金壺字考·諸字音釋》，中華書局民國影本。

〔註79〕轉引自王利器《呂氏春秋注疏》，巴蜀書社2002年版，第454頁。

義亦相同。」〔註80〕諸詞中心詞義皆爲「交構」，引申爲「辱罵」、「羞辱」。高氏、顏氏順文爲解，義亦相會。字或作「謑髁」，《莊子‧天下》：「謑髁無任。」《釋文》：「謑髁，訑倪不正貌。王云：『謂謹刻也。』」成玄英疏：「謑髁，不定貌。」林希逸曰：「謑髁，不正不定之貌。」朱謀㙔曰：「謑髁、訑倪，敧邪也。」〔註81〕宣穎曰：「《會韻》：『謑髁，不正貌。』蓋圓轉不任職事也。」〔註82〕譚戒甫曰：「謑髁，《說文》、《呂覽‧誣徒》作『謑詬』，《荀子‧非十二子篇》作『謑詢』，《漢書‧賈誼傳》又省作『奊詬』，與下文『縱脫』義同，均謂委曲隨順也。」〔註83〕高步瀛曰：「《說文》：『謑詬，恥也。』重文作『謑』，《漢書‧賈誼傳》：『奊詬無節。』以奊爲之。詬、髁一聲之轉。」〔註84〕「謑髁」亦詭曲、不正之義。郭嵩燾曰：「《說文》：『謑詬，恥也。』《釋名》：『踝，〔确也〕，居足〔兩〕旁磽确〔然也〕。』謑髁，謂堅确能忍恥辱。」〔註85〕羅勉道曰：「謑，忍恥也。髁，獨行也。」〔註86〕馬敘倫曰：「謑髁，即『懈惰』之借。」〔註87〕楊柳橋曰：「朱駿聲：謑，借爲奊，《說文》：『奊，頭衺骫奊態也。』髁，當借爲蠲，《說文》：『蠲，不正也。』即今之『歪』字。」〔註88〕並失之。字或作「謨詬」、「喫詬」、「契溝」、「儛詬」，《莊子‧天地》：「使喫詬索之而不得

〔註80〕參見姜亮夫《詩騷聯綿字考》，收入《姜亮夫全集》卷 17，雲南人民出版社 2002 年版，第 289 頁。

〔註81〕朱謀㙔《駢雅》卷 2，收入景印文淵閣《四庫全書》第 222 冊，臺灣商務印書館 1986 年版，第 523 頁。

〔註82〕宣穎《南華經解》，收入《續修四庫全書》第 957 冊，上海古籍出版社 2002 年版，第 538 頁。

〔註83〕轉引自沙少海《莊子集注》，貴州人民出版社 1987 年版，第 353 頁。

〔註84〕高步瀛《先秦文舉要》，中華書局 1991 年版，第 140 頁。

〔註85〕轉引自郭慶藩《莊子集釋》，中華書局 1961 年版，第 1089 頁。缺字據今本《釋名》補。

〔註86〕羅勉道《南華眞經循本》，收入《續修四庫全書》第 956 冊，上海古籍出版社 2002 年版，第 286 頁。

〔註87〕轉引自方勇、陸永品《莊子詮評》，巴蜀書社 1998 年版，第 895 頁。馬氏後修訂爲：「謑者，《說文》與『謑』爲一字，此借爲奊。踝借爲骫。」馬敘倫《莊子義證》卷 33，收入《民國叢書》第 5 編，商務印書館中華民國 19 年版。另參見馬敘倫《讀書續記》卷 4，中國書店 1985 年版，第 23 頁。馬氏自訂舊說「懈惰」之誤。

〔註88〕楊柳橋《莊子譯詁》，上海古籍出版社 1991 年版，第 709 頁。

也。」《類聚》卷 84 引作「契溝」，《初學記》卷 27 引作「儢詬」，《肇論疏》卷 2 引作「契詬」，《維摩經略疏垂裕記》卷 8 引作「謑詬」。王叔岷曰：「並聲近相通。」〔註 89〕《釋文》：「喫，口儢反。詬，口豆反。司馬云：『喫詬，多力也。』」《胠篋篇》《釋文》：「解，苦懈反。垢，苦豆反。」讀音正同，是「喫詬」即「解垢」也。成玄英疏：「喫詬，言辨（辯）也。」郭嵩燾曰：「《集韻》云『喫詬，力諍』者是也。司馬云：『喫詬，多力也。』誤。」〔註 90〕洪頤煊曰：「《天地篇》：『使喫詬索之而不得也。』《釋文》：『司馬云：「喫詬，多力也。」』案：『喫詬』當作『夬詬』……《胠篋篇》：『頡滑堅白，解垢同異之變多，則俗惑於辯矣。』『頡滑』即喫字，『解垢』即詬字。」〔註 91〕馬敘倫曰：「喫為謑之譌也。」〔註 92〕皆不必認為字誤。《廣雅》：「謑詬，恥也。」王念孫曰：「『謑詬』、『謑詢』、『謑詬』、『夬詬』，竝字異而義同。」錢大昭說略同。〔註 93〕姜亮夫曰：「司馬云『多力也』，義亦可相成。」〔註 94〕鍾泰曰：「『喫詬』即《胠篋篇》之『解垢』，故《初學記》引此即作『儢詬』，謂巧辯也。」〔註 95〕劉文典曰：「喫詬，疑即『謑詬』，謑即謑字。《荀子·非十二子篇》：『無廉恥而任謑詬。』謂詈罵也。亦即本書《天下篇》之『謑髁』。」〔註 96〕《廣韻》：「謑詬，巧言才也。」《文苑英華》卷 100 賈餗《百步穿楊葉賦》：「克中之時，謑詬不能以施力；造微之處，離婁不得以爭明。」宋·彭叔夏《文苑英華

〔註 89〕王叔岷《莊子校詮》，中華書局 2007 年版，第 423 頁。

〔註 90〕轉引自郭慶藩《莊子集釋》，中華書局 1961 年版，第 415 頁。郭氏謂司馬說誤，可謂知二五而不知一十，失之一間。又引郭嵩燾曰：「《廣韻》『喫，同『敤』。』敤，聲也。詬，怒也。怒亦聲也。」失之。

〔註 91〕洪頤煊《讀書叢錄》卷 14《莊子叢錄》，收入《續修四庫全書》第 1157 冊，上海古籍出版社 2002 年版，第 681 頁。

〔註 92〕馬敘倫《莊子義證》卷 12，收入《民國叢書》第 5 編，商務印書館中華民國 19 年版。

〔註 93〕王念孫《廣雅疏證》、錢大昭《廣雅疏義》，並收入徐復主編《廣雅詁林》，江蘇古籍出版社 1998 年版，第 309 頁。《廣雅》「詬」誤作「話」，從王念孫、錢大昭說訂正。

〔註 94〕參見姜亮夫《詩騷聯綿字考》，收入《姜亮夫全集》卷 17，雲南人民出版社 2002 年版，第 289 頁。

〔註 95〕鍾泰《莊子發微》，上海古籍出版社 2002 年版，第 254 頁。

〔註 96〕轉引自錢穆《莊子纂箋》，臺灣東大圖書股份有限公司 1985 年第 5 版，第 94 頁。然劉氏《莊子補正》、《三餘札記》並無此語，疑錢氏誤錄，待檢。

辨證》卷 1：「《莊子》本作『喫詬』。喫，口懈反。喫詬，多力也。」
姜亮夫曰：「巧言才，言有善爲間構之言之才也。聲義皆相近。」〔註
97〕諸說並得之。羅勉道曰：「喫詬，喫人詬罵，無能者也，是巧者之
反。」〔註98〕《人間篇》：「使離朱捷剟索之。」許注：「捷剟，疾利。」
又《修務篇》：「雖有離朱之明，攫掇之捷。」劉文典曰：「『喫詬』疑
是『捷剟』、『攫掇』之聲轉，皆疾利、捷疾之義。司馬注非。」〔註
99〕「捷剟」即「攫掇之捷」，與「喫詬」判然不同。楊柳橋曰：「喫，
當借爲挈。詬，當借爲鉤，實借爲捉。」〔註100〕並未確。

（8）夫挾依於跂躍之術，提挈人間之際

高注：跂躍，猶齟齬，不正之道也。

陶方琦曰：《大藏音義》45 引許注：「跂，跳也。」許義以跂與躍連文，
故訓爲跳。

馬宗霍曰：《說文》：「跂，足多指也。躍，迅也。」然則「跂躍」連文，
蓋矜趨之貌。高以齟齬釋之，聲義去之皆遠。又按：《莊子·馬蹄篇》：「踶跂
爲義。」成疏：「踶跂，矜持之容。」跂躍猶踶跂矣。

按：《慧琳音義》卷 45：「足跂，郭注《山海經》云：『行腳跟不著地也。』
許叔重云：『跳也。』《考聲》：『翹足也。』」許注是也。跂訓跳，
即由「行腳跟不著地」、「翹足」義引申。跂當讀爲企，《廣韻》：「跂，
行貌，又音企。」《說文》：「企，舉踵也。」馬宗霍引《說文》「跂」
訓足多指，非其誼。朱駿聲申高注，謂跂借爲攱〔註101〕，《說文》：
「攱，頃也。」失之。

（9）撢掞挻㨉世之風俗，以摸蘇牽連物之微妙

高注：撢，引。掞，利也。挻㨉，猶上下也，以求利便也。摸蘇，猶摸

〔註97〕參見姜亮夫《詩騷聯綿字考》，收入《姜亮夫全集》卷 17，雲南人民出版社
　　　　2002 年版，第 290 頁。
〔註98〕羅勉道《南華眞經循本》，收入《續修四庫全書》第 956 冊，上海古籍出版社
　　　　2002 年版，第 191 頁。
〔註99〕劉文典《莊子補正》，收入《劉文典全集（2）》，安徽大學出版社、雲南大學
　　　　出版社 1999 年版，第 334 頁。
〔註100〕楊柳橋《莊子譯詁》，上海古籍出版社 1991 年版，第 217 頁。
〔註101〕朱駿聲《說文通訓定聲》，武漢市古籍書店 1983 年版，第 509 頁。

索。微妙，猶細小也。

按：(a) 挺，別本作「搋」，誤。《集韻》：「撢，《說文》：『探也。』或作探。」《六書故》：「撢，陸氏他南切，與『探』同。徐本《說文》曰：『探也。』唐本曰：『掬也。』孫氏他紺切，《淮南子》曰：『撢掞挺挏世之風俗。』」方以智曰：「撢掞挺挏，以手狀之。言求利便之狀也……掞音閃，可上可去。此用『撢掞』，當讀『探毯』。挺、挏，皆上聲。」〔註102〕中間所云，全本《六書故》。《說文》：「挏，攤引也。」《廣韻》：「挏，引也。挏，推引也。」《集韻》：「挏，推復引也。」《六書故》：「挏，攤引來去也。《淮南子》曰：『撢掞挺挏世之風俗。』」是「挏」爲來回牽引搖動之義。「挺」亦搖動之義。《龍龕手鑑》：「掞，動也。」「撢掞挺挏」四字同義連文，吳承仕謂不可分訓，未確。《俶眞篇》：「挺挏萬物。」《天文篇》高注：「洞，讀挺挏之挏。」《漢書・百官公卿表》：「更名家馬爲挏馬。」晉灼注：「挏，音『挺挏』之挏。」《方言》卷12：「侗、胴，狀也。」郭璞注：「侗，〔音〕『挺挏』〔之挏〕。」〔註 103〕《顏氏家訓・勉學篇》：「揰挏，此謂撞擣挺挏之。」可知「挺挏」爲漢、晉成語。或作「侹侗」，《方言》卷6：「眮，轉目也。」郭璞注：「眮，〔音〕『侹侗』〔之侗〕。」〔註104〕亦倒言「恫娗」，《方言》卷10：「婚，娗也。」郭璞注：「言恫娗也。」《辭通續編》卷 3 謂「挺挏」即「撞挏」〔註 105〕。姜亮夫曰：「物有相衝擊爲『dingdung』、『tingtung』之音者，遂有『丁東』、『停僮』諸語……一上一下有如衝撞，則曰『挺挏』……而獸行丁東，其跡亦被『町疃』之名。」〔註106〕(b) 牽連，或倒言「連牽」，《晉書・五行志》：「阿堅連牽三十年。」字或作「僆僂」，《集韻》：

〔註102〕方以智《通雅》卷5，收入《方以智全書》第1冊，上海古籍出版社1988年版，第221頁。

〔註103〕缺字據戴震說補。戴震《方言疏證》，收入《戴震全集(5)》，清華大學出版社1997年版，第2444頁。

〔註104〕缺字據戴震說補。戴震《方言疏證》，收入《戴震全集(5)》，清華大學出版社1997年版，第2376頁。

〔註105〕吳文祺主編《辭通續編》，上海古籍出版社1991年版，第165頁。

〔註106〕姜亮夫《詩騷譴語釋例》，收入《姜亮夫全集》第8卷，雲南人民出版社2002年版，第351頁。

「傓，傂傓，相從也。」又「傂，傂傓，行相及也。」今吳語、西南官話猶謂相連爲「連牽」〔註107〕。（c）摸蘇，音轉爲「摸索」、「摸揉」、「模索」、「捫摝」、「貉縮」、「落索」、「莫落」、「摩抄」、「摩挲」、「抹殺」、「抹摝」、「弊撇」、「摸挲」、「摹挲」，猶言撫摩〔註108〕。傅山曰：「撢即探，掞猶剡之快利，挺是硬入，桐即桐馬酒之桐。大概謂奔競之人，或偵探鑽刺，或徑進之骨董之意。蘇讀索，聲之自然，即挲，是蘇之開口者。下文有『挺桐萬物』，恰是說道妙矣，與此不同。」〔註109〕傅說「桐」、「蘇」是，其餘皆失之。

（10）不與物相弊撇

高注：弊撇，猶雜揉也。弊，讀跋涉之跋也。撇，讀楚人言殺也。

楊樹達曰：《莊子・馬蹄篇》：「蹩躠爲仁，踶跂爲義。」《釋文》：「躠，向、崔本作殺。」「弊撇」與「蹩躠」同。《釋名》：「摩娑，猶末殺也，手上下言之也。」「末殺」與「弊撇」亦同。

譚獻曰：弊撇猶末殺。

向宗魯曰：《莊子・駢拇篇》：「敝跬譽無用之言。」《釋文》：「分外用力之貌。」此「弊撇」當與「敝跬」同（跬，郭音屑）。字又作「蹩躠」，《莊子・馬蹄篇》：「蹩躠爲仁。」《釋文》：「李云：『用心爲仁義之貌。』」案：用心用力，義並得通。向、崔本作「弊殺」，蓋與《淮南》所據本同。

按：諸說並是也，而猶未盡。《精神篇》：「審乎無瑕而不與物粲。」高注：「瑕，猶釁也。其見利欲之來也，能審順之，故不與物相雜粲。」故弊撇猶雜揉也。字或作「弊鑠」，《路史》卷3：「揣丸變化，而與物相弊鑠。」亦與「抹殺」、「摩娑」、「摸蘇」、「拔撇」音轉。傅山曰：「（弊）音跋，聲遠。」〔註110〕失考。

〔註107〕參見許寶華、宮田一郎《漢語方言大詞典》，中華書局1999年版，第2600頁。

〔註108〕另參見蕭旭《「抹殺」考》。

〔註109〕傅山《讀子二・淮南存儁》，收入《霜紅龕集》卷33，《續修四庫全書》第1395冊，上海古籍出版社2002年版，第662頁。

〔註110〕傅山《讀子二・淮南存儁》，收入《霜紅龕集》卷33，《續修四庫全書》第1395冊，上海古籍出版社2002年版，第662頁。

（11）偃其聰明而抱其太素

按：《原道篇》：「是故聖人內修其本，而不外飾其末，保其精神，偃其才智。」《文子・道原篇》作「屬其精神，偃其知見」。「偃」字並同義。《國語・吳語》：「偃兵接好。」韋注：「偃，匿也。」偃讀爲匽，《說文》：「匽，匿也。」《漢語大字典》引此例釋爲「隱藏」〔註111〕，甚確。《原道篇》：「掩其聰明，滅其文章。」〔註112〕《主術篇》：「不如掩聰明而反修其道也。」「掩」亦讀爲匽，訓隱匿。《左傳・文公十八年》：「掩賊爲臧。」杜注：「掩，匿也。」朱駿聲謂掩借爲夾〔註113〕，未確。《道德指歸論》卷3：「故能塞其聰明，閉其天門。」《易林・蹇之巽》：「聰明閉塞，與死爲伍。」「閉塞」、「隱匿」義相會。

（12）譬若鍾山之玉，炊以爐炭，三日三夜而色澤不變，則至德天地之精也

按：炊，《類聚》卷83、《御覽》卷805、《記纂淵海》卷49、60、《事類賦注》卷9、《楚辭・哀時命》洪興祖補注、《本草綱目》卷8引並同；《呂氏春秋・重己》、《士容》高誘注作「燔」；《白帖》卷7、《御覽》卷38、《說文繫傳》「瑾」字注引並作「灼」。王念孫謂「炊」爲「灼」之誤，則亦拘矣。《說文》：「炊，爨也。」《玄應音義》卷74引《三蒼》：「爨，灼也。」《慧琳音義》卷90引《左傳》：「爨，灼也，炊也。」作「炊」是《淮南》舊本，諸書以同義易作「灼」、「燔」耳。燔，焚燒也。《劉子・大質》：「譬如鍾山之玉、寒嶺之松，此瓀瑉梓柳無殊也。及其燒以爐炭，三日而色潤不改；處於積冰，終歲而枝葉不凋，然後知其異於他玉眾木也。」正作「燒」字。趙宗乙謂本當作「燒」，形誤作「炊」〔註114〕，非也。「則至德天地之精也」，《楚辭・哀時命》洪興祖補注引同，《說文繫傳》：「玉者，君子所比德也，天地之精也，

〔註111〕《漢語大字典》（第二版），崇文書局、四川辭書出版社2010年版，第224頁。

〔註112〕《文子・道原篇》「掩」作「弃」。

〔註113〕朱駿聲《說文通訓定聲》，武漢市古籍書店1983年版，第128頁。

〔註114〕趙宗乙《淮南子札記》，黑龍江人出版社2009年版，第25～26頁。趙氏謂洪興祖補注引作「燒」，失檢。

王者所服用也。」可參證。則，猶以也〔註115〕。言所以色澤不變者，以玉之至德，天地之精也。《類聚》卷 83、《白帖》卷 7、《御覽》卷 805、《事類賦注》卷 9 引並誤作「得天地之精」。何寧曰：「德、得古通，疑後人不知『德』即『得』字，故加『則至』二字以足句耳。」恐未得。

（13）是故目觀玉輅琬象之狀，耳聽白雪清角之聲，不能以亂其神；登千仞之谿，臨蝯眩之岸，不足以滑其和

高注：滑，亂。和，適也。

按：此文本《慎子・君人》。能，亦足也〔註116〕。《精神篇》：「何足以滑和。」高誘注同此。滑、亂同義對舉。滑訓亂，讀爲汩、淈〔註117〕，《玉篇》：「淈，《說文》曰：『濁也。』亦汩字。」《慎子》一本「滑」誤作「淯」。《莊子・德充符》：「故不足以滑和。」《文子・九守》：「不便於生者，不以滑和。」《文子・道原》、《子華子・北宮意問》：「不以物滑和，不以欲亂情。」滑、亂亦同義對舉。《齊俗篇》：「然而羞以物滑和，故弗受也。」「滑和」爲漢代以前成語。

（14）是故生不足以使之，利何足以動之；死不足以禁之，害何足以恐之。明於死生之分，達於利害之變

按：此文本《慎子・君人》。向宗魯引《呂氏春秋・知分》：「夏后啓曰：『生不足以使之，則利曷足以使之矣；死不足以禁之，則害曷足以禁之矣。』」足以參證。《孔叢子・抗志》：「君子生不足以喜之，利何足以動之；死不足以禁之，害何足以怨之。故明於死生之分，通於利害之變。」注：「禁，或作懼。怨，或作忌。」《子思子外篇・任賢》：「君子生不足以喜之，利何足以動之；死不足以禁之，害何足以懼之。故明於死生之分，通於利害之變。」《皇王大紀》卷 70 作「君子生不足以係之，利何足以動之；死不足以禁之，害何足以

〔註115〕訓見吳昌瑩《經詞衍釋》，中華書局 1956 年版，第 158 頁；裴學海《古書虛字集釋》，中華書局 1954 年版，第 600 頁。

〔註116〕參見孫經世《經傳釋詞補》，中華書局 1956 年版《經傳釋詞》附錄，第 292 頁。

〔註117〕朱駿聲《說文通訓定聲》，武漢市古籍書店 1983 年版，第 629 頁。

變之。」《資治通鑑外紀》卷 10 作「君子生不足以喜之，利何足以動之；死不足以禁之，害何足以怨之。」「怨」爲「恐」字形誤，與「懼」同義。變，動也，移也。劉殿爵曰：「變讀爲辯。辯與分，並別也。」〔註118〕于大成已駁之。

（15）雖以天下之大，易骭之一毛，無所槩於志也

高注：骭，自膝以下脛以上也。骭，讀閈收之閈也。

馬宗霍曰：無所槩於志，猶言無所感於志。本書《精神篇》：「勢位爵祿何足以槩志。」義與此同。

張雙棣曰：《莊子・至樂》：「我獨何能無槩然。」《釋文》引司馬注：「槩，感貌。」

按：骭，《孔叢子・抗志》、《子思子外篇・任賢》作「脛」。向宗魯從宋本校「閈收」爲「閈牧」，何寧從之，是也。馬說亦是也，字或作概。《史記・范雎傳》：「意者臣愚而不概于王心邪？」《集解》引徐廣曰：「概，一作『溉』，音同。」《索隱》：「《戰國策》『概』作『關』，謂關涉于王心也。徐注『音同』，非也。」〔註119〕朱駿聲曰：「按：（概），平也。」〔註120〕作「溉」未是。《詮言篇》：「故利不動心，名利充天下，不足以概志。」義亦同。《莊子・至樂》「槩」訓「感貌」，蓋讀爲嘅、慨，歎也；與此不同。

（16）夫貴賤之於身也，猶條風之時麗也；毀譽之於己，猶蚊虻之一過

高注：條風，鳴條，言其迅也。麗，過也。

按：麗，《文選・褚淵碑文》李善注、《御覽》卷 945 引並同；《文選・答何劭》「穆如灑清風」、《演連珠》「時風夕灑」李善注引並作「灑」，

〔註118〕劉殿爵《讀淮南鴻烈札記》，香港《聯合書院學報》第 6 期，1967 年出版，第 147 頁。

〔註119〕今本《戰國策・秦策三》作「闔」，鮑彪註：「闔、合同。」金正煒曰：「『闔』當作『開』，《史》作『概』，一聲之轉也。《索隱》引《策》作『關』，『開』、『關』古字多互譌。」范祥雍曰：「唐本或作『關』，與今本異。『闔』字義亦通，不必改字。」並見范祥雍《戰國策箋證》，上海古籍出版社 2006 年版，第 309～310 頁。范說是。

〔註120〕朱駿聲《說文通訓定聲》，武漢市古籍書店 1983 年版，第 570 頁。

《演連珠》李善注引許慎曰：「灑，猶汛（迅）也。」蓋許本作「灑」，高本作「麗」。高本「麗」、「過」同義對舉，《文選·褚淵碑文》劉良注引「麗」作「過」。麗訓過，當讀爲歷，《說文》：「歷，過也。」《論衡·薄葬》：「徑庭麗級而諫。」黃暉曰：「《呂氏春秋·安死篇》：『孔子徑庭而趨，歷級而上。』麗亦歷也。」〔註121〕是其例。字或作邐，亦作離。《廣雅》：「邐、歷，過也。」王念孫《疏證》引《淮南》此文，曰：「麗與邐通。《大射儀》：『中離維網。』鄭注云：『離，猶過也、獵也。』離與邐古亦同聲。」〔註122〕字或作躒，《集韻》：「躒，足所經踐。」《御覽》卷945引注作「時麗，猶一過也。」時、一對舉同義〔註123〕，猶偶也。

（17）休於天鈞而不僞

高注：僞，敗也。天鈞，北極之地，積寒之野，休之輒敗，唯體道者爲能不敗也。

俞樾曰：此說「天鈞」之義，殊爲無據。《莊子·齊物論》：「是以聖人和之以是非，而休乎天鈞。」《釋文》引崔譔曰：「鈞，陶鈞也。」《淮南》之文即本《莊子》。

按：僞，當從他本作「礦」。俞說是也，《莊子·庚桑楚》：「若有不即是者，天鈞敗之。」林希逸曰：「天鈞，即造化也。」向宗魯謂高注僞（礦）訓敗，即用《莊子》，是也。張雙棣謂「礦」同「毀」，亦是也。方以智曰：「礦，古毀字也。」〔註124〕「煬」同「燬」，亦是其比。朱駿聲謂「礦」即「破」字〔註125〕，于大成從之，未確。《集韻》：「礦，敗也。《列子》：『事之破礦。』」「礦」顯非「破」字。

〔註121〕黃暉《論衡校釋》，中華書局1990年版，第963頁。

〔註122〕王念孫《廣雅疏證》，收入徐復主編《廣雅詁林》，江蘇古籍出版社1998年版，第274頁。

〔註123〕時猶偶，訓見徐仁甫《廣釋詞》，四川人民出版社1981年版，第470頁；另參見蕭旭《古書虛詞旁釋》，廣陵書社2007年版，第375頁。一猶偶，訓見蕭旭《古書虛詞旁釋》，第87頁。

〔註124〕方以智《通雅》卷10，收入《方以智全書》第1冊，上海古籍出版社1988年版，第401頁。

〔註125〕朱駿聲《說文通訓定聲》，武漢市古籍書店1983年版，第499頁。

（18）湍瀨、旋淵、呂梁之深不能留也

高注：湍瀨，急流也。旋淵，深淵也。呂梁，水名也，在彭城。皆水險。留，滯也。

張雙棣曰：《文選・遊天臺山賦》注引高注：「旋流，深淵也。」《江賦》注引許注：「九旋之淵至深。」

按：旋淵，即「九旋之淵」，喻其深也。《楚辭・哀時命》：「蛟龍潛於旋淵兮。」洪興祖注：「《淮南》云：『藏志乎九旋之淵。』注云：『九廻之淵至深也。』」所引《淮南》見《兵略篇》：「建心乎窈冥之野，而藏志乎九旋之淵。」許愼注：「九旋，言深淵也。」也省作「九淵」，《漢書・賈誼傳・弔屈原賦》：「襲九淵之神龍兮。」顏師古注：「九淵，九旋之川，言至深也。」《文選・江賦》注所引許注，當爲《兵略篇》許愼注，並非此篇。

（19）使王公簡其富貴而樂卑賤

按：下文「冬日之不用翣者，非簡之也，清有餘於適也。」高注：「簡，賤也。」此當同義。馬宗霍謂簡訓略，即「輕之」之意，是也。《漢書・谷永傳》顏師古注：「簡，略也，謂輕慢也。」可助證馬說。《鶡冠子・世兵》：「無見久貧賤則據簡之。」張金城引《淮南子》高注簡訓賤〔註126〕。桓譚《新論・言體論》：「昔楚靈王驕逸輕下，簡賢務鬼。」亦同義。王海根謂《淮南》二例簡讀爲賤〔註127〕，未允。字或作間，嶽麓書院藏秦簡《爲吏治官及黔首》：「五曰閒士貴貨貝。」間讀爲簡，輕也。整理者括注爲「賤」〔註128〕，非也。睡虎地秦簡《爲吏之道》作「賤」，義同〔註129〕。

〔註126〕轉引自黃懷信《鶡冠子彙校集注》，中華書局 2004 年版，274 頁。

〔註127〕王海根《古代漢語通假字大字典》，福建人民出版社 2006 年版，第 653 頁。《後漢書・梁鴻傳》：「簡斥數婦。」朱起鳳曰：「簡、賤聲轉義通。《韓子・顯學篇》：『此人所以簡巫祝也。』即賤巫祝也。」朱起鳳《辭通》卷 23，上海古籍出版社 1982 年版，第 2615 頁。朱說亦未允。

〔註128〕嶽麓書院藏秦簡《爲吏治官及黔首》，朱漢民、陳松長主編《嶽麓書院藏秦簡（壹）》，上海辭書出版社 2010 年版，第 129 頁。

〔註129〕參見蔡偉《讀竹簡札記四則》，http://www.guwenzi.com/SrcShow.asp?Src_ID=1457。

（20）耳目不燿，思慮不營

按：營，讀爲熒，惑也。《修務篇》：「察於辭者不可燿以名。」高注：「燿，眩也。」

（21）非有爲於物也，物以有爲於己也

高注：非有爲於物者，不爲之也。物以有爲於己者，物已爲也。

按：《文子・微明》下「物」作「不」，宋・杜道堅《纘義》：「外不有於物，內不有於己。」「物」字是。

（22）夫天之所覆，地之所載，六合所包，陰陽所呴，雨露所濡，道德所扶

高注：呴，讀以口相吁之吁。

蔣超伯曰：古包、孚通。

按：《泰族篇》：「天地所包，陰陽所嘔，雨露所濡。」《文子・微明》：「天地之所覆載，日月之所照明，陰陽之所煦，雨露之所潤，道德之所扶。」呴，《類聚》卷 88 引作「煦」，《御覽》卷 954 引作「照」。「照」即「煦」形誤。呴、嘔並讀爲煦、欨。《說文》：「欨，吹也。」又「煦，一曰暖潤也。」《集韻》：「呴，氣以溫之也。」謂呵氣使溫暖也。「濡」、「潤」義同。扶，祐助。《道德指歸論》卷 3：「夫道德之所不祐助，天地之所不覆載。」《齊俗篇》：「天地之所覆載，日月之所照記。」《周書・異域列傳》：「天地之所覆載，至大矣；日月之所照臨，至廣矣。」包，讀爲抱。《御覽》卷 954 引此文作「雨露所扶」，脫「濡道德所」四字。

（23）此皆生一父母而閱一和也

高注：閱，總也。

按：《類聚》卷 88 引作「此皆父母所關於一和也」，《文子・微明》作「皆說一和也」，一本「說」作「同」。閱、說讀爲脫，出也，參見《原道篇》校補。「關」、「同」二字誤。

（24）譬若周雲之蘢蓯、遼巢、彭濞而爲雨

高注：譬周雲，密雲雨也。蘢蓯，聚合也。遼巢彭濞，蘊積貌也。

按：上文「繽紛蘢蓯」，高注：「蘢蓯，聚會也。」與此同。「蘢蓯」即「巃
嵸」，《廣韻》：「嵸，巃嵸，山貌。」《御覽》卷8引《淮南子》：「周
雲之巃嵸，寮襍彭薄而爲雨。」正作「巃嵸」。朱起鳳曰：「寮即嵺
之省，巢即巂之省，襍、巂同音通用。」〔註130〕《玉篇》：「嵺，嵺
巂，山高。巂，嵺巂。」字或作「遼巂」，《廣雅》：「遼巂，高也。」
《集韻》、《類篇》「嵺」字條引作「嵺巂」。王念孫改「遼」爲「嵺」，
亦不必。錢大昭謂「遼巂」同「嵺巂」〔註131〕，是也。王氏謂「嵺」、
「巂」皆訓高，「合言之則曰嵺巂」〔註132〕。是「嵺巂」爲同義連
文也。《集韻》：「嵺，或作嶚，亦書作嶛、廖。」字或作「嶛嶕」，《文
選・吳都賦》：「陵絕嶛嶕，聿越巉嶮。」漙，別本作「濞」，王念孫
曰：「『漙』即『薄』之誤，後人不知而改爲『濞』，莊本從之，斯爲
謬矣。彭，古讀若旁，『旁薄』、『旁魄』義並與此同。」王說是也，
吳承仕、張雙棣並申之〔註133〕。方以智曰：「澎湃，一作『滂濆』、『滂
沛』、『澎濞』。」〔註134〕吳玉搢曰：「滂濆、澎濞，澎湃也。濞亦與
湃通。」〔註135〕以爲通假，則誤矣。字又作「蓬勃」、「䡾埻」、「滂
薄」等數十形〔註136〕。字或作「霶霈」、「滂霈」，《玉篇》：「霈，霶
霈，大雨貌。」《後漢書・袁安傳》：「甘雨滂霈。」字或作「噴勃」、
「噴薄」、「噴礴」〔註137〕，《文選・長笛賦》：「氣噴勃以布覆兮，
乍跱躓以狼戾。」李善注：「勃，盛貌。」呂向注：「氣噴勃，謂氣

〔註130〕朱起鳳《辭通》，上海古籍出版社1982年版，第716頁。

〔註131〕錢大昭《廣雅疏義》，收入徐復主編《廣雅詁林》，江蘇古籍出版社1998年版，
第334頁。

〔註132〕王念孫《廣雅疏證》，收入徐復主編《廣雅詁林》，江蘇古籍出版社1998年版，
第334頁。

〔註133〕吳承仕《淮南子許慎、高誘注》，收入《經籍舊音辨證》，中華書局2008年版，
第356頁。

〔註134〕方以智《通雅》卷8，收入《方以智全書》第1冊，上海古籍出版社1988年
版，第324頁。

〔註135〕吳玉搢《別雅》卷4，收入景印文淵閣《四庫全書》第222冊，臺灣商務印
書館1986年初版，第722頁。

〔註136〕另詳蕭旭、趙鑫曄《伍子胥變文校補》「飛沙蓬勃」條，收入蕭旭《群書校補》，
廣陵書社2011年版，第1118～1119頁。

〔註137〕朱起鳳《辭通》卷22云：「噴、蓬雙聲字，故通叚。」上海古籍出版社1982
年版，第2390頁。

結於笛中而聲不散也。」曹植《卞太后誄》：「率土噴薄，三光改度。」唐明皇《喜雨賦》：「或噴薄而攢聚，或淋漓而灌注。」宋・魏了翁《鶴山集》卷 108《師友雅言上》：「陽在內，陰不得而入，則噴薄而爲雨；陰在內，陽不得而入，則發散而爲風。」此例正可與《淮南子》相證發。宋・袁燮《桂花上侯使君》：「誰知一粟中，十里香噴礴。」字或作「咆勃」、「咆呦」，唐・王維《燕支行》：「趙魏燕韓多勁卒，關西俠少何咆勃。」唐・白居易《效陶潛體詩》：「壯士磨匕首，勇憤氣咆呦。」言氣之盛也。「龍從」、「寮巢」、「彭湃」並爲積聚、蘊積之義。

（25）而莫之要御夭遏者

楊樹達曰：《莊子・逍遙遊》：「背負青天而莫之夭閼者。」司馬彪云：「夭，折也。閼，止也。」「夭遏」與「夭閼」同。下文「宇宙之內莫能夭遏。」

按：林希逸曰：「莫之夭閼，無障礙也。」楊說是也，朱起鳳說同，朱氏曰：「夭閼，阻塞之義。閼、遏同音通用。」〔註138〕此以假借說之。《六書故》：「閼，衡版於門以遏行也……猶縣門也，引之爲關絕、夭閼。」此以引申說之。二說並通。《左傳・宣公十二年》疏：「『夭遏』是雍塞之義。」朱駿聲謂夭叚借爲遏、堨〔註139〕，則「夭遏」不辭，朱駿聲說非也。莫之，猶言莫能〔註140〕。

（26）揣丸變化

楊樹達曰：下文云：「提挈陰陽，嫥挽剛柔。」注云：「嫥挽，和調也。」「揣丸」與「嫥挽」同。

按：《路史》卷 3：「揣丸變化，而與物相弊鎛。」亦有「揣丸」一詞。《路史》卷 12：「提挈形氣，而嫥挽乎剛胁。」亦與《淮南子》同。楊說是也，朱起鳳說同〔註141〕，而猶未盡。朱氏又謂與《要略篇》

〔註138〕朱起鳳《辭通》，上海古籍出版社 1982 年版，第 2417 頁。

〔註139〕朱駿聲《說文通訓定聲》，武漢市古籍書店 1983 年版，第 306 頁。

〔註140〕參見王叔岷《古書虛字新義》，聯經出版事業公司中華民國 67 年版，第 111 頁。又參見蕭旭《古漢語中兩個特殊的「莫之 V」句式》，收入《群書校補》，廣陵書社 2011 年版，第 1447～1449 頁。

〔註141〕朱起鳳《辭通》，上海古籍出版社 1982 年版，第 579 頁。

「若轉丸掌中，足以自樂也」之「轉丸」同，則恐未確矣，「轉丸」即轉弄丸子。朱駿聲謂嫥叚借爲摶〔註142〕，楊樹達說同，是也。《周禮・考工記序》：「刮摩之工五，摶埴之工二。」鄭玄注：「摶之言拍也；埴，黏土也。故書刮作捖，鄭司農云：『捖，摩之。』捖讀爲刮。」《釋文》：「捖，劉音刮，戚音完，李侯管反。」《玉篇》：「捖，呼官切，摶圓也。《周禮》注云：『捖摩之工，謂玉工也。』」「嫥捖」即「摶刮」、「摶捖」，猶言陶冶、塑造。周邦彥《汴都賦》：「乃使力士提挈乎陰陽，摶捖乎剛柔。」此文本《淮南子》，字正作「摶捖」。字或作「摶換」、「摶丸」，又音轉爲「脫活」，元・虞集《道園學古錄》卷 7《劉正奉塑記》：「凡兩都名刹，有塑土範金，摶換爲佛者，一出正奉之手，天下無與比者。」元・陶宗儀《輟耕錄》卷 24 記同，陶氏又解釋「摶換」云：「所謂摶換者，漫帛土偶上而髹之。已而去其土，髹帛儼然像也。昔人嘗爲之，至元尤妙。『摶丸』又曰『脫活』，京師語如此。」字或作「摶塥」，清・龔自珍《縱難送曹生》：「天下范金、摶塥、削楮、揉革、造機，必有伍。」作「塥」爲本字，下文「提挈陰陽，嫥捖剛柔。」傅山曰：「專（嫥）即摶義。」〔註143〕楊樹達曰：「嫥假爲摶，捖與塥同，《說文》：『塥，以黍和灰丸而髹也。』」《廣韻》：「塥，漆加骨灰上也。」字或作骬、丸，《集韻》：「塥，《說文》：『以黍和灰而鬃也。』或從骨，亦作丸。」字或作浣，《周禮・巾車》鄭玄注：「軟讀爲桼浣之桼。」《輪人》注：「丸漆之。」《角人》注：「骨入漆浣者。」「漆浣」即「桼塥」，借音字。傅山曰：「此不當如常讀揣擔之揣，當讀如摶。」〔註144〕馬宗霍亦謂「揣」與「摶」通，是也；而馬氏謂「揣丸者，蓋謂以手圜之使成丸」，則未得。馬氏又謂摶訓聚、累，以「揣丸」牽附於《莊子・達生》「痀僂丈人累丸」之「累丸」，則失之彌遠矣。

（27）夫疾風教木，而不能拔毛髮

〔註142〕朱駿聲《說文通訓定聲》，武漢市古籍書店 1983 年版，第 758 頁。
〔註143〕傅山《讀子二・淮南存雋》，收入《霜紅龕集》卷 33，《續修四庫全書》第 1395 冊，上海古籍出版社 2002 年版，第 662 頁。
〔註144〕傅山《讀子二・淮南存雋》，收入《霜紅龕集》卷 33，《續修四庫全書》第 1395 冊，上海古籍出版社 2002 年版，第 662 頁。

高注：教亦拔也。

按：楊樹達謂教借爲勃，《說文》：「勃，排也。」朱駿聲曰：「今蘇俗以
力旋轉物曰勃。」〔註145〕吳語謂扭轉、旋轉爲勃〔註146〕。「勃」謂
旋轉而拔之。字或作挬，《廣雅》：「挬，拔也。」王念孫引此文及《覽
冥篇》「挬拔其根」爲證，謂「挬與勃通」〔註147〕；于省吾說同，
諸說並是也。字或作悖，《文子·上禮》：「悖拔其根。」又音轉爲拂，
《廣雅》：「拂，拔也。」王念孫曰：「拂猶挬也，方俗語有輕重耳。」

（28）地不定，草木無所植

高注：植，立也。

按：《文子·精誠》「植」作「立」。

（29）庸詎知吾所謂知之非不知歟

按：《莊子·齊物論》：「庸詎知吾所謂知之非不知邪？」《釋文》李云：
「庸，用也。詎，何也。猶言何用也。服虔云：『詎猶未也。』」庸
亦詎也、何也〔註148〕，《文子·精誠》「庸詎」作「何」字。

（30）今夫積惠重厚，累愛襲恩，以聲華嘔符嫗掩萬民百姓，使之訢訢然，人樂其性者，仁也

按：符，一本作「苻」，並讀爲孚，俗作孵。《說文》：「孚，卵孚也。」
又音轉爲抱、菢、部、剖，互詳《原道篇》「羽者嫗伏」條、《本經
篇》「嘔咐醞釀」條校補。《集韻》：「掩，撫也。」掩讀爲奄，《說
文》：「奄，覆也。」《詩·韓奕》毛傳：「奄，撫也。」《文子·精
誠》「厚」作「貨」，「訢訢」作「欣欣」，「性」作「生」。《御覽》
卷419引《文子》作「厚」、「忻忻」、「性」。「貨」爲「厚」字音誤，
「生」讀爲「性」。楊樹達、向宗魯謂「嘔符」即《莊子·人間世》
之「傴拊」、本書《本經篇》之「嘔咐」，並是。「咐」、「拊」亦借

〔註145〕朱駿聲《說文通訓定聲》，武漢市古籍書店1983年版，第682頁。
〔註146〕參見許寶華、宮田一郎《漢語方言大詞典》，中華書局1999年版，第3869頁。
〔註147〕王念孫《廣雅疏證》，收入徐復主編《廣雅詁林》，江蘇古籍出版社1998年版，第261頁。下同。
〔註148〕參見王引之《經傳釋詞》，嶽麓書社1984年版，第76頁。

字；嘔、傴並讀爲嫗，指以體相溫。

（31）舉大功，立顯名，體君臣，正上下，明親疏，等貴賤，存危國，繼絕世，決挐治煩，興毀宗，立無後者，義也

按：《莊子・刻意》：「語大功，立大名，禮君臣，正上下，爲治而已矣。」爲此文所本。《文子・精誠》作「舉大功，顯令名，體君臣……」，《纘義》本作「顯令名，禮君臣」。體，讀爲禮。《御覽》卷 421 引《文子》亦「體」字。

（32）閉九竅，藏心志，棄聰明，反無識

按：藏，《文子》同，《御覽》卷 403 引《文子》誤作「滅」。《精神篇》：「鉗口而不以言，委心而不以慮，棄聰明而反太素，休精神而棄知故。」「鉗口不言」即「閉九竅」，「委心不慮」即「藏心志」，「反無識」即「反太素」。

（33）芒然仿佯于塵埃之外

按：埃，《文子・精誠》作「垢」。

（34）所斷差跌者，而內以濁其清明

按：向宗魯、鄭良樹校爲「所斷者差跌」，楊樹達謂「『斷』字疑因『所』字形近而誤」。《廣韻》：「差，跌也。」《六書故》：「跌，失足差跌也。」差、跌同義連文。朱起鳳謂差爲蹉省〔註149〕，「蹉」爲後出分別字，「差跌」爲兩漢人成語。

（35）夫人之事其神而嬈其精，營慧然而有求於外，此皆失其神明而離其宅也

高注：事，治也。嬈，煩也。營慧，求索名利者也，故曰「有求於外」。離宅，離精神之宅也。

李明哲曰：「營慧」義難通曉，注似強爲之辭。竊疑「營慧」當即「營營」疊字，《莊子・庚桑楚篇》：「無使汝思慮營營。」即與此文同意。

向宗魯曰：營慧猶儇慧。儇，慧也。劉申叔以「精營」連讀，謂即《老

子》「載營魄」之「營」，於文義不合，非是。

按：朱駿聲亦以「精營」連讀，謂高注失之〔註150〕，劉說本朱氏。朱起鳳謂「營慧」即「營衛」，以「然」字爲衍文，謂高注「于古未聞」〔註151〕。「嬈其精」、「事其神」相對，「營」字當下屬，向說爲長。

（36）是故凍者假兼衣于春，而暍者望冷風于秋

按：《莊子・則陽》：「夫凍者假衣於春，暍者反冬乎冷風。」《釋文》：「暍音謁，《字林》云：『傷暑也。』」爲此文所本。《玉篇》：「暍，中熱也，溫也。」字或作煬、瘍，《廣韻》：「暍，傷熱。亦作煬、瘍。」今言「中暑」。馬敘倫曰：「兼爲縑省，《說文》：『縑，并絲繒也。』」〔註152〕

（37）聖人之所以駭天下者，真人未嘗過焉；賢人之所以矯世俗者，聖人未嘗觀焉

高注：駭，動也。

按：《莊子・外物》：「聖人之所以駴天下，神人未嘗過而問焉；賢人所以駴世，聖人未嘗過而問焉。」《釋文》：「駴，戶楷反。王云：『謂改百姓之視聽也。』徐音戒，謂上不問下也。」爲此文所本。林希逸曰：「駴與駭同。」馬敘倫曰：「成玄英曰：『駭，驚也。』是成本駴作駭，《淮南・俶眞訓》亦作駭。王云：『改百姓之視聽也。』則讀駴爲革。倫案：駴借爲誡，《說文》：『誡，敕也。』」〔註153〕成說、林說是，馬說非。駭當訓驚動，《文子・精誠》、《微明》並作「動」字。

（38）此其為山淵之勢亦遠矣

按：裴學海曰：「爲，猶去也。」〔註154〕《晏子・內篇襍上》：「其去俗亦遠矣。」〔註155〕文例相同。《說苑・政理》：「聖人將治，可以不

〔註150〕朱駿聲《說文通訓定聲》，武漢市古籍書店1983年版，第857頁。

〔註151〕朱起鳳《辭通》，上海古籍出版社1982年版，第1816頁。

〔註152〕馬敘倫《莊子義證》卷25，收入《民國叢書》第5編，商務印書館中華民國19年版。

〔註153〕馬敘倫《莊子義證》卷26，收入《民國叢書》第5編，商務印書館中華民國19年版。

〔註154〕裴學海《古書虛字集釋》，中華書局1954年版，第116頁。

〔註155〕《呂氏春秋・觀世》、《新序・節士》並同。

先自爲刑罰乎？」《家語・子路初見》「爲」作「遠」，遠亦去也。

（39）甘暝於溷瀾之域，而徙倚於汗漫之宇

高注：瀾，讀閑放之閑。言無垠虛之貌。徙倚，猶汗漫。

李哲明曰：「溷」疑「瀾」之壞文。溷瀾猶言瀾漫也，與下句「汗漫」字義相類。

按：暝，當從一本作「瞑」。《精神篇》：「甘瞑太宵之宅。」楊樹達謂「瞑」即「眠」，朱起鳳謂「甘瞑」即「酣眠」，並是也。李說非是，《方言》卷3：「苙，圂也。」郭璞注：「謂蘭圂也。」戴震曰：「案《孟子》：『既入其苙。』趙岐注云：『苙，蘭也。』蘭、闌古通用，《漢書・王莽傳》：『與牛馬同蘭。』顏師古注云：『蘭，謂遮蘭之，若牛馬蘭圈也。』」〔註156〕俗作「欄」字。「溷」當作「瀾」，「溷瀾」即「蘭圂」之倒文，指牛馬欄圈。《廣韻》：「圂，一云豕所居也。」《御覽》卷77引作「其瞑乎混淆之域，而徙倚乎瀾漫之宇」。臆改「溷瀾」爲「混淆」。「其瞑」爲「甘瞑」之誤。「汗漫」爲「瀾漫」、「爛熳」、「爛縵」、「爛曼」、「瀾熳」之音轉。

（40）群生莫不顒顒然仰其德以和順

按：《御覽》卷77引作「群生莫不喁喁然仰其德和順止」，楊樹達謂此文「顒顒」用借字，《御覽》「止」當作「也」，是也。《慧琳音義》卷28、55、77、96、98引亦並作「喁喁」。《慧琳音義》諸卷引無「以和順」三字，何寧曰：「衍『以』字，『和順』二字乃注文誤入正文。」何說不可信，《慧琳音義》爲節引，不可據刪。《文子・上禮》有「以和順」三字，《御覽》引小有。

（41）吟德懷和，被施頗烈

高注：吟詠其德，含懷其和氣，未大宣佈也。被其德澤，頗烈施於民。

王念孫曰：吟乃含字也。《原道篇》：「含德之所致也。」高注：「含，懷也。」《本經篇》云：「含德懷道。」含、懷一聲之轉。

〔註156〕戴震《方言疏證》，收入《戴震全集（5）》，清華大學出版社 1997 年版，第 2344 頁。

按：王說是也，《繆稱篇》亦有「含德履道」語。《文子・精誠》：「含德抱道，推誠樂施。」即此文之誼。和，指中和之道。

（42）而知乃始昧昧晽晽，皆欲離其童蒙之心，而覺視於天地之間，其德煩而不一

高注：昧昧，欲明而未也。晽晽，欲所知之貌。煩，多也。一，齊也。

按：晽晽，深邃昏昧貌。字或作「磷磷」，《文選・張衡・思玄賦》：「越谽嘲之洞穴兮，漂通川之磷磷。」李善註：「磷磷，深貌。」呂延濟注：「磷磷，深廣貌。」字亦作㝝，《玉篇》：「㝝，㝝深也。」《集韻》：「㝝，室深也。」王念孫謂「楙楙」之誤，未必得。視，《文子・上禮》作「悟」。《精神篇》：「甘瞑太宵之宅，而覺視於昭昭之宇。」亦「覺視」連文。煩，《文子》同，《莊子・繕性篇》誤作「順」。郭注：「故釋而不推，順之而已。」失之。說《莊》諸家並未及。

（43）剖判大宗，竅領天地

高注：竅，通也。領，理也。

按：竅，《書鈔》卷4、《路史》卷12引同，《文子・上禮》作「覈」。朱起鳳曰：「竅訛作覈，形相涉也。或曰『竅領』當作『曉領』，亦爲『曉泠』。」〔註157〕又曰：「曉泠，猶今言明瞭也。」〔註158〕後說「當作『曉領』」誤。覈，讀爲竅，疏通、貫通。高氏領訓理，探上文「莫之領理」爲說。《覽冥篇》：「陰陽之所壅沈不通者，竅理之。」「竅領」即「竅理」。王利器曰：「《文子・上禮篇》：『覈領天下。』『覈理』、『覈領』義同。《上禮篇》又云『領理隱密』、『領理百事』，『領理』連文，義同，與此可互證。」〔註159〕劉家立改《覽冥》「竅」爲「覈」，傎矣。

（44）襲九窾，重九㘸

高注：窾，法也。㘸，形也。

按：重，《路史》卷12引作「種」，又引注爲許叔仲（重）。傅山曰：「音

〔註157〕朱起鳳《辭通》，上海古籍出版社1982年版，第1545頁。
〔註158〕朱起鳳《辭通》，上海古籍出版社1982年版，第976頁。
〔註159〕王利器《文子疏義》，中華書局2000年版，第76頁。

義俱不解。」〔註 160〕

（45）嗜欲連於物，聰明誘於外，而性命失其得

按：連，《文子・上禮》明刊本誤作「達」，《纘義》本不誤。《鶡冠子・天權》：「連萬物，領天地。」《劉子・清神》：「嗜慾連綿於外。」得，吳承仕讀爲德，是也。《文子》「得」作「眞」，「眞」爲「悳」形訛；「悳」爲「德」古字，見《說文》。劉績、陳昌齊謂當從《文子》作「眞」，失之。許建平謂「得者，中也。與上二句儷偶」〔註 161〕，尤爲失之。得訓中，中讀去聲，非「中外」之「中」，許氏偷換概念。

（46）雜道以僞，儉德以行

高注：雜，粗。

王念孫曰：雜當爲離，字之誤也。儉，讀爲險。《莊子・繕性篇》：「離道以善，險德以行。」《文子・上禮》：「離道以爲僞，險德以爲行。」高注訓雜爲粗，則所見本已誤作「雜」。僞，古「爲」字。爲亦行也。

按：王說是也。成疏：「險，危阻也。」「險」讀如字。又疑儉、險讀爲檢，《釋名》：「檢，禁也，禁閉諸物使不得開露也。」《新語・無爲》：「楚平王……檢民以德。」檢德以行，言檢其德而行之也。《莊子》「僞」作「善」者，王叔岷曰：「善猶爲也，善與繕通。」〔註 162〕可參。郭慶藩曰：「『善』字疑是『爲』字之誤。」〔註 163〕劉文典從之〔註 164〕。馬其昶曰：「險，讀爲掩。」〔註 165〕奚侗曰：「險，傷也。善，當作『僞』。」〔註 166〕馬敘倫曰：「僞，借爲善。險，借爲

〔註 160〕傅山《讀子二・淮南存雋》，收入《霜紅龕集》卷 33，《續修四庫全書》第 1395 冊，上海古籍出版社 2002 年版，第 662 頁。

〔註 161〕許建平《淮南子補箋》，《中國典籍與文化論叢》第 6 輯，中華書局 2000 年版，第 341～342 頁。

〔註 162〕王叔岷《莊子校詮》，中華書局 2007 年版，第 569～570 頁。

〔註 163〕郭慶藩《莊子集釋》，中華書局 1961 年版，第 553 頁。

〔註 164〕劉文典《莊子補正》，收入《劉文典全集（2）》，安徽大學出版社、雲南大學出版社 1999 年版，第 445 頁。

〔註 165〕馬其昶《莊子故》，黃山書社 1989 年版，第 110 頁。

〔註 166〕奚侗《莊子補注》，民國六年當塗奚氏排印本。

憸。險德猶頗德。或借爲譣，《說文》：『譣，詖也。』」〔註 167〕沙少海曰：「善猶言，言與行對文。」〔註 168〕疑皆未得。

（47）博學以疑聖，華誣以脅眾

高注：設虛華之言，以誣聖人，劫脅徒眾也。

按：《繆稱篇》：「華誣生於矜。」《莊子·天地》：「博學以擬聖，於于以蓋眾。」明刊本《文子·上禮》：「狙學以擬聖，華誣以脇眾。」《纘義》本作「華誕」。華讀爲誇，古從華從夸之字多通。司馬彪曰：「於于，誇誕貌。」章太炎、劉師培並申之，謂《淮南子》、《文子》釋「於于」爲「華誣」〔註 169〕。《說文》「雩（華）」字或體作「荂」。《爾雅》：「華，荂也。」郭注：「今江東呼華爲荂。」又「秦有楊陓。」《呂氏春秋·有始》作「陽華」。《方言》卷 1：「華、荂，晠也。齊楚之間或謂之華，或謂之荂。」郭注：「荂亦華別名，音誇。」皆其相通之證。《漢書·楊王孫傳》：「夫飾外以華眾，厚葬以鬲眞。」《說苑·反質》「華」作「誇」。《管子·大匡》：「出不仕，處不華。」《晏子春秋·內篇問上》：「是以賢者處上而不華，不肖者處下而不怨。」又《內篇問下》：「通人不華，窮民不怨。」又「不以傲上華世，不以枯槁爲名。」《荀子·子道》：「奮於言者華，奮於行者伐。」〔註 170〕皆其例〔註 171〕。字或作嘩，郭店楚簡《語叢二》：「未又（有）善事人而不返者，未又（有）嘩（華）而忠者。」〔註 172〕字或作芋，上博五楚簡《弟子問》：「吾未見芋而信者，未見善事人而息（貞）者。」〔註 173〕芋讀爲華〔註 174〕。字或作訏，郭店楚簡《尊德義》：

〔註 167〕馬敘倫《莊子義證》卷 16，收入《民國叢書》第 5 編，商務印書館中華民國 19 年版。

〔註 168〕沙少海《莊子集注》，貴州人民出版社 1987 年版，第 176 頁。

〔註 169〕參見王叔岷《莊子校詮》，中華書局 2007 年版，第 446 頁。

〔註 170〕《家語·三恕》同。

〔註 171〕參見劉如瑛《詞典釋文與詞義探討》，《語言研究集刊》第 3 輯，江蘇教育出版社 1989 年版，第 141 頁。

〔註 172〕郭店楚簡《語叢二》，收入《郭店楚墓竹簡》，文物出版社 1998 年版，第 205 頁。

〔註 173〕二「者」字整理者釋爲「絕」，茲從陳偉改釋。馬承源主編《上海博物館藏戰國楚竹書（五）》，上海古籍出版社 2005 年版，第 280 頁。陳偉《上博五〈弟子問〉零釋》，簡帛網，http://www.bsm.org.cn/show_article.php?id=215。「息」字整理者釋爲「惪（憂）」，茲從蘇建洲改釋。蘇建洲《〈弟子問〉簡 21「未見

「教以言，則民話（訐）以寡信。」〔註175〕陳偉讀「話（訐）」爲「誇」，云：「《說文》：『誇，譀也。』《逸周書・諡法解》：『華言無實曰誇。』」〔註176〕馮勝君曰：「芊，讀爲訐。」蘇建洲指出「誇、華、訐大概有同源的關係」〔註177〕，是也。字或作「迂」、「諤」、「宇」〔註178〕。《逸周書・官人解》：「華廢而誣。」盧文弨曰：「廢，大也。」〔註179〕《大戴禮記・文王官人》：「華如誣，巧言令色，足恭，一也。」如、而一聲之轉。「華如誣」即「華而誣」，亦即此文之「華誣」。華當讀爲誇〔註180〕。馬敘倫曰：「於于，借爲誇譀，故《淮南》作『華誣』。」可參證；馬氏又曰：「『蓋』或『蠱』之訛。」〔註181〕則失之。《釋文》：「於于，行仁恩之貌。」成疏：「於于，佞媚之謂也。」方以智曰：「於于，舒緩也。注以爲夸毗，非也。……於爲發聲，于爲氣出，連用之，正狀其聲容耳。」〔註182〕羅勉道曰：「於于，語助，猶俗嘲儒之說『之乎也者』云。」〔註183〕李勉謂「於于」同「于喁」，乃「隨和之意」〔註184〕，並未得。奚侗、朱起鳳謂《莊子》

善事人而貞者」解〉，http://www.guwenzi.com/SrcShow.asp?Src_ID=1238。

〔註174〕 參見蘇建洲：《〈上博五〉補釋五則》，簡帛網，http://www.bsm.org.cn/show_article.php?id=814。又參見何有祖《上博五〈弟子問〉校讀札記》，簡帛網。

〔註175〕 郭店楚簡《尊德義》，收入《郭店楚墓竹簡》，文物出版社1998年版，第173頁。

〔註176〕 陳偉《郭店簡書〈尊德義〉校釋》，《中國哲學史》2001年第3期，第114頁。另參見陳劍《試說戰國文字中寫法特殊的「亢」和從「亢」諸字》，收入《出土文獻與古文字研究》第3輯，復旦大學出版社2010年版。

〔註177〕 馮勝君、蘇建洲二氏意見參見http://www.guwenzi.com/SrcShow.asp?Src_ID=1238。

〔註178〕 參見王引之《經義述聞》卷20《國語・周語下》「其語迂」條，江蘇古籍出版社1985年版，第483頁。

〔註179〕 轉引自黃懷信等《逸周書彙校集注（修訂本）》，上海古籍出版社2007年版，第774頁。

〔註180〕 以上參見蕭旭《〈大戴禮記〉拾詁》，《澳門文獻信息學刊》2011年第2期。

〔註181〕 馬敘倫《莊子義證》卷12，收入《民國叢書》第5編，商務印書館中華民國19年版。

〔註182〕 方以智《通雅》卷4，收入《方以智全書》第1冊，上海古籍出版社1988年版，第189頁。

〔註183〕 羅勉道《南華眞經循本》，收入《續修四庫全書》第956冊，上海古籍出版社2002年版，第194頁。

〔註184〕 李勉《莊子總論及分篇評注》，轉引自陳鼓應《莊子今注今譯》，中華書局1983年版，第320頁。

作「於于」誤〔註185〕，亦失之未考。《說文》：「誣，加言也。」華、誣同義連文，猶言浮誇。張雙棣謂「誣」訓欺，未允。王利器曰：「狙學，謂狙詐之學。」〔註186〕可參。李定生、徐慧君曰：「狙，窺伺、小察。狙學，一曲之學，如猿猴學人的動作一樣。」〔註187〕彭裕商曰：「『狙』蓋『博』字之借。」〔註188〕皆未確。疑，王引之讀爲擬，是也。

（48）緣飾詩書，以買名譽於天下

按：買，《御覽》卷509引嵇康《高士傳》同，《文子·上禮》作「賈」，義同。《莊子·天地》、皇甫謐《高士傳》卷中並作「賣」，誤。緣，《文子》誤作「琢」，王利器曰：「『琢』疑『緣』形近之誤。」〔註189〕「緣飾」爲兩漢成語，《史記·平津侯傳》：「緣飾以儒術。」《索隱》：「謂以儒術飾文法，如衣服之有領緣以爲飾也。」《漢書·公孫弘傳》顏師古注：「緣飾者，譬之於衣，加純緣者。」《漢書·楚元王傳》：「緣飾文字。」李定生、徐慧君曰：「琢飾，雕琢文飾。」〔註190〕失之。

（49）於是萬民乃始懣觟離跂

高注：懣，讀簫簫無逢際之懣。觟，徯徑之徯也。

傅山曰：《玉篇》：「（觟），胡瓦切，角貌。」懣，《玉篇》：「莫蘭切，忘也。」與此義乖〔註191〕。

蔣超伯曰：「懣觟」或別爲「滿稽」。「滿稽」疑當時方言，滿、莫一音，莫可稽考之意。

李哲明曰：「簫簫無逢際」難曉，疑當作「簫簫無逢際之邊」。

〔註185〕奚侗《莊子補注》，民國六年當塗奚氏排印本。朱起鳳《辭通》，上海古籍出版社1982年版，第354頁。

〔註186〕王利器《文子疏義》，中華書局2000年版，第508頁。

〔註187〕李定生、徐慧君《文子校釋》，上海古籍出版社2004年版，第458頁。

〔註188〕彭裕商《文子校注》，巴蜀書社2006年版，第229頁。

〔註189〕王利器《文子疏義》，中華書局2000年版，第508頁。

〔註190〕李定生、徐慧君《文子校釋》，上海古籍出版社2004年版，第458頁。

〔註191〕傅山《讀子二·淮南存儁》，收入《霜紅龕集》卷33，《續修四庫全書》第1395冊，上海古籍出版社2002年版，第662頁。

于省吾曰：《說文》：「懣，忘也。」「忘徯」與「離跂」對文。

按：何寧曰：「于氏謂『懣䲶』爲『忘徯』，非也。」懣，同「懑」，憤恨也。䲶，讀爲恚、娃，《說文》：「恚，恨也。娃，不悅也。」字或作恚，見《正字通》。高氏讀「徯」者，記其音也，當讀爲傒，《廣韻》：「傒，恨足。」《集韻》：「傒，慣傒，心不平。傒，恨也。」圭聲、奚聲相通。《玉篇》：「眭，目深惡貌。」《集韻》：「䁧、眭，目小怒貌，或省。嗀，恚聲。」並同源。懣，《辭源》釋爲「糊塗，不明事理」，《漢語大字典》釋爲「欺瞞」〔註 192〕，並未確。䲶，朱駿聲讀爲慺，則釋爲「有二心」，《漢語大字典》從之〔註 193〕，亦未確。《莊子・天地》：「而楊墨乃始離跂，自以爲得。」又《在宥》：「而儒墨乃始離跂攘臂乎桎梏之間。」林希逸曰：「離跂，支離翹跂也。攘臂，奮手言談也。乃自許自高之貌。」「離跂」與「攘臂」對舉，並動賓結構，當從林說。羅勉道曰：「離跂，促㧘伴離地。」〔註 194〕楊柳橋曰：「離跂，即舉足之意。」〔註 195〕並是也。離跂攘臂，言翹足舉手，形容「自以爲得」之狀。成疏：「離跂，用力貌也。」未洽。王念孫曰：「離跂，疊韻字，自異於眾之意。」釋義雖近是，而以爲疊韻詞則非。馬敘倫曰：「離，爲『攡』省，《說文》：『攡，舒也。』」〔註 196〕實不煩破字。離跂，亦作「利跂」，《荀子・非十二子》：「綦谿利跂。」楊倞註：「綦谿，未詳，蓋與跂義同也。利，與『離』同。離跂，違俗自絜之貌，謂離於物而跂足也。」高注當作「懣，讀𦿆𦿆無逢際之𦿆」，朱駿聲曰：「下『懣』字即『𦿆』也……按今以皮冒鼓曰𦿆，言平帖無縫也。」〔註 197〕何寧申朱氏曰：「蔣、李說非也……『蕭蕭』蓋『𦿆𦿆』之誤。《說文》：『𦿆，平也。』『逢』即『縫』。」

〔註 192〕《辭源》（縮印本），商務印書館 1988 年版，第 626 頁。《漢語大字典》（第二版），崇文書局、四川辭書出版社 2010 年版，第 2510 頁。

〔註 193〕朱駿聲《說文通訓定聲》，武漢市古籍書店 1983 年版，第 525 頁。《漢語大字典》（第二版），崇文書局、四川辭書出版社 2010 年版，第 4180 頁。

〔註 194〕羅勉道《南華眞經循本》，收入《續修四庫全書》第 956 冊，上海古籍出版社 2002 年版，第 184 頁。「促㧘伴」蓋「足底盤」之譌。

〔註 195〕楊柳橋《莊子譯詁》，上海古籍出版社 1991 年版，第 195 頁。

〔註 196〕馬敘倫《莊子義證》卷 11，收入《民國叢書》第 5 編，商務印書館中華民國 19 年版。

〔註 197〕朱駿聲《說文通訓定聲》，武漢市古籍書店 1983 年版，第 745 頁。

吳承仕曰:「邵瑞彭曰:『籥乃繭字之誤。逢猶縫,今字作縫。繭繭者,
無逢際之狀,今俗語猶然。』按:邵說是也。高讀本作『籥籥無逢
際』,籥、繭字同。《說文》:『繭,平也。』」〔註198〕諸說是也,《廣
韻》:「繭,無穿孔狀。」「無穿孔」即「無縫際」。王叔岷曰:「懦疑
懦之誤,注疑本作『懦讀繭繭無逢際之懦』。『懦觟』、『離跂』並用
力之貌。『懦觟』與『敝跬』同。」未得。

(50)攉德攓性

高注:攉,取也。攓,縮也。

楊樹達曰:高訓攓為縮,非也。攓當為攓,《說文》:「攓,拔取也。」攓、
攉皆取也。

于省吾曰:《漢書·司馬相如傳》:「襲積褰縐。」集注引張揖:「褰,縮
也。」攓、褰字通,故注訓為縮。然下文「攉拔吾性,攓取吾情」,是攓不應
訓縮。攓同攓,拔取。攉與攓義同,互文耳。《莊子·駢拇》:「攉德塞性。」
塞亦褰之譌,應讀為攓。

按:《莊子·駢拇》《釋文》:「攉德,音濯,司馬云:『拔也。』」林希逸
曰:「攉,抽也。塞,猶言茅塞也。」攉當訓拔取、抽取。《文選·
為顧彥先贈婦》、《七啓》李善注引許注:「攉,引也。」獅谷本《慧
苑音義》「攉幹」條引許叔重注同,又云:「引謂引出。」〔註199〕
是許訓「引」,高訓「取」,其義一也。攓訓縮者,字或作攓,《文
子·上禮》正作「攓」,《玉篇》:「攓,縮也。」與高注正同。字或
作縷,《廣雅》:「縷,縮也。」《廣韻》:「縷,縷縮。」《國語·周
語中》:「而縮取備物以鎮撫百姓。」韋注:「縮,引也。」按:韋
注訓引,汪遠孫謂縮讀為搐。《說文》:「搐,蹴引也。」〔註200〕《小
爾雅》:「縮,抽也。」《廣韻》:「搐,抽也。」可證縮、搐通用。
又《楚語上》:「縮於財用則匱。」韋注:「縮,言取也。」亦當讀
為搐,有「引取」、「抽取」之義〔註201〕。楊、于二氏以高注為非,

〔註198〕吳承仕《淮南子許慎、高誘注》,收入《經籍舊音辨證》,中華書局 2008 年版,
第 357 頁。
〔註199〕許叔重,高麗藏誤作「徐重」,金藏廣勝寺本誤作「徐重舛」。
〔註200〕蹴讀為慼,收縮之義,朱駿聲《說文通訓定聲》改作「就引」,失之。
〔註201〕參見蕭旭《國語校補》,收入《群書校補》,廣陵書社 2011 年版,第 83~84

王利器曰：「高訓爲縮，未之聞也。」〔註202〕則皆失考矣。楊氏謂本字爲擳，訓拔取，是也。「擳」爲古楚語，字或作擳、搴、捲。《方言》卷1：「擳，取也。南楚曰擳。」《說文》：「拔，拔取也，南楚語。《楚詞》曰：『朝搴批之木蘭。』」《史記·孫叔通傳》：「故先言斬將搴旗之士。」《索隱》引《方言》云：「南方取物爲搴。」《廣韻》：「搴，取也；擳，上同。」《集韻》：「擳，《說文》：『拔取也，南楚語。』或從蹇，亦作搴。」于氏謂「塞亦蹇之譌」，王利器曰：「塞當爲搴之誤。」〔註203〕說并本王念孫；王氏曰：「塞當爲搴。」王叔岷申證之〔註204〕。

（51）搖消掉捎仁義禮樂

高注：搖消掉捎仁義禮樂，言未之能行也。

何寧曰：《大藏音義》卷64：「掉捎：掉，搖也、振也。捎，動也。」

按：後漢·安世高譯《大比丘三千威儀》卷2：「三者不得卻踞兩手掉捎兩足。」則「掉捎」猶言搖動，爲兩漢成語。宋·元照《四分律行事鈔資持記》卷3：「卻踞謂反向後。掉捎謂搖動。」《廣雅》：「掉捎，動也。」王念孫曰：「《釋訓》云：『掉撍，振訊也。』『掉撍』與『掉捎』同……《釋訓》云：『揣抗，搖捎也。』『搖捎』猶『掉捎』也。一作『搖消』……『掉捎』、『跳踃』、『搖捎』竝聲近而義同。」〔註205〕朱起鳳謂「掉捎」又作「跳踃」、「掉撍」、「撟捎」、「糾謪」，動貌〔註206〕。《玉篇》：「踃，跳踃。」《集韻》：「踃，跳踃，動也。」「搖消」一作「搖捎」、「搖銷」、「搖稍」、「搖逍」，東晉·法顯《摩訶僧祇律》卷34：「欲懸鉢時，當先搖捎橛堅不。」宋、元、明本作「搖銷」。葛洪《神仙傳》卷10：「以三丸藥內死人口中，令人舉死人頭搖而消之。」《三國志·士燮傳》裴松之注引作「搖稍」，宋·陳舜俞《廬山記》卷1、《冊府元龜》卷876並作

頁。

〔註202〕王利器《文子疏義》，中華書局2000年版，第509頁。

〔註203〕王利器《文子疏義》，中華書局2000年版，第510頁。

〔註204〕王叔岷《莊子校詮》，中華書局2007年版，第309頁。

〔註205〕王念孫《廣雅疏證》，收入徐復主編《廣雅詁林》，江蘇古籍出版社1998年版，第97頁。

〔註206〕朱起鳳《辭通》，上海古籍出版社1982年版，第706、714頁。

「搖捎」，《御覽》卷 724 引作「搖逍」，又卷 827 引作「搖消」〔註207〕。或倒作「捎搖」，《廣韻》：「捎，搖捎，動也。」《原本廣韻》作「捎搖」。亦作「消搖」、「逍遙」，《莊子·逍遙遊》《釋文》：「逍一作消，遙一作搖。」《禮記·檀弓上》：「負手曳杖，消搖於門。」《釋文》：「消搖，本又作『逍遙』。」傅山曰：「《莊子》『逍遙』，本即『消搖』。」〔註208〕

（52）以招號名聲於世

按：招，《文子·上禮》作「譊」。「號」字衍，《文子》無。我舊說云：「譊，讀爲僥，《龍龕手鑑》：『僥，僥遇也，冀求也。』字或作儌、徼、邀，《漢書·揚雄傳》：『不修廉隅以徼名當世。』顏師古注：『徼，要也。』《論衡·自然篇》：『不作功邀名。』《文子》舊注：『譊，喧呼也。』失之。」〔註209〕石立善見告：「譊當讀作招。」則更徑直，無煩旁通。《覽冥篇》：「不招指。」銀雀山漢簡《唐勒》「招」作「撓」〔註210〕。《詩·君子陽陽》：「右招我由房。」阜陽漢簡「招」作「撓」。皆是其證。銀雀山漢簡《守法守令等十三篇》：「弱而不事強，胃（謂）之撓央（殃）；小而不事大，胃（謂）之召害。」〔註211〕陳偉武讀撓爲招〔註212〕。

（53）定于死生之境，而通于榮辱之理

按：《莊子·逍遙游》：「定乎內外之分，辨乎榮辱之竟。」「竟」同「境」，

〔註207〕唐·白居易《蘇州重玄寺法華院石壁經碑文》：「水火不能燒漂，風日不能搖消。」言風搖日消，與此形同實異。趙宗乙混而爲一，誤。趙宗乙《〈淮南子·俶真訓〉語辭札記》，《集美大學學報》2007 年第 1 期。

〔註208〕傅山《讀子二·淮南存雋》，收入《霜紅龕集》卷 33，《續修四庫全書》第 1395 冊，上海古籍出版社 2002 年版，第 662 頁。

〔註209〕參見蕭旭《〈淮南子·俶真篇〉校補》，《書目季刊》第 44 卷第 2 期，2010 年 9 月出版。

〔註210〕銀雀山漢簡《唐勒》，收入《銀雀山漢墓竹簡〔貳〕》，文物出版社 2010 年版，第 249 頁。

〔註211〕銀雀山漢簡《守法守令等十三篇》，收入《銀雀山漢墓竹簡〔壹〕》，文物出版社 1985 年版，第 143 頁。

〔註212〕陳偉武《銀雀山漢簡通假字辨義》，《古漢語研究》1997 年第 3 期，第 79 頁；又陳偉武《簡帛兵學文獻探論》，中山大學出版社 1999 年版，第 164 頁。

指心境，《皇王大紀》卷 72 正作「境」。《金樓子・立言篇上》：「定外內之分，夷平榮辱之心。」「平」字衍〔註213〕。《文子・上禮》「境」誤作「意」。

（54）肌膚之於寒燠也

按：燠，《御覽》卷 720 引作「煖」，《文子・九守》作「溫」。

（55）是故虛室生白，吉祥止也

按：止，《劉子・清神》作「至」。

（56）夫鑑明者，塵垢弗能薶；神清者，嗜欲弗能亂

高注：薶，污也。薶，讀倭語之倭也。

按：龐光華曰：「高誘注音說『薶』讀音同於『倭』，而『倭』字從來沒有明母音，古書中沒有任何證據說『倭』能讀音同『薶』音。事實上，這裏的『倭』是與『污』同音，至少是極其近似。『污』爲魚部，『倭』爲歌部。在東漢，魚部與歌部合韻的現象比較普遍……因爲薶訓污，所以讀音就變讀爲污。」〔註214〕認爲是訓讀字。《詮言篇》：「崑山之玉瑱，而塵垢弗能污也。」《文子・九守》：「夫鑑明者，則塵垢不汙也；神清者，嗜欲不誤也。」《雲笈七籤》卷 91 引《文子》：「夫鑑明者，塵垢弗汙染也；神清者，嗜欲弗躭著也。」《劉子・防慾》：「是以珠瑩則塵埃不能附，性明則情慾不能染也。」薶亦即埋字，塵垢所埋，是爲污染之義也，故《劉子》易作「附」字，正與「埋」義相因也。朱駿聲讀薶爲霾〔註215〕，非也。

（57）精神以越於外而事復返之，是失之於本而求之於末也

高注：越，散也。事，治也。

按：事，務也，猶言勉力。高注非是。《泰族篇》：「今不知事修其本，而務治其末，是釋其根而灌其枝也。」又「夫指之拘也，莫不事申也；心之塞也，莫知務通也。」《主術篇》：「不務反道，矯拂其本，而事

〔註213〕參見許逸民《金樓子校箋》，中華書局 2011 年版，第 766 頁。

〔註214〕龐光華《論漢語上古音無複輔音聲母》，中國文史出版社 2005 年版，第 376 頁。

〔註215〕朱駿聲《說文通訓定聲》，武漢市古籍書店 1983 年版，第 187 頁。

修其末。」《兵略篇》:「今夫天下皆知事治其末,而莫知務修其本,釋其根而樹其枝也。」皆事、務同義對舉。《鹽鐵論・大論》:「不治其本,而事其末。」《鄧子・無厚篇》:「不治其本,而務其末。」正作「務」字。《泰族篇》「事修」、「務治」,《兵略篇》易作「務修」、「事治」,尤為顯豁。朱起鳳曰:「事者持也。持與事音近義通。」〔註216〕未確。于省吾謂「事」、「使」同字,亦未得。

(58)心有所至而神喟然在之

按:喟然,《文子・九守》誤作「慨然」,《雲笈七籤》卷91 誤作「既然」。《韓詩外傳》卷8:「天喟然而風。」喟然,風興起貌。《漢書・鮑宣傳》:「喟然動眾心。」又《儒林傳》:「然後喟然興於學。」「喟然」之興起義甚顯。顏注:「喟然,歎息貌。」失之〔註217〕。喟,讀為飁,《說文》:「飁,大風也。」飁然,大風興起貌。《史記・司馬相如傳》:「喟然興道而遷義。」《漢書》「喟然」作「岪然」,岪,讀為幸、𡚱,《說文》:「幸,疾也。」《廣韻》:「𡚱,疾也。」〔註218〕于省吾曰:「喟通嘳,應讀作快。」馬宗霍曰:「喟疑當作謂,『謂然』猶『謂謂然』,蓋即勤勤之貌。」並未確。

(59)冬日之不用翣者,非簡之也,清有餘於適也

高注:翣,扇也。簡,賤也。

按:《呂氏春秋・有度》:「冬不用籯,非愛籯也,清有餘也。」高注:「籯,扇也。清,寒也。」為此文所本。「籯」、「翣」為古楚語,參見附錄二《〈淮南子〉古楚語舉證》。楊樹達、范耕研、王叔岷並謂「清當為凊」〔註219〕,拘矣。《意林》卷2、《書鈔》卷37、《文選・秋興賦》、《游南亭》、《答靈運》李善注、《御覽》卷429 引《呂氏》作「清」,《類聚》卷69、《白帖》卷14、《御覽》卷702 引此文亦

〔註216〕朱起鳳《辭通》,上海古籍出版社1982年版,第488頁。
〔註217〕參見朱起鳳《辭通》,上海古籍出版社1982年版,第636頁。
〔註218〕參見蕭旭《〈漢書〉校補》,收入《群書校補》,廣陵書社2011年版,第297頁。
〔註219〕范說轉引自王利器《呂氏春秋注疏》,巴蜀書社2002年版,第2975頁。王叔岷《劉子集證》,中華書局2007年版,第134頁。

作「清」，可知作「清」不誤。楊昭儁曰：「清讀爲清。」〔註 220〕是也，字或作瀞，《說文》：「清，寒也。瀞，冷寒也。」字或作淟，吳語讀音與「鄭」相近〔註 221〕。《劉子・文武》：「冬不臥簟，非怨讐之，涼自足也。」涼亦寒也。簟，《類聚》卷 69 引作「襝」，臆改。

（60）誠達于性命之情而仁義固附矣

按：固，當從《文子・九守》作「因」，《雲笈七籤》卷 91 作「自」，自、因，猶乃也。于大成曰：「因，依也。『固』是『因』字之誤。」〔註 222〕于氏校「固」爲「因」，是也；而所釋則非。

（61）若夫神無所掩，心無所載

按：掩，《雲笈七籤》卷 91 作「奄」。奄、掩，正、借字。《說文》：「奄，覆也。」

（62）辯者不能說也，聲色不能淫也，美者不能濫也，知者不能動也，勇者不能恐也

高注：濫，覦也，或作監。不能使之過濫。

按：《莊子・田子方》：「古之眞人，知者不得說，美人不得濫，盜人不得劫，伏戲黃帝不得友。」爲此文所本。《呂氏春秋・權勳》：「虞公濫於寶與馬。」高誘注：「濫，欲得也。」《韓子・十過》濫作貪。《玉篇》：「覦，欲也。」是高氏二注同也。高注濫爲過濫，過度無節，斯爲貪欲矣。朱駿聲謂濫讀爲欲〔註 223〕，《說文》：「欲，貪也。」朱說是也，「欲」即貪欲義之專字。字或作藍，《大戴禮記・文王官人》：「淹之以利，以觀其不貪；藍之以樂，以觀其不寧。」盧辯注：「藍，猶濫也。」《逸周書・官人解》藍作濫，寧作荒。字或作嚂〔註

〔註 220〕轉引自王利器《呂氏春秋注疏》，巴蜀書社 2002 年版，第 2975 頁。

〔註 221〕參見蕭旭《〈世說新語〉吳方言例釋》，收入《群書校補》，廣陵書社 2011 年版，第 1382～1383 頁。

〔註 222〕轉引自王利器《文子疏義》，中華書局 2000 年版，第 145 頁。

〔註 223〕朱駿聲《說文通訓定聲》，武漢市古籍書店 1983 年版，第 134 頁。

〔註 224〕參見蕭旭《〈戰國縱橫家書〉校補》，收入《群書校補》，廣陵書社 2011 年版，第 36 頁。

224），《玉篇》：「嚂，荊吳芳香，以嚂其口。嚂，貪也。」今本《齊
俗篇》作「荊吳芬馨，以嚂其口」，許慎注：「嚂，貪求也。」又《兵
略篇》：「不貪於貨，不淫於物，不嚂於辯。」嚂亦貪也。《戰國策・
楚策四》：「橫人嚂口利機。」鮑彪注：「《集韻》：『嚂，聲也。』」失
之。字或作憾，《玉篇》：「憾，貪憾也。」《廣韻》：「憾，貪也。」
《集韻》：「憾、嚂：貪憾，嗜也，或從口。」字或作㜌，《廣韻》：「㜌，
貪也，俗作濫，從水。」字又或作賧，《集韻》：「賧，賧賧，貪財也。」
俗字亦作噛，《龍龕手鑑》：「噛，貪噛也。噛，俗，同上。」陶方琦
謂「濫」即《說文》「瞰，視也」之「瞰」〔註225〕，顧廣圻曰：「正
文濫疑當作監，監即闞也，《說文》：『闞，望也。』」于鬯曰：「美蓋
讀爲媚。」並失之。

（63）目數千羊之群，耳分八風之調

按：「分」爲「合」字形誤，已詳《原道篇》校補。

（64）手會綠水之趨

高注：趨，投節也。

按：會，合也。趨，楊樹達讀爲奏，指節奏。高注「投節」，即探「會」
字爲說。胡懷琛謂「曲、趨一聲之轉」，失之。

（65）智終天地，明照日月

劉文典曰：「終」當爲「絡」字之誤也。《莊子・天道篇》：「故古之王天
下者，知雖落天地，不自慮也。」即此文所本。「落」與「絡」同……《御覽》
卷464引此文，正作「智絡天地」，尤其明證矣。

按：劉說是也，鄭良樹謂「劉說疑非，終，猶窮也、極也、究也」，傎矣，
于大成已駁之。《御覽》卷464引《莊子》作「智雖絡天地」，《書鈔》
卷7引《莊子》：「智落天地。」林希逸曰：「落天地，言籠絡也。絡
與落同。」《莊子・秋水篇》郭象注：「知雖落天地，事雖接萬物，
而常不失其要極，故天人之道全也。」亦有此語。《文子・精誠》：「是
以明照海內，名立後世，智絡天地，察分秋毫。」此從《纘義》本，

〔註225〕陶方琦《許君〈說文〉多采用〈淮南〉說》，收入《漢學室文鈔二》，《清經解
續編》，鳳凰出版社2005年版，第7145頁。

明刊本「絡」作「略」，借字。《宋書・顧琛傳》《定命論》：「智絡天地，猶罹沈牖之災；明照日月，必嬰深匡之難。」正本此文。唐・李翰《難進論》：「辨雖博萬物，不能釋其疑辭；智雖絡天地，不能效其長策。」正本《莊子》「知雖落天地，不自慮也；辯雖彫萬物，不自說也」。並作「絡」或「落」字。可知《淮南》古本作「絡」字。《廣弘明集》卷19《御講波若經序一》：「皇帝眞智，自己大慈應物。送迎日月，緯絡天地。」可爲旁證。《文子・九守》誤作「統」。馬宗霍謂「終」猶「周」，王利器說同〔註 226〕，未是。許建平謂「終讀爲充。統、充二字可通」〔註 227〕，亦爲臆說。

（66）靜漠恬澹，所以養性也；和愉虛無，所以養德也

按：《文子・九守》作「靜漠恬淡，所以養生也；和愉虛無，所以據德也」。此文與下文「養生以經世，抱德以終年」相應。生，讀爲性。據，《雲笈七籤》卷 91 引作「處」。

（67）性不動和，則德安其位

按：性，當從《文子・九守》作「靜」，此涉上文而誤。

（68）血脈無鬱滯，五藏無蔚氣

高注：蔚，病也。

按：蔚，《文子・九守》作「積」，蔣超伯、金其源並謂蔚讀爲鬱，即「滯積」之義，是也。字又音轉作蒕（蘊）、宛。朱駿聲謂蔚讀爲殢〔註 228〕，《說文》：「殢，病也。」朱氏申高注，非也。

（69）禍福弗能撓滑，非譽弗能塵垢

按：撓，《文子・九守》作「矯」，借字。從垚從喬之字古多通〔註 229〕。《雲笈七籤》卷 91 引《文子》作「撓」。

〔註 226〕王利器《文子疏義》，中華書局 2000 年版，第 147 頁。
〔註 227〕許建平《淮南子補箋》，《中國典籍與文化論叢》第 6 輯，中華書局 2000 年版，第 342 頁。
〔註 228〕朱駿聲《說文通訓定聲》，武漢市古籍書店 1983 年版，第 559 頁。
〔註 229〕參見張儒、劉毓慶《漢字通用聲素研究》，山西古籍出版社 2002 年版，第 238～239 頁。

（70）手足之**攒**疾蓋，〔肌膚之〕辟寒暑

按：「肌膚之」三字據鄭良樹、于大成說補。「攒」爲「拂」俗字，撲擊也，古楚語，參見附錄二《〈淮南子〉古楚語舉證》。

（71）蜂蠆螫指而神不能**憺**

高注：憺，定也。

按：憺，《御覽》卷 945 引作「掞」，有注：「音淡。」「掞」當作「倓」，《說文》：「倓，安也。」《廣韻》：「倓，安也，靜也，恬也。或作澹。」與「憺」同。字或作忝，《廣韻》：「憺，安緩。忝，上同。」《記纂淵海》卷 100 引「憺」作「怡」，蓋臆改。

（72）今夫樹木者，灌以**潦**水，疇以肥壤

高注：潦，波也，暴溢也。

按：「潦」爲古楚語，參見附錄二《〈淮南子〉古楚語舉證》。

（73）夫憂患之來攖人心也，非直蜂蠆之螫毒而「**蚤蟁**之慘怛也

高注：攖，迫也。

按：高注未安。《御覽》卷 945 引「攖」作「嬰」，「慘」作「憯」，有注：「音慘。」《莊子·在宥》：「汝愼無攖人心。」又「昔者黃帝始以仁義攖人之心。」《釋文》：「攖，司馬云：『引也。』崔云：『羈落也。』」「落」同「絡」。馬敘倫曰：「攖當作嬰，《說文》：『嬰，繞也。』纏束之義。」〔註 230〕《玉篇》：「攖，結也。」《集韻》：「攖，有所繫著也。」攖當讀爲嬰。又可訓「撓亂」，林希逸曰：「無攖者，無撓亂攖拂之也。」《廣雅》：「攖、撓，亂也。」義亦相因。

（74）夫目察秋毫之末，耳不聞雷霆之聲；耳調玉石之聲，目不見太山之高

按：《鶡冠子·天則》：「夫耳之主聽，目之主明。一葉蔽目，不見太山；兩豆塞耳，不聞雷霆。」爲此文所本。

〔註 230〕馬敘倫《莊子義證》卷 11，收入《民國叢書》第 5 編，商務印書館中華民國 19 年版。

（75）今萬物之來，擢拔吾性，攓取吾情

按：攓取吾情，《御覽》卷 720 引作「攓取吾精」，《雲笈七籤》卷 91 引《文子》作「倦苦吾情」。《劉子·清神》：「況萬物之眾，而能拔擢以清心神哉？」「來」似當據校爲「眾」。

（76）雖欲勿稟，其可得邪

高注：稟，猶動用也。

按：王利器曰：「注『動』疑『賜』字之誤。」〔註 231〕《御覽》卷 720 引作「雖欲勿稟，庸可得乎？」稟、廩古通，俞樾訓「受」，是也。庸，豈也。《雲笈七籤》卷 91「稟」作「衰」，臆改。

（77）今盆水在庭，清之終日，未能見眉睫；濁之不過一撓，而不察方員

高注：察，見。

按：未能，于大成謂當從《文子·九守》作「乃能」。《御覽》卷 365、758、《記纂淵海》卷 55 並同今本，則所見已誤。終，《文子》誤作「經」；《意林》卷 1 引《文子》作「終」，不誤。察，《文子》作「見」。

（78）古者至德之世，賈便其肆，農樂其業，大夫安其職，而處士脩其道，當此之時，風雨不毀折，草木不夭

按：敦煌寫卷 S.1810《勵忠節抄》引作「賈人歡於肆，農人樂于田，大夫安其職，處士脩其道，風雨以時，草木不殘」。脩，《文選·西都賦》李善註引、《御覽》卷 77 作「循」。王念孫、劉文典據校改作「循」，未確。唐抄本亦作「脩」，《文選·長笛賦》李善註、《後漢書·班彪列傳》李賢注引並作「修」，《文子·道德》亦作「修」，正字。下文「故許由、方回、善卷、披衣得達其道」，即與此文「處士脩其道」對應，唯脩其道，才能達其道。

（79）飛鳥鎩翼，走獸擠腳

高注：言紂田獵禽荒，無休止時，故飛鳥折翼，走獸毀腳，無不被害也。

〔註 231〕王利器《文子疏義》，中華書局 2000 年版，第 151 頁。

按：《覽冥篇》：「飛鳥鎩翼，走獸廢腳。」高注：「鎩翼，縱翼也。廢腳，跛蹇也。」《御覽》卷 82 引《尸子》作「飛鳥鎩翼，走獸決蹄。」注作：「鎩翼，殘翼。決致蹇也。」《文選‧蜀都賦》：「鳥鎩翮，獸廢足。」李善註：「《淮南子》曰：『飛鳥鎩羽，走獸廢足。』許慎曰：『鎩，殘也。』」又《於安城答靈運》、《雜體詩》、《五君詠》李善註：「《淮南子》曰：『飛鳥鎩羽。』許慎曰：『鎩，殘羽也。』」許訓殘，得之；高氏云「縱翼」，非也。又按《玄應音義》卷 5：「鎩翮：謂張翼也。《淮南子》云：『飛鳥鎩翼。』許叔重曰：『鎩羽而飛也。』」「張翼」與「縱翼」相合，然非正詁。惠士奇曰：「擠腳，蓋設柞鄂以擠其腳而獲之，一名係蹄。《戰國策》云：『人有置係蹄者而得虎，虎怒，決蹄而去。』」〔註 232〕以「擠腳」坐實為捕獸器具，失之。劉殿爵曰：「擠應作廢。廢，讀為𡿩。」〔註 233〕亦非也。今吳語尚有「腳擠絞」之語（絞音 gào）。

（此篇刊於《書目季刊》第 44 卷第 2 期，2010 年 9 月出版，此次有所修訂。）

〔註 232〕惠士奇《禮說》卷 13，收入《叢書集成三編》第 24 冊，新文豐出版公司 1997 年印行，第 437 頁。
〔註 233〕劉殿爵《讀淮南鴻烈札記》，香港《聯合書院學報》第 6 期，1967 年出版，第 148 頁。

《天文篇》校補　卷第三

（1）天墜未形，馮馮翼翼，洞洞灂灂，故曰大昭

　　高注：馮翼洞灂，無形之貌。洞，讀挺挏之挏。灂，讀以鐵頭斫地之鐲也。

　　按：洞洞灂灂，高注非也。《氾論篇》：「洞洞屬屬，如將不能，恐失之。」
　　高注：「洞洞屬屬，婉順貌。如將不能勝之，恐失之，慎之至也。
　　洞，讀挺桐（挏）之桐（挏）。屬讀犁欘之欘也。」《禮記・禮器》：
　　「洞洞乎其敬也，屬屬乎其忠也。」《漢書・谷永傳》：「洞洞屬屬，
　　小心畏忌。」顏師古注：「洞洞，驚肅也。屬屬，專謹也。」《廣雅》：
　　「洞洞、屬屬，敬也。」「灂灂」同「屬屬」，《集韻》：「灂，《博雅》：
　　『灂灂，恭也。』」《六書故》：「借爲洞洞屬屬之屬，別作灂。」本
　　字爲「孎孎」，《說文》：「孎，謹也。」《玉篇》：「孎，女謹貌。」《慧
　　琳音義》卷 15：「孎，謹孎也。」又卷 36：「謹孎，《蒼頡篇》云：
　　『謹孎，善貌。』《說文》云：『謹順貌也。』」《集韻》：「孎，嫡孎，
　　女謹順貌。」清・沈曾植《康太夫人墓誌銘》：「踖踖莫莫，孎孎如
　　也。」字或作躅，《集韻》：「躅，行謹貌。」朱駿聲、朱起鳳謂灂叚
　　借爲屬〔註1〕，猶未探本。朱駿聲又謂「或曰《禮記・祭義》『洞洞
　　乎，屬屬乎』當作此孎」〔註2〕，則得之。字或作「娺娺」、「躑躑」，

〔註 1〕　朱駿聲《說文通訓定聲》，武漢市古籍書店 1983 年版，第 377 頁。朱起鳳《辭
　　　　通》，上海古籍出版社 1982 年版，第 2278 頁。
〔註 2〕　朱駿聲《說文通訓定聲》，武漢市古籍書店 1983 年版，第 378 頁。

《史記‧張丞相傳》：「娖娖廉謹。」《索隱》：「娖，音側角反，小顏云：『持整之貌。』」《漢書》作「齪齪」。字或作「齵齵」，隋‧王通《中說‧述史篇》：「謹而固，廉而慮，齵齵焉自保。」字或作婌，《玉篇》：「婌，謹也。」《廣韻》：「婌，恭謹貌。」《廣韻》「娖」、「齪」、「婌」、「齵」四字並音測角切。字或作「嚽嚽」，明‧無名氏《鳴鳳記‧夏公命將》：「非敢謂斷斷休休，聊以盡洞洞嚽嚽。」又音轉爲「頊頊」，或作「旭旭」，謹愼恭敬貌。《說文》：「頊，頭頊頊謹貌。」《莊子‧天地》：「子貢卑陬失色，頊頊然不自得，行三十里而後愈。」《釋文》：「頊頊，本又作『旭旭』，李云：『自失貌。』」李說失之。章太炎曰：「今浙西嘉興人謂人迂謹曰顝頊頊。」〔註3〕方以智曰：「輕其聲爲『旭旭』，重其聲爲『屬屬』。」〔註4〕字或作「粥粥」、「鬻鬻」〔註5〕，《禮記‧儒行》：「粥粥若無能也。」《釋文》：「粥，徐本作鬻，卑謙貌。」孔穎達疏：「粥粥是柔弱專愚之貌。」《漢書‧禮樂志》：「粥粥音送。」顏師古注：「晉灼曰：『粥粥，敬懼貌也。』」蔣禮鴻曰：「粥粥、屬屬，字異而義同。」〔註6〕鐲，讀爲欘，本字爲欘，《說文》：「欘，斫也，齊謂之茲其。」即鐵鋤，字或作斸，《廣韻》：「斸，鐲斫也、钁也。鐲，上同。」可知「鐲」同「斸」。吳承仕謂鐲當作钁〔註7〕，失之。黃侃駁吳曰：「假鐲爲钁，猶之書濁爲灟耳，豈必悉如本形？」〔註8〕

（2）道始於虛霩，虛霩生宇宙，宇宙生氣

按：《唐開元占經》卷3引作「道始生於虛霩」，《御覽》卷1引作「道始

〔註3〕 章太炎《新方言》，收入《章太炎全集（七）》，上海人民出版社1980年版，第45頁。

〔註4〕 方以智《通雅》卷10，收入《方以智全書》第1冊，上海古籍出版社1988年版，第401頁。

〔註5〕 朱起鳳《辭通》謂「粥粥」同「屬屬」，上海古籍出版社1982年版，第2279頁。

〔註6〕 蔣禮鴻《廣雅疏證補義》，收入《蔣禮鴻集》卷4，浙江教育出版社2001年版，第4頁。

〔註7〕 吳承仕《淮南子許愼、高誘注》，收入《經籍舊音辨證》，中華書局2008年版，第357頁。

〔註8〕 黃侃《經籍舊音辨證箋識》，附於吳承仕《經籍舊音辨證》，中華書局2008年版，第410頁。

生虛霩」，《記纂淵海》卷 1 引作「道始生虛廓」，則今本「始」下脫「生」字，「於」字無義。王引之校作「太始生虛霩」。方以智曰：「虛霩，即『虛廓』。」〔註9〕錢塘、王引之說同，並是也。「氣」字上王念孫、王叔岷據《御覽》、《記纂淵海》引補「元」字，亦是也。《文選・吳都賦》、《大將軍讌會被命作詩》李善註引並作「虛廓生宇宙，宇宙生天地」，蓋別本。

（3）清陽者薄靡而為天，重濁者凝滯而為地

高注：薄靡者，若塵埃飛揚之貌。

按：高注「塵埃飛揚」，蓋讀靡為塺。《說文》「塺，塵也。」《慧琳音義》卷 76 引《通俗文》「熱土曰塺，塺亦塵也。」薄，讀為垺、垺，《廣韻》：「垺，塵起。」《集韻》、《類篇》並曰：「《博雅》：『垺，塵也。』或從勃。」本字作坋，《說文》：「坋，一曰塵貌。」《御覽》卷 1 引「靡」作「劘」，有注：「薄，音博。劘，音摩。」《御覽》讀摩，亦未得厥誼。《黃帝內經素問・陰陽應象大論》：「故清陽為天，濁陰為地。」又「清陽上天，濁陰歸地。」可以互證。

（4）重濁之凝竭難

按：《原道篇》：「所謂後者，非謂其底滯而不發，凝竭而不流。」二文「竭」別本並作「結」，非是。《要略篇》：「使之無凝竭底滯，捲握而不散也。」「凝竭」為漢代人成語。王念孫曰：「竭之言遏也。底、滯、凝、竭皆止也。」朱起鳳曰：「凝與竭並訓為止，後儒不曉其義，改竭為結，幸改而不盡，不使古義湮沒。」〔註10〕二氏說是。馬宗霍謂竭訓涸，涸之言固，失之。

（5）火上蕁，水下流

高注：蕁，讀葛覃之覃。

按：錢塘謂「蕁」當為「燅」、「燖」，「覃」即「燂」；李哲明謂「蕁」借為「美」、「惔」、「炎」，「燂」即「燅」。考《說文》：「燅，於湯中爚

〔註 9〕方以智《通雅》卷 8，收入《方以智全書》第 1 冊，上海古籍出版社 1988 年版，第 313 頁。

〔註 10〕朱起鳳《辭通》，上海古籍出版社 1982 年版，第 2469 頁。

肉。」非此文之誼。高注僅擬其音，非解其義。蕁，《御覽》卷869、935引作「尋」。《齊俗篇》：「譬若水之下流，煙之上尋也。」馬宗霍謂「蕁」取延蔓之義，是也，猶未探本。「蕁」、「尋」當讀爲燂，《說文》：「燂，火行也。」字或作炶、燂、燂、燂，《玉篇》：「炶，火上行貌，亦作燂。」《集韻》：「燂，火上行，或作炶、燂。」又「燂，《說文》：『火行也。』或作炶、燂。」《龍龕手鑑》：「燂，俗。燂、燂，二正。火行貌。」字或作炎，《文子・上德篇》：「火上炎，水下流。」《子華子・陽城胥渠問》：「火則上炎，水則下注。」《易・同人》鄭玄注：「火炎上而從之。」隋・王通《中說・魏相篇》：「火炎上而受制於水，水趨下而得志於火。」今寧波語猶謂「火燒」爲「炎」，又謂「火焰跳動」爲「㷒㷒動」〔註11〕，「㷒」爲記音字。又或作掞、㩦、撏，《集韻》：「掞，舒也，或從焱。」又「掞，舒也，或從閃。」俗字又作豔，《廣韻》：「掞，豔也。」《慧琳音義》卷98引顧野王曰：「掞，猶豔也。」梁・陶弘景《周氏冥通記》卷4：「勿令火豔出器邊也。」《冥通記》「豔」與《廣韻》同。汪維輝謂「豔」釋爲「火焰延伸（延及）」，指出「今天寧波話仍有此語，如『火豔出灶外了』，『火豔上屋簷了』。」汪說甚是，靖江亦有此語。汪先生又曰：「『豔』當是一個借音字，查《廣韻》、《集韻》，未得本字……這個『豔』在當時可能就是一個吳方言口語詞。」〔註12〕茲爲汪說補證，又據以上引證，恐非吳方言所專有。敦煌寫卷P.3078V《禮懺文》：「男抱熱豔銅柱，女臥赤鐵之床，遍體燋燃，舉身烘爛，俄然粉碎。」「豔」當讀爲「焰」，可爲旁證。

（6）物類相動，本標相應

高注：標，讀刀末之末。

按：《子華子・陽城胥渠問》作「物類相動，焱本相應」。「焱」當爲「焱」形誤，「焱」又爲「標」音誤。劉家立謂「動」應作「感」，失之。

〔註11〕 參見許寶華、宮田一郎《漢語方言大詞典》，中華書局1999年版，第3616、7219頁。

〔註12〕 汪維輝《〈齊民要術〉辭匯語法研究》，上海教育出版社2007年版，第101～102頁。

標字或作槷、杪，《說文》：「標，木杪末也。槷，一曰末也。杪，木標末也。」朱駿聲曰：「標與杪略同。」〔註13〕字或作摽，《漢書·王莽傳》：「摽末之功。」顏師古注引服虔曰：「摽音刀末之摽。」據服說，高注當作「標，讀刀末之摽。」蕭該《音義》引《字林》：「摽，刀削末銅也。」本字爲鏢，《說文》：「鏢，刀削末銅也。」字或作勡，《鶡冠子·道瑞》：「此萬物之本勡，天地之門戶。」字或作剽，《六書故》：「標，梢之末也，亦通作剽。《莊子》曰：『有長而無本剽。』一本作摽。」《莊子》見《庚桑楚篇》，《釋文》：「剽，本亦作摽，同。崔云：『末也。』」

（7）方諸見月，則津而為水

高誘注：方諸，陰燧，大蛤也。熟摩拭令熱，月盛時以向月下，則水生，以銅盤受之，下水數滴。

錢塘曰：依本注，方諸爲蚌。《符子》曰：「鏡以曜明故鑒人，蚌以含珠故內照。」曜明故能取火，含珠故能下水。義可知也。方諸一名蚌鏡，故古謂之鑒。

按：錢說與惠士奇說略同，蓋即襲自惠氏〔註14〕。《符子》見《御覽》卷717引。《御覽》卷58引《淮南萬異術》：「方諸取水。」注：「方諸，形若杯，無耳，以五石合冶，以十二月壬子夜半作之，以承水即來。」依高注，「方」即「蚌」之省借，亦即「蚌」之音轉，「諸」即「珠」之借音字。此則錢氏所未及。《論衡·順鼓》：「月中之獸，兔、蟾蜍也，其類在地，螺與蚄也。月毀於天，螺蚄舀缺，同類明矣。」〔註15〕《字彙補》：「蚄疑即蚌字。」吳承仕曰：「諸子傳記說此義者，通作『螺蚌』，唯此作『蚄』。蚄者，蚌之異文。東旁轉陽，故字亦作蚄。而『蚌』字相承亦有並梗一切。」〔註16〕慧苑《華嚴經音義》引許注：「方諸，五石之精，作圓器似杯，仰月則得水

〔註13〕 朱駿聲《說文通訓定聲》，武漢市古籍書店1983年版，第304頁。
〔註14〕 惠士奇《禮說》卷13，收入《叢書集成三編》第24冊，新文豐出版公司1997年版，第438頁。
〔註15〕 「舀」爲「臽」、「陷」之誤，說見劉盼遂《論衡集解》，中華書局1990年版，第685頁；馬宗霍《論衡校讀箋識》，中華書局2010年版，第213頁。
〔註16〕 吳承仕《論衡校釋》，北京師範大學出版社1986年版，第95頁。

也。」〔註17〕《初學記》卷1引許愼注:「諸,珠也。方,名也。」
「名」爲「石」形誤〔註18〕。是許注「方」爲「石」,高注「方」
爲「大蛤」也。《本草綱目》卷5:「注者或以方諸爲石,或以爲大
蚌,或以爲五石錬成,皆非也。按《考工記》云:『銅錫相半謂之
鑑燧之劑。』是火爲燧,水爲鑑也。高堂隆云:『陽燧一名陽符,
取火於日;陰燧一名陰符,取水於月,並以銅作之,謂之水火之鏡。』
此說是矣。」

(8) 蠶珥絲而商弦絕

　　高注:蠶老絲成,自中徹外,然視之如金精珥,表裏見,故曰珥絲。一
曰:弄絲於口。商音清,弦細而急,故先絕也。

　　　　按:後說「弄絲於口」是。《董子·郊語》:「蠶珥絲於室,而絃絕於堂。」
　　　　同此文作「珥」字。《覽冥篇》「珥」作「咡」,高注:「老蠶上下絲
　　　　於口,故曰咡絲。……咡或作珥,蠶老時,絲在身中正黃,達見於
　　　　外如珥也。」前說是也。《博物志》卷4:「蠶咡絲而商絃絕。」同《覽
　　　　冥篇》作「咡」字。《廣韻》「絲」字條〔註19〕、《御覽》卷814、825
　　　　引作「餌絲」,《御覽》卷825引注作「商絃,金聲也。春蠶吐絲金
　　　　死,故絕。」〔註20〕《路史》卷6、38亦並作「餌絲」。《爾雅翼》
　　　　卷24:「珥絲,或爲『餌絲』。或曰:上下絲於口,故曰咡絲。」「餌」、
　　　　「珥」並「咡」借字,《廣雅》:「咡謂之吻。」《玉篇》:「口旁曰咡。」
　　　　《廣韻》:「咡,口吻。」此用爲動詞,猶言含於口中、吐絲。《劉子·
　　　　類感》:「蠶含絲而商絃絕。」正作「含」字。《意林》卷3引《論衡》:
　　　　「蠶合絲而商絃絕。」「合」爲「含」形誤,《御覽》卷814引正作
　　　　「含」。《御覽》卷825引《春秋文耀鈎》:「商弦絕,蠶合絲。」注:

〔註17〕　《慧琳音義》卷21引同。
〔註18〕　《御覽》卷4、《事類賦注》卷1、《古今事文類聚》前集卷2、《古今合璧事類
　　　　　備要》前集卷1引正作「方,石也」。《事類賦注》據《北京圖書館古籍珍本
　　　　　叢刊》第75冊,書目文獻出版社1998年版,第333頁;《四庫全書》本亦誤
　　　　　作「名」字,收入《四庫全書》第892冊,臺灣商務印書館1986年初版,第
　　　　　814頁。
〔註19〕　《五音集韻》同。
〔註20〕　《事類賦注》卷10引作「咡」,引注同《御覽》。

「弦將絕，蠶含絲以待用也。」「合」亦爲「含」形誤，注可證〔註21〕。《易·乾·文言》唐·孔穎達疏、宋·魏了翁《周易要義》卷1：「蠶吐絲而商弦絕。」並作「吐」字。《御覽》卷923引《春秋考異郵》：「蚕珥絲在四月。」注：「珥，吐也。」〔註22〕又卷814引作「四月蠶餌絲」。于大成謂「作『餌』是正字」，引《說文》「粉餅」之訓，斯未達通借之旨也。字或作咡，《集韻》：「咡、咠：吻也，或从耳。」《類篇》：「咡，吻也，或从耳；咠，口旁曰咠。」字或作佴、茸，《文選·報任少卿書》：「而僕又佴之蠶室。」言如蠶吐絲於蠶室也。李善註：「如淳曰：『佴，次也。若人相次也。』今諸本作茸字。顏監云：『茸，推也。人勇切，推置蠶室之中。』」《漢書》作「茸」，蘇林注說同如淳。諸說並不確。《學林》卷10：「觀國案：班固作《司馬遷傳》，去司馬遷未遠，必據司馬遷文用茸字，其義如顏師古注，文意通也。《字書》曰：『搑，人勇切，推也。』當用搑字，班固省其偏旁，故用茸字耳。」朱珔、楊樹達並從顏說，謂借爲搑，我舊作亦從顏說〔註23〕；段玉裁、王念孫、錢大昭、桂馥、王筠、郭嵩燾、梁章鉅、黃侃、熊飛並從如淳、蘇林說，釋爲「次」、「隨」、「副貳」〔註24〕；朱駿聲、胡紹煐則二說並存〔註25〕；章太炎引《墨經》

〔註21〕《爾雅翼》卷24：「《春秋文燿鉤》：『商弦絕，蠶含絲。』言弦將絕，蠶含絲，以待用也。」正作「含」字。

〔註22〕《玉燭寶典》卷4引《春秋說題辭》：「蠶羽（珥）絲有（在）四月。」宋均注亦曰：「珥，猶吐也。」收入《續修四庫全書》第885冊，上海古籍出版社2002年版，第46頁。

〔註23〕朱珔《說文假借義證》，黃山書社1997年版，第65頁。楊樹達《漢書窺管》，收入《楊樹達文集（十）》，上海古籍出版社1984年版，第480頁。蕭旭《敦煌賦校補（下）》《〈燕子賦（一）〉》「左推右聳」條，收入《群書校補》，廣陵書社2011年版，第853頁。

〔註24〕段玉裁《說文解字注》，上海古籍出版社1981年版，第372頁。王念孫《廣雅疏證》，錢大昭《廣雅疏義》，並收入徐復主編《廣雅詁林》，江蘇古籍出版社1998年版，第190頁。桂馥《說文解字義證》，齊魯書社1987年版，第690頁。王筠《說文解字句讀》，中華書局1988年版，第297頁。郭說轉引自王先謙《漢書補注》，書目文獻出版社1995年版，第1231頁。梁章鉅《文選旁證》，福建人民出版社2000年版，第944頁。黃侃《文選平點》，中華書局2006年版，第480頁。熊飛《司馬遷〈報任安書〉校讀記》，《語文研究》2002年第1期。

〔註25〕朱駿聲《說文通訓定聲》，武漢市古籍書店1983年版，第185頁。胡紹煐《文

「佴，自作也」，謂茸、佴訓自作〔註26〕；裘錫圭、楊琳則謂茸、佴讀爲恥〔註27〕，皆所不取。絕，《意林》卷 3 引《論衡》作「易」。

（9）賁星墜而勃海決

高注：賁星，客星也。又作「孛星」。墜，隕也。勃，大也。決，溢也。

按：楊愼曰：「賁，音義與孛同。」〔註28〕賁、孛一聲之轉也。于鬯謂賁讀爲奔，亦是也。《唐開元占經》卷 76 引正作「奔星」，又引許愼注：「奔星，流星也。」《隋書‧天文志》作「驣星」，驣即奔俗字。《事類賦注》卷 6 引作「彗星」，蓋爲臆改。

（10）壬子受制則閉門閭，大搜客，斷刑罰，殺當罪，息關梁，禁外徙

按：上文「閉關梁，決刑罰。」息，亦閉也。《董子‧五行逆順》：「閉門閭，大搜索，斷刑罰，執當罪，飭關梁，禁外徙。」又《治水五行》作「飭梁關」。《時則篇》：「繕關梁。」《禮記‧月令》「戒門閭……謹關梁。」飭、繕、謹猶言整飭修繕，義亦相會。

（11）日出于暘谷，浴于咸池，拂于扶桑，是謂晨明

高注：拂，猶過，一曰至。

按：拂，當讀爲弗，訓蔽，言日蔽于扶桑也。此爲古楚語，參見附錄二《〈淮南子〉古楚語舉證》。

（12）兵重三罕以爲制

按：王念孫曰：「重當爲革，罕當爲軍。」馬宗霍曰：「重字似不誤，罕疑當作單。」鄭良樹引《喻林》卷 97 作「軍」證王說。按「重」字不誤，「罕」當爲「軍」。宋‧陳暘《樂書》卷 103、宋‧蔡元定《律

選箋證》，黃山書社 2007 年版，第 753 頁。

〔註26〕章太炎《新方言》，收入《章太炎全集（七）》，上海人民出版社 1980 年版，第 72 頁。

〔註27〕裘錫圭《考古發現的秦漢文字資料對於校讀古籍的重要性》，《中國社會科學》1980 年第 5 期，收入《古代文史研究新探》，江蘇古籍出版社 1992 年版，第 34 頁；又收入《中國出土文獻十講》，復旦大學出版社 2004 年版，第 129 頁。楊琳《古漢語詞語雜考》，《古漢語研究》1993 第 3 期。

〔註28〕楊愼《轉注古音略》卷 4，收入景印文淵閣《四庫全書》第 239 冊，第 383 頁。

呂新書》卷 2、明・朱載堉《樂律全書》卷 10、22、明・倪復《鐘律通考》卷 1、明・韓邦奇《苑洛志樂》卷 18 並作「兵重三軍」。于大成據《五行大義》所引，謂「罕當爲令」，非也。

（13）姑洗生應鍾，〔不〕比於正音，故為和；應鍾生蕤賓，不比正音，故為繆

按：《宋書・律志序》：「應鐘生蕤賓，蕤賓不比於正音，故爲繆。」有注：「繆音相干也。」王引之曰：「繆之言穆，穆亦和也……《晉書・律曆志》引淮南王安曰：『應鍾生不比正音，故爲和。』」于大成又謂《孟子・離婁上》《正義》引亦作「和」。尋《晉書》、《孟子正義》並作「繆」，二氏失檢。舊注「繆」訓「相干」不可廢。

（14）太陰治春，則欲行柔惠溫涼

高注：木德，仁也，故柔涼也。

按：涼，梁玉繩、俞樾並讀爲良，劉文典舉《書鈔》卷 153 引作「仁惠溫良」以證之。《御覽》卷 19、《天中記》卷 6 引亦作「良」，《御覽》卷 17 引作「仁惠溫良」，注作「木德仁，故柔良」。

（15）太陰治夏，則欲布施宣明

高注：火德，陽也，故布施宣明也。

按：《御覽》卷 17 引注「宣明」作「徧明」。吳承仕謂注以徧釋宣，是也。《書鈔》卷 153 引正文誤作「鮮明」。

（16）在甲曰閼蓬

高注：言萬物鋒芒欲出，擁遏未通，故曰閼蓬也。

按：閼蓬，《爾雅》作「閼逢」，《史記・曆書》作「焉逢」。吳玉搢曰：「閼即安之入聲字，安、焉聲近，故焉、閼音通也。」〔註29〕

（17）在乙曰旃蒙屺

高注：在乙，言萬物遏蒙甲而出，故曰旃蒙也。

按：旃蒙，《史記・曆書》作「端蒙」。王叔岷曰：「端、旃古通，並顯之

〔註29〕吳玉搢《別雅》卷 5，收入景印文淵閣《四庫全書》第 222 冊，臺灣商務印書館 1986 年初版，第 755 頁。

借字，朱駿聲云：『顓蒙者，遲鈍曲謹之意。』」〔註30〕

（18）在丙曰柔兆

高注：在丙，言萬物皆生枝布葉，故曰柔兆也。

按：柔兆，《史記·曆書》作「游兆」，《集解》：「徐廣曰：『一作游桃。』」

（19）在丁曰強圉

高注：在丁，言萬物剛盛，故曰強圉也。

按：強圉，《史記·曆書》作「彊梧」。王叔岷曰：「圉、梧古通。」〔註31〕

（20）在戊曰著雝

高注：在戊，言位在中央，萬物繁養四方，故曰著雝也。

按：著雝，《爾雅》作「著雍」，《釋文》作「著雝」；《史記·曆書》作「徒維」。「維」為「雍」形誤，「雍」同「雝」、「雝」。

（21）在己曰屠維

高注：在己，言萬物各成其性，故曰屠維。屠，別。維，離也。

按：屠維，《史記·曆書》作「祝犁」。

（22）在壬曰玄黓

高注：在壬，言歲終包任萬物，故曰玄黓也。

按：玄黓，《史記·曆書》作「橫艾」。吳玉搢謂《漢碑》作「玄墨」〔註32〕。

（此篇刊於《人文論叢》2010年卷，2011年11月出版，此次有所修訂。）

〔註30〕王叔岷《史記斠證》，「中央」研究院歷史語言研究所專刊之七十八，1983年版，第1083頁。

〔註31〕王叔岷《史記斠證》，「中央」研究院歷史語言研究所專刊之七十八，1983年版，第1084頁。

〔註32〕吳玉搢《別雅》卷5，收入景印文淵閣《四庫全書》第222冊，臺灣商務印書館1986年初版，第770頁。

《地形篇》校補　卷第四

（1）扶木在陽州，日之所曚

高注：扶木，扶桑也，在湯谷之南。曚，猶照也。曚，讀無枝攢之攢也。

按：曚，讀爲茀，蔽也，言日蔽於扶桑也。參見附錄二《〈淮南子〉古楚語舉證》。

（2）食水者善游能寒

按：能，《御覽》卷 944、《事類賦注》卷 30 引同，《大戴禮記・易本命》亦同；《家語・執轡》作「耐」，劉文典據以讀「能」爲「耐」。劉說是也，《意林》卷 2、《御覽》卷 395、《永樂大典》卷 8842 引亦作「耐」。汪照、孔廣森、戴禮亦並讀爲「耐」。能古音耐，顧炎武舉證極多〔註1〕。于鬯謂「能」讀爲「而」〔註2〕，失之。

（3）食土者無心而慧

高注：蚯蚓之屬是也。

按：《大戴禮記・易本命》：「食土者無心而不息。」盧辯注：「蚯蚓之屬不氣息也。」〔註3〕俞樾據《大戴》謂「慧」疑「不息」二字之誤，

〔註1〕顧炎武《唐韻正》卷 6，收入景印文淵閣《四庫全書》第 241 冊，臺灣商務印書館 1986 年初版，第 255 頁。

〔註2〕諸說並轉引自方向東《大戴禮記匯校集解》，中華書局 2008 年版，第 1326 頁。

〔註3〕《家語》同，王肅注亦同盧注。

向宗魯補引《家語・執轡》及《雜俎酉陽》卷16「食土者不息」，鄭良樹補引《博物志》卷5「食土者無心不息」以申證之〔註4〕；劉文典、何寧謂「而慧」乃「不息」之誤，《大戴》「而」字衍。按此文《意林》卷2引作「食土者無心而惠」，《御覽》卷944引作「土食者無心不惠」，《事類賦》卷30引作「食土者無心不惠」，《紺珠集》卷6作「食土者不息」。《搜神記》卷12、《法苑珠林》卷43同《大戴》。

（4）食木者多力而虣，食草者善走而愚

高注：虣，煩腸黃理也。虣，讀「內虣於中國」之虣，近鼻也。

按：張雙棣引《說文》「虣，壯大也」為訓，是也。虣，《御覽》卷952引作「惡」。《大戴禮記・易本命》「虣」作「拂」，盧辯注：「拂，戾也。」《玄應音義》卷7：「力贔：古文奰、愗、弅三形，今作勰，同。《說文》：『贔，壯大也。』謂作力怒也。《詩》云：『不醉而怒曰贔。』」《家語・執轡》、《博物志》卷5「虣」作「不治」二字，王肅注：「血氣不治，《淮南子》曰：『多力而弗戾。』亦不治之貌者也。」拂、弗，並讀為咈，《說文》：「咈，違也。」「弗戾」即「咈戾」〔註5〕，同義連文。《廣韻》：「咈，戾也。」《釋名》：「轡，咈也，牽引咈戾以制馬也。」《慧琳音義》卷7「拒逆」條引孔安國曰：「逆，咈戾也。」又卷14「懻悷」條引《義說》：「懻戾者，掘強咈戾，難調伏也。」《宋高僧傳》卷7：「民多咈戾。」此皆「咈戾」連文之證。字或作「拂戾」、「佛戾」、「艴戾」、「紼綟」，《集韻》：「佛，一曰戾也，或作拂。」又「咈，通作拂。」上引《釋名》例，《初學記》卷22引作「拂戾」，影宋本《御覽》卷358、《路史》卷34引作「佛戾」，四庫本《御覽》引作「紼綟」，《慧琳音義》卷46引作「艴戾」，並借字。畢沅改「咈」作「拂」〔註6〕，傎矣。顧廣圻謂「佛」字誤〔註7〕，則失考。漢・馬融《長笛賦》：「牢剌拂戾，諸賁之氣也。」

〔註4〕 鄭氏誤作「卷7」。
〔註5〕 向宗魯補作「《淮南子》曰：『多力而弗。』〔弗〕，戾〔也〕」，茲所不取。
〔註6〕 畢沅、王先謙《釋名疏證補》，中華書局2008年版，第262頁。
〔註7〕 顧廣圻說轉引自任繼昉《釋名匯校》，齊魯書社2006年版，第425頁。

《禮記・大學》鄭玄注：「拂戾賢人所爲。」《釋文》本作「佛戾」。字或作「悖戾」，《說林篇》：「臨淄之女，織紈而思行者，爲之悖戾。」高誘注：「悖，麤惡也。」高注未安。《易林・履之蒙》：「兩人相伴，相與悖戾，心乖不同，訟爭凶凶（恟恟）。」字或作「弼戾」，《說文》：「盭，弼戾也。」字或作「勃厲」，《鄧子・無厚》：「天不能屏勃厲之氣。」厲，讀爲戾〔註8〕。《漢語大詞典》解「勃厲」爲「因天時不和而引起的疾疫。勃，通『悖』」〔註9〕，則讀厲爲癘，非也。字或作「愎類」，《逸周書・史記解》：「昔穀平之君，愎類無親，破國弗尅。」〔註10〕孔晁注：「愎，很。類，戾也。」盧文弨曰：「趙云：『類當作類。』」〔註11〕朱起鳳曰：「類當作類，即古戾字。」〔註12〕「類」、「類」通用，並非誤字。段玉裁曰：「類，小段類爲之。」〔註13〕孫詒讓曰：「類、戾聲相近，不必改『類』。」〔註14〕字或作「佛戾」，《新唐書・韋皋傳》：「禮讓行於殊俗，則佛戾者化。」《意林》卷2引二句並作一句「食木者多力而愚」，《搜神記》卷12、《法苑珠林》卷43二句並作一句「食草者多力而愚」。黃懷信曰：「拂本字當作戾。」〔註15〕失之。

（5）食肉者勇毅而捍

按：捍，《大戴禮記・易本命》、《家語・執轡》同，景宋本及《意林》卷2、《御覽》卷889引作「悍」。悍、捍，正、假字。方本《大戴》作「悍」，《博物志》卷5、《初學記》卷26、《御覽》卷863、《雲笈七籤》卷32、《類說》卷38引《家語》並作「悍」。漢・牟融《理

〔註8〕《慧琳音義》卷49：「懷厲：下宜作恢。」又卷99：「懷厲：厲或作捩也。」是其相通之證。另參見蕭旭《〈玉篇〉「洌，清洌」疏證》，《傳統中國研究集刊》第9輯，2011年出版。
〔註9〕《漢語大詞典》（縮印本），漢語大詞典出版社1997年版，第1072頁。
〔註10〕《路史》卷29「愎類」作「慢類」，蓋爲臆改。
〔註11〕轉引自黃懷信《逸周書彙校集注（修訂本）》，上海古籍出版社2007年版，第964頁。
〔註12〕朱起鳳《辭通》，上海古籍出版社1982年版，第1836頁。
〔註13〕段玉裁《說文解字注》，上海古籍出版社1981年版，第645頁。
〔註14〕轉引自黃懷信《逸周書彙校集注（修訂本）》，上海古籍出版社2007年版，第964頁。
〔註15〕黃懷信主編《大戴禮記彙校集注》，三秦出版社2005年版，第1408頁。

惑論》、《抱朴子內篇‧雜應》、《搜神記》卷 12、《法苑珠林》卷 43、《酉陽雜俎》卷 16 並作「悍」。《雲笈七籤》卷 36 引《黃帝內傳》:「食肉者鄙勇而多嗔。」意亦同。戴禮曰:「捍,捷也。」﹝註 16﹞黃懷信曰:「『捍』字誤,當作『悍』。」﹝註 17﹞並失之。

(6) 食氣者神明而壽,食穀者知慧而夭

按:夭,《大戴禮記‧易本命》、《家語‧執轡》作「巧」,《御覽》卷 837 引《大戴》作「考」,「考」、「巧」並「夭」字音訛,「夭」、「壽」對舉成文。俞樾曰:「巧當作夭,聲之誤也。」﹝註 18﹞《博物志》卷 5、《雲笈七籤》卷 32、87 引《家語》正作「夭」,《雲笈七籤》卷 57:「黃帝曰:『食穀者知而夭,食氣者神而壽。』」亦作「夭」字。《抱朴子內篇‧雜應》:「食穀者智而不壽。」《雲笈七籤》卷 59:「岐伯高曰:『食氣者則靈而壽延,食穀者多智而限命。』」「不壽」、「限命」即「夭」也,本篇下文「早知而不壽」,即此「知慧而夭」之誼。《搜神記》卷 12、《法苑珠林》卷 43 作「文」,「文」為「夭」形誤﹝註 19﹞。黃懷信曰:「『巧』當不誤,與上『悍』相對。」﹝註 20﹞失之。

(7) 南方陽氣之所積,暑濕居之,其人脩形兌上,大口決眦

按:《御覽》卷 363 引「積」作「浹」,「脩」作「墮」,「兌」作「銳」。「墮」當作「橢」。

(8) 西方……其人面末僂

按:「面」上脫「方」字,《御覽》卷 363 引作「其人皆方面」。《類聚》卷 11 引《雜書靈准聽》:「有人方面,日衡重華。」﹝註 21﹞《酉陽雜俎》卷 4:「西方之人面大。」「方面」即指面大。俞樾謂「面」

﹝註 16﹞轉引自方向東《大戴禮記匯校集解》,中華書局 2008 年版,第 1327 頁。
﹝註 17﹞黃懷信主編《大戴禮記彙校集注》,三秦出版社 2005 年版,第 1408 頁。
﹝註 18﹞轉引自方向東《大戴禮記匯校集解》,中華書局 2008 年版,第 1328 頁。
﹝註 19﹞《搜神記》汪紹楹校注:「《淮南》『文』作『夭』,當據改。」中華書局 1979 年版,第 148 頁。
﹝註 20﹞黃懷信主編《大戴禮記彙校集注》,三秦出版社 2005 年版,第 1408 頁。
﹝註 21﹞《書鈔》卷 1、《御覽》卷 81、《路史》卷 21 注引同。

字衍，楊樹達謂「面」下脫一字，向宗魯謂「面」上脫「毛」字，皆未得。

（9）濁漳出發包

高注：發包山，一名鹿苦山。

按：鹿苦，亦作「鹿谷」，或倒作「谷鹿」、「骨硺」、「骨鹿」等，狀其滾圓之貌〔註22〕。

（此篇刊於《人文論叢》2010 年卷，2011 年 11 月出版，此次有所修訂。）

〔註22〕 參見蕭旭《敦煌寫本〈王梵志詩〉校補》「道人頭兀雷」條，收入《群書校補》，廣陵書社 2011 年版，第 1273 頁。

《時則篇》校補　卷第五

（1）爨其燧火

高注：其，讀該備之該也。

按：莊逵吉曰：「《易》：『箕子之明夷。』劉向曰：『今《易》箕子作荄茲。』是箕有荄音，因之其亦有該音耳。」莊說是也，《韻補》卷 1「皆」字條：「古皆、荄與箕音同。」亦其證。

（2）飄風暴雨總至，黎莠蓬蒿並興

高注：風雨限至。

按：「限」當作「猥」。下文「寒氣總至」二見，高注曰：「寒氣猥至。」又曰：「凝聚而至也。」《呂氏春秋・仲春紀》同，高注亦曰「寒氣猥至」。是高以「猥」訓「總」。猥、總猶言多次、頻數。此文本《呂氏春秋・孟春紀》「疾風暴雨數至」；《管子・小匡》：「飄風暴雨數臻……蓬蒿藜藋並興。」亦與此文相同，此總訓數之確證。下文又云「寒氣時發」，即「寒氣總至」之誼，時亦數也。古書「猥」訓「多」甚多〔註1〕，故高注用兩漢常見之「猥多」義訓總。《禮記・月令》：「寒氣總至。」鄭注：「總，猶猥，卒也。」則鄭以為「突然」義〔註2〕，與高氏一說「凝聚」，並非也〔註3〕。

〔註1〕　參見宗福邦主編《故訓匯纂》，商務印書館 2003 年版，第 1424 頁。

〔註2〕　《廣雅》：「猥，頓也。」王念孫《疏證》即引鄭注，並云：「頓猶突也……卒與猝同，猥、猝皆頓也。」王念孫《廣雅疏證》，收入徐復主編《廣雅詁林》，江蘇古籍出版社 1998 年版，第 433 頁。

〔註3〕　參見蕭旭《〈淮南鴻烈集解〉補正四則》，《古漢語研究》2002 年第 3 期。趙宗乙《淮南子札記》與余說同，黑龍江人出版社 2009 年版，第 76 頁。

（3）行冬令，則水潦為敗，雨霜大雹，首稼不入

按：雹，讀爲摽，《說文》：「摽，擊也。」字或作敤，《廣韻》：「敤，擊
也。」字或作撽、敼、攽、撲、技、扑、攴，《廣雅》：「撽，擊也。」
《集韻》：「敼、撽、攽，擊也，或從手、從勹。」又「撽，《博雅》：
『擊也。』或作攽、撲、技、扑，亦省。」《龍龕手鑑》：「撽，音朴，
擊也；又音電，打聲也。」敦煌寫卷 P.5039《孟姜女變文》：「姜女
自雹哭黃（皇）天。」P.2564《㕍嗣書》：「雹釜打鐺。」P.2129《神
龜詩》：「不能謹口舌，雹殺老死屍。」三例「雹」亦摽借字〔註4〕，
蔣禮鴻、項楚謂雹借爲撲〔註5〕，未得其源。《禮記・月令》作「雪
霜大摯」，《釋文》：「摯音至，蔡云：『傷折。』」摯亦擊也，本字爲
鷙。《說文》：「摯，握持也。鷙，擊殺鳥也。」《大唐開元禮》卷 99
作「雪霜大至」，改爲同音字「至」，未得厥誼。鄭良樹曰：「『雨霜
大雹』義不可通，『雹』字疑有誤，《禮記》、《呂覽》並作『雨霜大
摯』。摯，至也。」亦未得。

（4）養幼小、存孤獨，以通句萌

高注：順春陽，長養幼小，使繁茂也……故草木不句萌者，以通達也。

按：《太玄・玄數》：「神句芒。」范望注：「句，取物春句屈而生。」句
萌，同「句芒」，《白虎通・五行》：「句芒者，物之始生。」朱起鳳
曰：「句萌，謂草木之萌芽。曲者爲句，直者爲萌。萌字作芒，蓋
聲相近。」〔註6〕或作「勾萌」，《鶡冠子・近迭》：「勾萌動作與地
俱。」陸佃注：「屈生曰勾。」或作「區萌」，《要略篇》：「曲行區
入。」區亦曲也。《禮記・樂記》：「然後草木茂，區萌達，羽翼奮。」
鄭玄注：「屈生曰區。」《釋文》：「區，依注音句。」《管子・五行》：
「草木區萌。」尹注：「萌牙區別而生也。」尹注解爲「區別」，失

〔註4〕 參見蕭旭《〈敦煌詩歌導論〉札記》，收入《群書校補》，廣陵書社 2011 年版，
第 1358 頁。

〔註5〕 蔣禮鴻《敦煌變文字義通釋》，收入《蔣禮鴻集》卷 1，浙江教育出版社 2001
年版，第 127 頁。項楚《敦煌詩歌導論》，巴蜀書社 2001 年版，第 117 頁。

〔註6〕 朱起鳳《辭通》，上海古籍出版社 1982 年版，第 927 頁。朱說是也，古從亡
從明之字多通，參見張儒、劉毓慶《漢字通用聲素研究》，山西古籍出版社 2002
年版，第 447 頁。

之。王念孫曰：「區萌即句芒。」〔註7〕吳玉搢曰：「句讀如鉤，鉤、區音近，故通。」〔註8〕朱起鳳曰：「區即古句字。」〔註9〕龐光華曰：「『區萌』一語不辭，『區』當爲『句』之假借……故書凡言『區萌』者皆爲『句萌』之借。『勾』或『句』與『萌』同義，爲草木初生之義。如《禮記・月令》：『句者畢出，萌者盡達。』『句』與『萌』互文同義。」〔註10〕

（5）命太尉，贊傑俊，選賢良，舉孝悌

高注：贊，白也。

按：《呂氏春秋・孟夏紀》：「命太尉，贊傑儁，遂賢良，舉長大。」高注同，並失之。《呂氏》同《禮記・月令》，鄭注：「贊，猶出也。」孔疏：「贊是贊佐之義，故云猶出。」本篇下文「簡練桀俊」，即「贊傑俊」之誼。《御覽》卷23引《禮記》，注作「贊，猶揚也」。

（6）繼修增高，無有隳壞

按：《呂氏春秋・孟夏紀》作「繼長增高，無有壞隳」。則修訓長，「繼修」、「增高」對舉。

（7）反舌無聲

高注：反舌，百舌鳥也，能辨變其舌，反易其聲，以效百鳥之鳴，故謂百舌。

按：此文本《禮記・月令》，孔疏：「反舌鳥春始鳴，至五月稍止，其聲數轉，故名反舌。」又見《呂氏春秋・仲夏紀》，高注：「反舌，伯舌也，能辯反其舌，變易其聲，效百鳥之鳴，故謂之百舌。」此文注言「辨變其舌，反易其聲」，《呂氏》注言「辯反其舌，變易其聲」，「辨」、「辯」通，亦變也〔註11〕。辨、反、變、易四字同義，猶言

〔註7〕　王念孫《讀書雜志》卷8，中國書店1985年版，第15頁。
〔註8〕　吳玉搢《別雅》卷2，收入景印文淵閣《四庫全書》第222冊，臺灣商務印書館1986年初版，第658頁。
〔註9〕　朱起鳳《辭通》，上海古籍出版社1982年版，第927頁。
〔註10〕　龐光華《論漢語上古音無複輔音聲母》，中國文史出版社2005年版，第202～203頁。
〔註11〕　《廣雅》：「辯，變也。」《荀子・臣道》：「因其懼也而改其過，因其憂也而辨

改變。劉文典曰：「辨變，即『徧變』。」失之。

（8）百官靜，事無徑

高注：事無徑，詳而後行，當先請也。

按：事無徑，《禮記・月令》、《呂氏春秋・仲夏紀》並作「事毋刑」，鄭
注：「今《月令》『刑』爲『徑』。」高注：「事無刑，當精詳而後行
也。」王念孫謂《呂氏》本亦作「徑」，今本乃後人以《月令》所改。
《家語・三恕》：「剬折者不終，徑易者則數傷。」王注：「徑，輕也。」
徑讀爲輕，《尸子》卷下：「馬有騏驥徑駛。」汪校：「任本徑作輕。」
事無徑，言於事無輕率，故高云「精詳而後行」。王念孫曰：「徑，
疾也、速也。」陳奇猷曰：「橫絕謂之徑。」〔註 12〕鄭良樹曰：「作
『事無刑』近之。」並失之。

（9）必宣以明

高注：宣，徧也。明，鮮明也。

按：《詩・文王》：「宣昭義問。」鄭箋：「宣，徧也。」與高注並誤。《荀
子・正論》：「上宣明。」楊注：「宣，露。」宣，讀爲顯。《廣韻》：
「宣，明也。」《漢書・張安世傳》：「宣章盛德。」朱起鳳謂「宣
昭」即「顯昭」、「宣章」即「顯章（彰）」，云：「宣讀上聲，即爲
顯字。」〔註 13〕

（10）是月也，樹木方盛，勿敢斬伐，不可以合諸侯、起土功

按：「敢」、「可以」對舉同義，敢猶得也、可也〔註 14〕。上文「毋伐大樹。」
高注：「禁民不得斬伐。」可移以釋此文。

（11）乃多女災

高注：陰氣過差，故多女災。

按：「過差」爲兩漢六朝人成語，猶言過甚、過份。差猶甚也〔註 15〕。

其故。」王念孫曰：「辨，讀爲變，變亦改也。」王念孫《讀書雜志》卷 11，
中國書店 1985 年版，第 40 頁。
〔註 12〕陳奇猷《呂氏春秋新校釋》，上海古籍出版社 2002 年版，第 256 頁。
〔註 13〕朱起鳳《辭通》，上海古籍出版社 1982 年版，第 690、803 頁。
〔註 14〕參見蕭旭《古書虛詞旁釋》，廣陵書社 2007 年版，第 132～133 頁。
〔註 15〕參見蕭旭《古書虛詞旁釋》，廣陵書社 2007 年版，第 390～391 頁。

（12）求不孝不悌、戮暴傲悍而罰之，以助損氣

按：銀雀山漢簡《五令》：「威令者，求不孝弟（悌）、淩暴勢（傲）悍而罰之，以助損氣。」〔註16〕睡虎地秦簡《爲吏之道》亦有「勢（傲）悍𢶍（戮）暴」之語〔註17〕。馬宗霍曰：「『戮暴』連文，戮猶暴也，《呂氏春秋・貴因》：『饞慝勝良曰戮。』高注：『戮，暴也。』戮通作勠，《說文》：『勠，并力也。』引申之，故得訓暴。」馬氏戮訓暴是也，但讀爲勠恐未得。當由「殺戮」引申爲「殘暴」。

（13）天地始肅，不可以贏

高注：肅，殺也。殺氣始行也。贏，盛也。

按：此文本《禮記・月令》，鄭注：「贏，猶解也。」又《呂氏春秋・孟秋紀》同，高注：「肅，殺。素氣始行，不可以驕贏。」鄭、高解異。

（14）蟄蟲培戶

按：培戶，《逸周書・時訓解》同，《禮記・月令》作「坏戶」，鄭注：「坏，益也。」孔疏：「以土增益穴之四畔，使通明處稍小之也。」《書鈔》卷154、《大唐開元禮》卷101、103、《御覽》卷24、《事類賦》卷5引《月令》作「坏戶」，《類聚》卷3、《御覽》卷25引《周書・時訓》亦作「坏戶」。楊樹達謂坏讀爲培〔註18〕，是也。《六書故》：「坏，步枚切，以土封罅隙也。《記》曰：『坏牆垣。』又曰：『蟄蟲坏戶。』亦作阫，莊周曰：『日中穴阫。』疑與『培』一字。」「坏牆垣」見《月令》，《莊子》見《庚桑楚篇》，《釋文》：「阫，向音裴，云：『阫，墙也。』」方以智曰：「培、坏、坏、陪四字，書傳多互用。坏，步枚切，以土封罅隙也。」〔註19〕《呂氏春秋・仲秋紀》作「俯戶」，

〔註16〕銀雀山漢簡《五令》，收入《銀雀山漢墓竹簡〔貳〕》，文物出版社2010年版，第226頁。

〔註17〕睡虎地秦簡《爲吏之道》，收入《睡虎地秦墓竹簡》，文物出版社1990年版，第170頁。

〔註18〕楊樹達《讀〈呂氏春秋〉札記》，收入《積微居讀書記》，上海古籍出版社2006年版，第206頁。

〔註19〕方以智《通雅》卷1，收入《方以智全書》第1冊，上海古籍出版社1988年版，第98頁。

高注：「將蟄之蟲，俯近其所蟄之戶。」于鬯、譚戒甫謂俯讀爲坿〔註20〕，申鄭注，陳奇猷從譚說，云：「高訓俯爲俯近，非。」〔註21〕《魏書・律曆志下》、《隋書・律曆志下》作「附戶」，附亦坿借字。于省吾曰：「培應讀作附。『俯近』即『附近』。」非是。

（15）殺氣浸盛，陽氣日衰，水始涸

高注：涸，凝竭。或作「盛」，言陰勝也。

按：《禮記・月令》、《呂氏春秋・仲秋紀》並作「涸」。日、浸互文，猶漸也〔註22〕。

（16）飾喪紀

高注：飾，治也。

按：飾，讀爲飭，整治。《禮記・月令》、《呂氏春秋・孟冬紀》正作「飭」，《御覽》卷27引《乙巳占》同。

（17）毋或侵牟

高注：牟，多也。

按：《漢書・景帝紀》：「侵牟萬民。」李奇注：「牟，食苗根蟲也。」方以智曰：「侵牟，則與蟊通，謂蟊賊之也。」〔註23〕吳玉搢謂牟借爲蟊〔註24〕，朱駿聲、于省吾說同〔註25〕，並是也。《玉篇》：「牟，取也、奪也。」字或作伴，《隸釋》卷2《東海廟碑》：「收責侵伴。」王應電曰：「侵伴，字當借蝥。」〔註26〕「蝥」同「蛑」、「蟊」。字或作悴，《玉篇》：「悴，貪愛也。」

（18）申宮令，審門閭，謹房室，必重閉

〔註20〕並轉引自王利器《呂氏春秋注疏》，巴蜀書社2002年版，第776頁。
〔註21〕陳奇猷《呂氏春秋新校釋》，上海古籍出版社2002年版，第433頁。
〔註22〕參見徐仁甫《廣釋詞》，四川人民出版社1981年版，第334～335頁。
〔註23〕方以智《通雅》卷26，收入《方以智全書》第1冊，上海古籍出版社1988年版，第834頁。
〔註24〕吳玉搢《別雅》卷2，收入景印文淵閣《四庫全書》第222冊，臺灣商務印書館1986年初版，第671頁。
〔註25〕朱駿聲《說文通訓定聲》，武漢市古籍書店1983年版，第260頁。
〔註26〕王應電《周禮翼傳》卷2，收入景印文淵閣《四庫全書》第96冊，臺灣商務印書館1986年初版，第481頁。

按：《廣雅》：「愼、必，敕也。」王念孫《疏證》曰：「必當爲毖……皆戒敕之意也。」王氏《補正》又曰：「必當爲密，字通作宓。」〔註27〕必、毖、密、宓並通用，不當以「必」爲誤，《玉篇》亦云：「必，敕也。」此文必、謹、審同義對舉，戒愼也，正用「敕」義，可補王氏所不及。

（19）榑木之地

高注：榑木，榑桑。

按：榑，《御覽》卷 37 引作「扶」。「榑木」即「扶木」，亦即「扶桑」。《呂氏春秋·求人》：「禹東至榑木之地。」亦同。孫志祖曰：「古木字有桑音。《列子·湯問篇》：『越之東有輒木之國。』注音木字爲又康反。《山海經·東山經》：『南望幼海，東望榑木。』注：『扶桑二音。』是也。字書木字失載桑音，人多如字讀之，誤矣。《呂氏春秋·爲欲篇》：『東至搏木。』亦當讀爲扶桑。」〔註28〕《呂氏·爲欲》作「扶木」，孫氏失檢。孫謂古木字有桑音，郝懿行、于省吾、王利器已駁之〔註29〕。尋《列子》之「輒木」，宋本作「𫐄沐」，盧重玄本、《道藏》本作「輒休」，《意林》卷 2 引作「輒沐」；《墨子·節葬下》作「𫐄沐」，《博物志》卷 2 作「駭沐」，《劉子·風俗》作「軫沐」，《太平廣記》卷 480 引《博物志》作「較沐」，《道藏》本《劉子》作「輒沐」，作「較沐」是〔註30〕，《列子》之「木」固音沐也，孫說《列子》亦未允。

〔註27〕王念孫《廣雅疏證》、《廣雅疏證補正》，並轉引自徐復主編《廣雅詁林》，江蘇古籍出版社 1998 年版，第 350 頁。

〔註28〕孫志祖《讀書脞錄》卷 7，收入《續修四庫全書》第 1152 冊，上海古籍出版社 2002 年版，第 295 頁。

〔註29〕王利器《呂氏春秋注疏》，巴蜀書社 2002 年版，第 2377～2378 頁。

〔註30〕盧文弨謂「輒沐」是；楊明照謂「較沐」是，引《集韻》「較沐，國名，在越東」爲證；孫詒讓、王叔岷、白耀天謂「輒休」是；吳毓江謂「𫐄沐」是。傅亞庶從楊說。孫詒讓《墨子閒詁》，中華書局 1986 年版，第 170～171 頁。吳毓江《墨子校注》，中華書局 1993 年版，第 289 頁。傅亞庶《劉子校釋》，中華書局 1998 年版，第 446～447 頁。白耀天《「俚」論》，《廣西民族研究》1990 年第 2 期，第 60～64 頁。《類篇》同《集韻》。《五音集韻》又誤作「較汰」。

（20）解役罪

　　按：役，《尚書大傳》卷 3 同，《御覽》卷 37 引作「赦」。

（21）宣出財

　　按：《廣韻》：「宣，散也。」上文「無有宣出」，義同。楊樹達謂當據《尚
　　　　書大傳》改作「宣庫財」，何寧謂當作「出庫財」，並不確。《御覽》
　　　　卷 37 引同今本。

（22）爵有德，賞有功

　　按：《時則篇》亦有此二語，並本《尚書大傳》卷 3。《董子・治水五行》：
　　　　「封有德，賞有功。」又《五行逆順》：「賞有功，封有德。」《史記・
　　　　平津侯傳》：「古者賞有功，褒有德。」《漢書・張湯傳》：「褒有德，
　　　　賞有功。」傅亞庶曰：「『賞有功』文殊不可通，『賞』當易爲『祿』。」
　　　　〔註31〕殊爲無據。《御覽》卷 37 引同今本。

（23）舉力農

　　按：《廣雅》：「農，勉也。」王念孫曰：「農，猶努也，語之轉耳。」〔註
　　　　32〕力、農同義連文。《主術篇》：「以爲百姓力農。」義同。

（24）賑貧窮

　　按：賑，景宋本作「振」，《御覽》卷 37 引作「振」，《尚書大傳》卷 3 同。
　　　　賑、振，正、假字。張雙棣據景宋本改作「振」，失之。

（25）包裹覆露

　　高注：露，潤。
　　按：《本經篇》：「覆露照導。」《國語・晉語六》：「是先主覆露子也。」
　　　　韋昭注：「露，潤也。」《漢書・鼂錯傳》：「覆露萬民。」顏注引如
　　　　淳曰：「覆，蔭也。露，膏澤也。」又《嚴助傳》：「陛下垂德惠以
　　　　覆露之。」顏注：「露謂使之沾潤澤也。或露或覆，言養育也。」

〔註31〕傅亞庶《〈淮南子・時務（則）篇〉「賞有功」辨正》，《古籍整理研究學刊》
　　　　1994 年第 5 期，第 42～43 頁。
〔註32〕王念孫《廣雅疏證》，收入徐復主編《廣雅詁林》，江蘇古籍出版社 1998 年
　　　　版，第 217 頁。

諸說並誤。王引之曰：「露與覆同義。覆露之言覆慮也、包絡也。」〔註33〕王說甚確，露讀爲絡，包絡、覆蓋之義。露、絡並從各聲，例得通假。《廣雅》：「露、覆，結也。」字或作「覆慮」，《釋名》：「露，慮也，覆慮物也。」又「廬，慮也，取自覆慮也。」慮亦讀爲絡，《莊子·逍遙遊》：「何不慮以爲大樽？」《釋文》引司馬云：「慮猶結綴也。」成疏：「慮者，繩絡之也。」朱桂曜《莊子內篇補正》曰：「《天道篇》：『知雖落天地，不自慮也。』慮亦落也，落同絡。」此慮讀爲絡之確證〔註34〕。朱駿聲謂慮假借爲虜〔註35〕，朱起鳳謂「卵、露一聲之轉，慮、露雙聲字」〔註36〕，附會爲「覆卵」，皆不足信〔註37〕。

（26）溥氾無私

按：溥氾，《御覽》卷 37 引作「普大」。《本經篇》：「普氾無私。」高注：「普，大。氾，衆也。」朱駿聲謂普借爲溥〔註38〕，甚確。

（27）飭群牧，謹著聚

按：飭，《御覽》卷 24 引作「飾」，《尚書大傳》卷 3 同。何寧曰：「飾、飭古通。」《集韻》：「飭，戒也，或作飾。」飾、飭，並讀爲敕，《史記·五帝本紀》：「飭百官。」《集解》引徐廣曰：「飭，古勅（敕）字。」《說文》：「敕，誡也。」《小爾雅》：「敕，正也。」《廣雅》：「敕，理也。」《御覽》卷 37 引作「勅」，爲「敕」俗字。《玉篇》：「敕，誡也，今作勅。」著，楊樹達據《尚書大傳》讀爲貯。王叔岷曰：「飭借爲敕，著借爲貯。」並是也。《御覽》卷 37 引亦作「貯」。朱起鳳謂「著」爲「積」誤〔註39〕，未得。

〔註33〕王引之《經義述聞》，江蘇古籍出版社 1985 年版，第 507 頁。

〔註34〕林希逸《口義》：「慮，思之也。」朱駿聲謂訓議，並非。朱駿聲《說文通訓定聲》，武漢市古籍書店 1983 年版，第 394 頁。《文選·永初三年七月十六日之郡初發都》李善注引「慮」作「攄」，非其誼。

〔註35〕朱駿聲《說文通訓定聲》，武漢市古籍書店 1983 年版，第 456 頁。

〔註36〕朱起鳳《辭通》，上海古籍出版社 1982 年版，第 1479 頁。

〔註37〕參見蕭旭《〈漢書〉校補》，收入《群書校補》，廣陵書社 2011 年版，第 278 頁。

〔註38〕朱駿聲《說文通訓定聲》，武漢市古籍書店 1983 年版，第 416 頁。

〔註39〕朱起鳳《辭通》，上海古籍出版社 1982 年版，第 1293 頁。

（28）**遏溝瀆**

按：遏，《御覽》卷 24 引同，《尚書大傳》卷 3 亦同，《御覽》卷 37 引作
「隄」。遏讀爲堨，《玉篇》：「堨，擁堨也」《集韻》：「堨，堰也。」
《廣雅》：「隄，隁也。」「隁」同「堰」，可知「隄」、堨同義。
此用爲動詞，築隄。

（29）**陳兵甲，選百官，誅不法**

按：選，讀爲譔，《說文》：「譔，專教也。」《廣雅》：「譔，教也。」《尚
書大傳》卷 3「選」作「戒」。《天文篇》：「飾兵甲，儆百官，誅不
法。」《董子・五行逆順》、《治水五行》并云：「飭兵甲，警百官，
誅不法。」《唐開元占經》卷 54：「節兵甲，敬百官，誅不法。」「戒」、
「儆（警、敬）」並與「教」義會。

（30）**北至令正之谷**

按：令正之谷，《御覽》卷 27 引同，《御覽》卷 37、《古微書》卷 23 引作
「令止之俗」，有注：「令止，丁令，北海胡地。」「令正」當作「令
止」，「俗」當作「谷」。「令止」即「令支」，《呂氏春秋・簡選》：「南
至石梁，西至酆郭，北至令支。」高注：「令支，在遼西。」《漢書・
地理志》「遼西郡」有「令支」。

（31）**執之必固**

按：《說文》：「執，捕罪人也。」此正用本義。楊樹達謂執當讀爲縶，失
之。

（32）**季夏德畢，季冬刑畢**

高注：德畢，陽施結。刑畢，刑獄盡。

按：結、盡對舉同義。《御覽》卷 17、24 引高注並作「德畢，陽施窮也。
刑畢，陰殺盡也。」《廣雅》：「結，終也。」《繆稱篇》：「故君子行，
思乎其所結。」許注：「結，要終也。」結訓終，《御覽》以同義詞
改作「窮」。王念孫等諸家疏證《廣雅》者皆未舉例，此正可補證。
何寧曰：「結疑當爲竭，音近而譌，竭猶窮也。」未得。

（33）繩之為度也，直而不爭，修而不窮，久而不弊，遠而不忘

按：《氾論篇》：「夫繩之為度也……夫脩而不橫，短而不窮，直而不剛，久而不忘者，其唯繩乎？」兩文並有脫誤，可互補。此文「修而不窮」當作「修而不橫，短而不窮」，脫「橫短而不」四字；《文子・上仁》亦云：「夫繩之為度也……長而不橫，短而不窮，直而不剛。」可為旁證；彼文「久而不忘」當作「久而不弊，遠而不忘」，脫「弊遠而不」四字。《呂氏春秋・本味》：「故久而不弊，熟而不爛。」《新語・思務》：「久而不弊，勞而不廢。」《永樂大典》卷 14707 引「弊」作「備」，于大成已指出其誤。「直而不爭」即「直而不剛」，爭、剛，指爭鬥。俞樾曰：「爭，讀為絣，屈也。」馬宗霍曰：「由爭引之義引申之，爭亦自可訓屈，不必破字為絣也。」並非是。

（34）與天合德，與神合明

按：《易・乾・文言》：「夫大人者，與天地合其德，與日月合其明，與四時合其序，與鬼神合其吉凶。」《越絕書・外傳記》：「上與天合德，下與地合明，中與人合心。」

（35）自古及今，不可移匡

按：匡，改正、糾正，《記纂淵海》卷 3 引正作「正」。移匡，猶言移易、改正。俞樾曰：「移之言迤也，移亦有衺義。匡與軖通，《說文》：『軖，車戾也。』不移匡，言不衺曲也。」于省吾曰：「俞說非是，匡應讀作枉。」馬宗霍曰：「移，羨也。匡，虧也。『移匡』連文，亦即增減之意。」並非是。

（36）平而不險

按：《本經篇》、《管子・宙合》、《文子・下德》並有「壞險以為平」之語。險、平對舉，險，不平。

（37）流而不滯，易而不穢

按：易，移也。穢，穢濁。馬宗霍曰「『穢』通作『薉』，傷也。」未得。

（38）轉而不復，員而不垸

高注：復，遏也。垸，轉也。

按：復，讀爲輹，《說文》：「輹，車軸縛也。」《廣雅》：「輹，束也。」高注訓遏，止也。《記纂淵海》卷3引「復」誤作「獲」。員，《御覽》卷19引作「圓」，古字通。垸，讀爲刓，《御覽》卷19引誤作「規」，注誤作「垸，轉也」。《說文》：「刓，剸也。」桂馥曰：「字或作园……又或作輐……又通作玩……又通作抏。」〔註40〕《玉篇》：「刓，削也。」《廣韻》：「刓，圓削也。」朱駿聲曰：「刓，字亦作剜，《埤蒼》：『剜，削也。』《字林》：『剜，削也。』字又作捖，字又作抏。」〔註41〕《玉篇》：「剜，剜削也。」《玄應音義》卷4「剜身」注引《埤蒼》：「剜，削也。」《集韻‧緩韻》：「捖，摩也。」又《桓韻》：「捖，刮摩也。」吳玉搢謂垸假借爲丸，朱駿聲謂垸叚借爲丸或旋〔註42〕，申高注。言圓而不轉，非其誼也，高注未確。

（39）優而不縱，廣大以寬

按：優，寬宥。《御覽》卷19引「優」誤作「復」。

（40）矩之爲度也，肅而不悖，剛而不憒

按：《本經篇》亦云：「柔而不脆，剛而不贖，寬而不肆，肅而不悖。」高注：「贖，折也。肆，緩也。肅，急也。」《御覽》卷25引「悖」作「勃」，「憒」作「匵」。另詳《原道篇》校補。

（41）矩正不失，百誅乃服

按：誅，《御覽》卷25引作「職」。

（42）權之爲度也，急而不贏，殺而不割

按：《廣雅》：「贏，過也。」《記纂淵海》卷3引作「盈」，借字。

〔註40〕桂馥《說文解字義證》，齊魯書社1987年版，第363～364頁。「园」誤作「圓」，徑正。《玄應音義》卷5「空刓」注：「刓，又作园，同。」
〔註41〕朱駿聲《說文通訓定聲》，武漢市古籍書店1983年版，第707頁。《玄應音義》卷2「剜身」注引《字林》作「剜，削也。」朱氏蓋誤「削」爲「削」。
〔註42〕吳玉搢《別雅》卷1，收入景印文淵閣《四庫全書》第222冊，臺灣商務印書館1986年初版，第637頁。朱駿聲《說文通訓定聲》，武漢市古籍書店1983年版，第709頁。

（43）誠信以必，堅慤以固

按：慤，讀爲確、碻，《廣韻》：「確，靳固也，或作碻。」《集韻》：「確，堅也，或作碻。」字或作塙、硞、皵，《玉篇》：「塙，土堅不可拔。」《廣韻》：「皵，皺皵，皮乾。硞，固也。」敦煌寫卷 P.2058《碎金》：「乾皵皵：口角反。」〔註43〕字或作确、埆，胡文英曰：「确确，乾僵聲也。吳中凡物之乾而堅者皆曰乾确确。」〔註44〕劉家立乙作「堅固以慤」，已爲張雙棣所駁。陳廣忠曰：「慤，誠實。」〔註45〕非是。

〔註43〕參見蕭旭《敦煌寫卷〈碎金〉補箋》，收入《群書校補》，廣陵書社 2011 年版，第 1346 頁。

〔註44〕胡文英《吳下方言考》卷 11，乾隆四十八年留芝堂刻本，第 14 頁。

〔註45〕陳廣忠《淮南子斠詮》，黃山書社 2008 年版，第 271 頁。

《覽冥篇》校補　卷第六

（1）平公瘛病

高注：瘛病，篤疾。

按：瘛，一本作「瘂」，于大成、張雙棣謂瘂爲正字，瘛爲異體，是也。《論
衡·感虛篇》亦作「瘂」。《慧琳音義》卷 2 引許注：「瘂，癘也。」
又卷 78 引許注作「瘛，癘也」，又卷 77 引許注作「瘂，癘疾也」。
慧琳所引當爲《墜形篇》「林氣多瘂」注語，陶方琦、于大成謂此文
注語，非也。林氣不和，所致爲癘疾。《周禮·疾醫》：「四時皆有癘
疾。」鄭注：「氣不和之疾。」此文則指罷瘂之固疾，謂足不能行也。
《廣雅》：「躄，瘂也。」王念孫曰：「《說文》：『躄，人不能行也。瘂，
罷病也。』足不能行，故謂之瘂病。《史記·平原君傳》『躄者曰，
臣不幸有罷癃之病』是也。」〔註 1〕

（2）景公臺隕

高注：隕，壞也。

按：隕，《類聚》卷 2 引作「損」，《御覽》卷 13 引作「殞」，損、殞並爲
借字。《御覽》卷 13 引注作「殞，壞之也。」又卷 16 引注作「隕，
墜之也。」又卷 60 引注作「隕，壞之也。」

〔註 1〕 王念孫《廣雅疏證》，收入徐復主編《廣雅詁林》，江蘇古籍出版社 1998 年版，
第 438 頁。

（3）然而專精厲意

按：《漢書・禮樂志》：「專精厲意逝九閡。」厲，即下文「激厲至精」之「激厲」。張雙棣引《方言》、《廣雅》「厲，合也」，謂厲當即聚合之意。未確。

（4）瞋目而撝之曰：「余任（在），天下誰敢害吾意者？」

按：撝，《類聚》卷 68、《書鈔》卷 130、《御覽》卷 61、71、84、680、《事類賦注》卷 6 引作「麾」，《論衡・感虛篇》同。麾、撝，並讀爲摩。《廣韻：「摩，《說文》：『旌旗所以指摩。』亦作麾。」《集韻》：「摩，通作麾、撝。」害，王念孫讀爲曷，是也。《搜神記》卷 8 作「干」，義同。

（5）於是風濟而波罷

按：朱駿聲謂濟借爲霽〔註 2〕，是也。《說文》：「霽，雨止也。」楊樹達謂濟借爲泲，未得。《御覽》卷 71、84 引「濟」正作「霽」；《搜神記》卷 8 載此事作「風波立濟」，《御覽》卷 10 引「濟」作「霽」，《博物志》卷 7 亦作「風波立霽」，並其旁證。《類聚》卷 68、《御覽》卷 680 引《淮南》「濟」作「去」，《初學記》卷 2 引《搜神記》「濟」作「平」，義同。

（6）魯陽公與韓搆難，戰酣，日暮，援戈而撝之

按：撝，《白帖》卷 1、《太平寰宇記》卷 8 引作「揮」，《史記・封禪書》《索隱》、《文選・遊仙詩》、《弔魏武帝文》李善註、《書鈔》卷 149、《事類賦注》卷 1、《古今合璧事類備要》前集卷 1、《錦繡萬花谷》後集卷 1 引作「麾」，《論衡・感虛篇》、《博物志》卷 7 亦作「麾」。《文選・吳都賦》：「魯陽揮戈。」劉淵林注引作「麾」。揮、撝、麾，並讀爲摩。

（7）勇武一人，為三軍雄

高注：武，士也，江淮間謂士曰武。

按：「武」爲古楚語，《意林》卷 2 引此文「武」作「士」，則改作通語矣。

〔註 2〕 朱駿聲《說文通訓定聲》，武漢市古籍書店 1983 年版，第 573 頁。

參見附錄二《〈淮南子〉古楚語舉證》。

（8）而友造化

按：友，《文子·精誠》作「返」。王利器曰：「疑本作『反』，字形與『友』
相似而誤也。」〔註3〕

（9）故蒲且子之連鳥於百仞之上，而詹何之鶩魚於大淵之中

按：《呂氏春秋·功名》：「善釣者出魚乎十仞之下，餌香也；善弋者下鳥
乎百仞之上，弓良也。」爲此文所本。鶩，《御覽》卷914引作「鷔」，
借字。桂馥謂「連」爲繳繳牽連之〔註4〕，是也。《列子·湯問》：「蒲
且子之弋也，弱弓纖繳，乘風振之，連雙鶬於青雲之際。」《史記·
司馬相如傳》《子虛賦》：「微矰出，纖繳施，弋白鵠，連駕鵝。」二
文「連」字義同。《正義》：「連，謂兼獲也。」《漢書》顏師古注：「連，
謂重累獲之也。」《文選》李善註：「言既弋白鵠，而因連駕鵝也。」
並失之。

（10）故東風至而酒湛溢

高注：酒湛，清酒也。米物下湛，故曰湛。木味酸，酸風入酒，故酒酢
而湛者沸溢，物類相感也。

按：酒湛溢，有七說：（a）酒湛，清酒也。（b）宋·陸佃《埤雅》卷19
解云：「故凍非東風不能解，湛非東風不能溢。」（c）明·焦竑《俗
書刊誤》卷10：「（湛）音尖，義與漸、灊同。」（d）王念孫謂「湛
溢」連文，湛與淫同，字或作沈。（e）李明哲謂當乙作「湛酒溢」，
湛借爲沉（沈）。（f）陶方琦謂汎字乃沉字之誤文，沈、湛古通。（g）
何寧曰：「疑原書本作『汎』，《太平廣記》又引李淳風云：『春夏間
於地陰下停春酒者，甕上蟻汎，皆逐風而移。』〔註5〕『酒汎』即『蟻
汎』，許本誤爲『沉』，故許注據《天官·酒正》『造清』而曲爲之解，
王氏念孫又據誤文爲說。陶氏反以『汎』爲『沉』之誤文，恐非。」
按《董子·同類相動》、《論衡·亂龍篇》並作「酒湛溢」，《雲笈七

〔註3〕王利器《文子疏義》，中華書局2000年版，第68頁。
〔註4〕桂馥《札樸》卷7，中華書局1992年版，第269頁。
〔註5〕何氏「春夏間」誤作「春秋間」，徑正。

籤》卷 106 引王褒子南嶽夫人魏華存撰《清虛眞人王君內傳》：「靈
肴千種，丹醴湛溢。」則「湛溢」爲二漢人成語，李氏乙作「湛酒
溢」，何氏改作「酒汎溢」，殊不可從。湛，《文選・七啓》李善註、
《御覽》卷 9 引正文及注並作「沉」，《記纂淵海》卷 2、《事類賦注》
卷 2 引正文及注並作「沈」，並一聲之轉也。《太平廣記》卷 161、《六
帖補》卷 16 引作「汎」，並臆改。竊謂王念孫說可從，《劉子・類感》
作「東風至而酒盈溢」，盈溢、湛溢，猶言滿溢，此指酒母發酵。

（11）蠶咡絲而商弦絕

按：已詳《天文篇》校補。

（12）旱雲煙火

按：王引之謂「煙」爲「熛」誤。楊樹達、劉文典據《呂氏春秋・名類》
謂「煙」不誤〔註6〕，是也。《埤雅》卷 19、《古今事文類聚》前集
卷 3、《記纂淵海》卷 2 引並作「煙」；《海錄碎事》卷 1 引《拾遺記》：
「旱雲如煙。」亦其旁證。

（13）故萬化而無傷

按：《御覽》卷 717 引作「故萬物無傷」，《莊子・應帝王》作「故能勝物
而不傷」，《文子・精誠》作「萬物而不傷」。「萬化」即「萬物」。王
利器校作「萬物化而不傷」〔註7〕，未得。

（14）惛若純醉而甘臥

按：純，讀爲醇。甘，讀爲酣。《泰族篇》：「家老甘臥。」亦同。惛若純
醉，《文子・精誠》明刊本作「闇若酕醉」，《纘義》本「酕」作「醇」，
字同。《集韻》：「醇，或作酕。」闇、惛同義。

（15）鳳凰之翔至德也……而燕雀佼之

高注：燕雀自以爲能佼健於鳳凰也。佼或作詨。詨，哭也。

按：王念孫謂佼讀爲姣，《廣雅》：「姣，侮也。」王說是也。或作詨者，

〔註6〕 楊氏誤作「《呂氏春秋・應同》」，逕正。
〔註7〕 王利器《文子疏義》，中華書局 2000 年版，第 72 頁。

《廣雅》:「詨,詙也。」王念孫曰:「詨謂平易也,字通作佼,《春秋·莊十三年》《公羊傳》云:『何以不日,易也。』何休注云:『易猶佼易也。』」〔註8〕猶言輕易,不訓哭。《廣韻》:「詨,誇語也。」《集韻》:「詨,詨矜,誇也。」義亦相會。佼、詨或讀爲笑,《韓詩外傳》卷9:「夫鳳凰之初起也,翾翾十步,〔蕃籬〕之雀喔咿而笑之。」〔註9〕文例正同,可以比附。鄭良樹謂「古無訓詨爲哭者。哭,疑當作笑,形近而譌也」,得之。朱駿聲謂佼借爲撓、攪〔註10〕,王海根謂佼借爲憍(驕)〔註11〕,並未確。

(16)注喙江裔

高注:注喙,喙注地不敢動也。裔,邊也。

按:《文選·七發》:「柱喙而不能前。」于省吾謂「注喙」即「柱喙」,指其喙不動,是也。字本作住、駐,《慧琳音義》卷93「駐蹕」條引《蒼頡篇》:「駐,止也、住也。」《玉篇》:「駐,馬立止也。」《廣韻》:「住,止也。」

(17)上車攝轡,馬爲整齊而歛諧,投足調均,勞逸若一

高注:整齊,不差。歛諧,馬容體足調諧也。

按:銀雀山漢簡《唐勒》:「人謂就(造)父登車嗛(攬)萊(轡),馬汁(協)險(斂)正(整)齊。同(調)均不摯(縶),步驕(趨)兢久疾數(速)」〔註12〕爲此文所本。歛,讀爲嬐,《說文》:「嬐,敏疾也。」《廣韻》:「嬐,嬐然,齊也。」《龍龕手鑑》:「嬐,嬐然,齊等也。」整齊嬐諧,四字同義。逸,《御覽》卷896、《事類賦注》卷21引作「佚」。逸、佚,正、假字。高注「差」者,邪出也,俗作「叉」字。

〔註8〕 王念孫《廣雅疏證》,收入徐復主編《廣雅詁林》,江蘇古籍出版社 1998 年版,第 257 頁。

〔註9〕 「蕃籬」二字據《類聚》卷 92 引補。

〔註10〕 朱駿聲《說文通訓定聲》,武漢市古籍書店 1983 年版,第 311 頁。

〔註11〕 王海根《古代漢語通假字大字典》,福建人民出版社 2006 年版,第 50 頁。

〔註12〕 《銀雀山漢墓竹簡〔貳〕》,銀雀山漢墓竹簡整理小組,文物出版社 2010 年版,第 249 頁。下同。

（18）心怡氣和，體便輕畢，安勞樂進，馳騖若滅

高注：畢，疾也。

按：銀雀山漢簡《唐勒》：「馬心愈（愉）而安勞，輕車樂進，騁若蜚（飛）蠪（龍），免若歸風。」爲此文所本。畢，朱駿聲謂借爲泌〔註13〕，申高注，可從。《說文》：「泌，俠流也。」《廣韻》：「泌，泌瀄，水流。」《龍龕手鑑》：「泌，泌瀄，泉水快流貌。」泌指水流輕快〔註14〕。字或作潊，《玉篇》：「潊，泉水出貌。」字或作毖，《文選‧魏都賦》：「溫泉毖湧。」李善註：「《說文》曰：『泌，水駃流也。』泌與毖同。」字又作瀄，《集韻》：「瀄，水流疾貌。」《墨子‧兼愛中》：「夫挈太山而越河濟，可謂畢劫有力矣。」又《非樂上》：「老與遲者，耳目不聰明，股肱不畢強。」孫詒讓並引此文高注：「畢，疾也。」吳毓江從之〔註15〕。《漢書‧晁錯傳》：「趨利弗及，避難不畢。」楊樹達曰：「畢，疾也。王訓爲盡，非是。」〔註16〕皆畢訓疾之例。裘錫圭據漢簡謂高注畢訓疾無據，「畢」是「車」的形近誤字〔註17〕。此文與佚賦並不完全對應，裘說未必爲確。

（19）左右若鞭，周旋若環

高注：左右，謂駢驂也。步趨之力，若被鞭矣。一說：言掉鞭教，諭其易也。周旋若環，如人志也。

按：《禮記‧玉藻》：「周還中規，折還中矩。」《釋文》：「還音旋，本亦作旋。」《說苑‧辨物篇》：「行步中規，折旋中矩。」《中論‧法象》「周旋中規，折旋中矩。」「周還中規」是說繞圈子合乎圓規，亦即本書所謂「周旋若環」；「折還中矩」是說轉彎合乎矩具，亦即本書

〔註13〕朱駿聲《說文通訓定聲》，武漢市古籍書店 1983 年版，第 640 頁。
〔註14〕《廣韻》：「秚，秚柳，禾重生。」又「呅，呅喃，多言。」《集韻》：「呅、嗶，呅喃，聲出貌，或從畢。」「秚柳」、「呅喃」與「泌瀄」同源，皆取快疾之義。
〔註15〕孫詒讓《墨子閒詁》，中華書局 1986 年版，第 98、230 頁。吳毓江《墨子校注》，中華書局 1993 年版，第 167、387 頁。
〔註16〕楊樹達《漢書窺管》，收入《楊樹達文集》之十，上海古籍出版社 1984 年版，第 379 頁。
〔註17〕裘錫圭《考古發現的秦漢文字資料對於校讀古籍的重要性》，收入《古代文史研究新探》，江蘇古籍出版社 1992 年版，第 17 頁。又收入《中國出土古文獻十講》，復旦大學出版社 2004 年版，第 111 頁。下引同。《銀雀山漢墓竹簡（貳）》亦採此說，文物出版社 2010 年版，第 250 頁。

所謂「左右若鞭」。鞭，讀爲楄，《說文》：「楄，方木也。」俞樾謂鞭讀爲緶，訓交桌，已爲楊樹達所駁；楊氏謂左右、周旋皆據馬之動作言之，亦是；但楊氏從高氏前說，以「被鞭」說左右則非，豈周旋若環，不如被鞭乎？《呂氏春秋・適威》：「夫進退中繩，左右旋中規。」「進退中繩」指走直線，故云中繩；「左右旋中規」疑有脫誤，「規」當作「矩」；或補作「左右旋〔中矩，周旋〕中規」，今本脫四字。

（20）若夫鉗且、大丙之御，除轡銜，去鞭棄策

高注：此二人，人　　之御也。一說，古得道之人，以神氣御陰陽也。

按：銀雀山漢簡《唐勒》：「去鑣（銜）蒢（轡），弊（撤）□軙。」爲此文所本。且，《御覽》卷 896、《事類賦注》卷 21、《爾雅翼》卷 17 引誤作「旦」。《齊俗篇》：「鉗且得道以處崑崙。」許注：「鉗且得仙道，升居崑崙山。」劉文典指出《御覽》卷 359 引作「除轡舍銜，去鞭棄策」，當據補「舍」字；又卷 896 引作「除轡銜，去轀軙」，疑後人妄改。《御覽》卷 746 亦引，作「除轡銜，棄箠策」。王叔岷、蔡偉疑「去鞭棄策」當作「去鞭策」〔註18〕，于大成舉《事類賦注》卷 21 引作「除轡銜，去轀鞍（軙）」以證王說。《列子・周穆王》殷敬順《釋文》引作「除轡銜，棄鞭策」，證以漢簡，皆三字爲句，王說是也。

（21）日行月動，星燿而玄運，電奔而鬼騰

高注：燿，明也。

按：銀雀山漢簡《唐勒》：「月行而日迬（動），星躍而玄慎（運），〈子〉神賁（奔）而鬼走。」〔註19〕爲此文所本。此文「日行」下脫「而」字。劉殿爵曰：「電疑作神。」〔註20〕裘錫圭謂「燿」、「電」當據漢簡讀爲「躍」、「神」，張雙棣亦謂古「電」、「神」同字，補舉《兵略

〔註18〕蔡偉《讀〈銀雀山漢墓竹簡（貳）〉札記》，
　　　　http://www.guwenzi.com/SrcShow.asp?Src_ID=1296。
〔註19〕《銀雀山漢墓竹簡〔貳〕》，文物出版社 2010 年版，第 249 頁。下引同。
〔註20〕劉殿爵《讀淮南鴻烈札記》，香港《聯合書院學報》第 6 期，1967 年出版，第 152 頁。

篇》「神出而鬼行，星燿而玄逐」證之，極是。《楚辭・遠遊》：「因氣變而遂曾舉兮，忽神騞而鬼怪。」《原道篇》：「鬼出電入。」劉殿爵曰：「神正字，電借字。」〔註 21〕皆其比。騰，《楚辭》洪興祖補注引同，《文選・廣絕交論》李善注、《御覽》卷 746、896、《事類賦注》卷 21 引作「駭」。于大成曰：「駭字是也。鬼當作雷。《廣絕交論》：『鳥驚雷駭。』注引此文鬼正作雷。」于說非是，李善注改此文以就正文，不可從也。

（22）進退屈伸，不見朕垠

高注：朕，兆朕也。垠，形狀也。

按：銀雀山漢簡《唐勒》：「進退詘信（伸），莫見其塡埃。」為此文所本。屈，《御覽》卷 746 引作「詘」，《兵略篇》：「進退詘伸，不見朕墊。」詘、屈，正、假字；「墊」為「垠」古文。朕垠，《御覽》卷 746 引誤作「塍毀」。李零謂簡文「塡」讀為塵〔註 22〕，可從。古讀陳如田，讀乘如甸〔註 23〕，是其比也。董珊謂「朕、埃對轉」，「朕垠」、「朕墊」應據漢簡讀為「埃塵」〔註 24〕。董說不可信。此文及《兵略》作「朕垠」自通。

（23）故不招指，不咄叱

按：銀雀山漢簡《唐勒》：「不叱啫，不撓指。」為此文所本。整理者注：「『叱啫』疑當讀為『叱咤』，者、宅古音相近。」〔註 25〕讀啫為咤是也，本字為吒。《說文》：「吒，噴也，叱怒也。」劉嬌曰：「撓，揮動，搖動，與招音義並近。」〔註 26〕「招指」、「咄叱」對舉，「指」亦動詞，與「招」平列。「招指」、「咄叱」皆指造父對馬的行為。《漢

〔註 21〕劉殿爵《讀淮南鴻烈札記》，香港《聯合書院學報》第 6 期，1967 年出版，第 140 頁。

〔註 22〕李零《簡帛古書與學術源流》，三聯書店 2004 年版，第 350 頁。

〔註 23〕參見錢大昕《十駕齋養信錄》卷 5「舌音類隔之說不可信」條，收入《嘉定錢大昕全集（七）》，江蘇古籍出版社 1997 年版，第 141 頁。

〔註 24〕董說轉引自劉嬌《西漢以前古籍中相同或類似內容重複出現現象的研究》，復旦大學 2009 年博士學位論文，第 140 頁。

〔註 25〕《銀雀山漢墓竹簡（貳）》，文物出版社 2010 年版，第 251 頁。

〔註 26〕劉嬌《西漢以前古籍中相同或類似內容重複出現現象的研究》，復旦大學 2009 年博士學位論文，第 140 頁。

書・息夫躬傳》：「上躬夜自被髮立中庭，向北斗，持匕，招指祝盜。」
顏師古注：「或招或指，所以求福排禍也。」撓，讀爲招。《俶眞篇》：
「以招號名聲於世。」《文子・上禮》作「譊」，是其例。

（24）騁若飛，鶩若絕，縱矢蹑風，追猋歸忽

高注：縱，履也。足疾及箭矢。蹑，蹈也。一說：矢在後，不能及，故
言縱。其行疾，能及矢，言蹑。追猋及之。猋，光中有影者，忽然便歸。皆
極言疾也。

　　按：銀雀山漢簡《唐勒》：「〔騁〕若飛，免若絕。」爲此文所本。《詩・
　　　大叔于田》：「抑縱送忌。」毛傳：「發矢曰縱，縱禽曰送。」孔疏：
　　　「縱謂放縱，故知發矢；送謂逐後，故知從禽。」縱矢，猶言放箭。
　　　高注縱訓履，朱駿聲謂縱借爲𨂪[註 27]，即蹤跡之蹤；馬宗霍謂本
　　　字爲徰，並申高注，皆未得。《文選・藉田賦》李善註引《說文》：「蹑，
　　　追也。」王念孫謂「猋」、「忽」皆謂疾風，「歸忽」猶言歸風。王說
　　　是也，而猶未盡。《說林篇》：「逮日歸風。」《御覽》卷 907 引作「逐
　　　日追風」，歸風猶言追風。孫詒讓謂「歸」爲「遺」之聲誤[註 28]，
　　　朱起鳳謂「歸風」即「遺風」、「追風」[註 29]。《六書故》引「猋」
　　　作「焱」，解爲「火勢猛盛也」，未得。

（25）嗜欲形於胷中，而精神踰於六馬

　　按：銀雀山漢簡《唐勒》：「……胸中，（精）神俞（喻）六馬。」爲此
　　　文所本。整理者注：「俞字當讀爲喻。踰乃誤字，陳觀樓已指出。」
　　　[註 30]「踰」亦讀爲喻、諭，並非誤字。另參見《主術篇》「志之
　　　所在，踰於千里」條校補。

（26）道不拾遺，市不豫賈

　　按：豫，《類聚》卷 11 引作「預」，《文子・精誠》、《資治通鑑外紀》卷
　　　1、《雲笈七籤》卷 100 亦作「預」，古字通。賈，《御覽》卷 79、《雲

〔註27〕　朱駿聲《說文通訓定聲》，武漢市古籍書店 1983 年版，第 57 頁。
〔註28〕　孫詒讓《札迻》，中華書局 1989 年版，第 237 頁。
〔註29〕　朱起鳳《辭通》，上海古籍出版社 1982 年版，第 24 頁。
〔註30〕　《銀雀山漢墓竹簡（貳）》，文物出版社 2010 年版，第 251 頁。

笈七籤》引作「價」，古今字。朱駿聲謂豫借爲諕，解爲「妄言」〔註31〕。《荀子·儒效》：「不豫賈。」楊注：「豫賈，定爲高價也。」郝懿行曰：「豫與序同，早正市價以待之，故鬻者不復論序也。」王引之曰：「豫猶誑也。」〔註32〕王、朱說是，郝氏說誤。

（27）城郭不關，邑無盜賊，鄙旅之人，相讓以財

高注：關，閉也。

按：關，《類聚》卷 11 引作「閉」，《資治通鑑外紀》卷 1、《雲笈七籤》卷 100 亦作「閉」。鄙旅，指鄉鄙商旅，《御覽》卷 79 引作「商旅」。《雲笈七籤》作「鄙商旅」，蓋誤合二本。朱起鳳曰：「旅、陌一聲之轉。」〔註33〕失之。

（28）於是日月精明，星辰不失其行

按：何寧引《本經篇》「日月淑清而揚光，五星循軌而不失其行」，是也。《文子·下德》「淑清」作「清靜」，「精明」即「淑清」，精讀爲清。《漢書·京房傳》：「太陽精明。」又《陳湯傳》：「天氣精明。」義並同。劉家立據《文子·精誠》刪「精明」二字，楊樹達謂精讀爲姓，並失之。《類聚》卷 11 引有「精明」二字，《論衡·是應篇》：「道至大者日月精明，星辰不失其行。」亦有此二字。《文子》當據此補「精明」二字。行，《御覽》卷 79 引作「道」，義同。

（29）鳳凰翔於庭，麒麟遊於郊

高注：遊，行也。

按：遊，《類聚》卷 11 引同，《文子·精誠》亦同。《董子·王道》：「鳳凰麒麟遊於郊。」《宋書·符瑞志上》：「麒麟游苑，鳳凰翔庭。」「遊」指麒麟自在行走，故《漢書·武帝紀》云：「周成康時，麒麟在郊藪。」《御覽》卷 79 引「遊」作「擾」，王利器謂擾訓馴〔註34〕，則指人爲馴養，未是。

〔註31〕 朱駿聲《說文通訓定聲》，武漢市古籍書店 1983 年版，第 425 頁。
〔註32〕 並轉引自王天海《荀子校釋》，上海古籍出版社 2005 年版，第 270 頁。
〔註33〕 朱起鳳《辭通》，上海古籍出版社 1982 年版，第 2157 頁。
〔註34〕 王利器《文子疏義》，中華書局 2000 年版，第 75 頁。

（30）火燫炎而不滅，水浩洋而不息

按：《廣韻》：「燫，火燫。」《六書故》：「燫，火燄所攬及也。」《集韻》：
「燫，火延貌。」又「燫，火行也。」燫指火燄延伸，爲古吳楚語。
胡文英曰：「燫，音懶。《淮南子‧覽冥訓》：『火燫炎而不滅。』案：
燫，濫也，火光濫及他處，因以延燒也。吳中謂火光所及，因以燒
灼爲燫。」〔註 35〕今吳語猶謂火焰外竄爲燫〔註 36〕。《御覽》卷 78
引「炎」作「焱」，《玉篇》：「燫，火焱行。」《廣韻》：「燫，燫焱，
火延。」《龍龕手鑑》：「燫，燫焱，火延也。」考《說文》：「焱，火
華也。」非其誼。「焱」當作「炎」。炎，亦指火燄延伸，爲古吳楚
語。炎當讀爲炶，《說文》：「炶，火行也。」字或作炶、㶸、炏、燗，
已詳《天文篇》校補。「燫炎」爲兩漢以後俗語詞，同義連文，並爲
火燄延伸之義。《人物志‧材理》：「立事要則燫炎而不定。」《集韻》：
「燫，燫炎，火延。」皆「燫炎」之例。王念孫據《廣韻》謂「炎」
當作「焱」，未得〔註 37〕。字或作「濫炎」，《漢書‧五行志上》：「自
上而降，濫炎妄起，災宗廟，燒宮館，雖興師眾，弗能救也。」顏
師古注：「炎，讀曰燄。」浩洋，王念孫校作「浩溁」，謂或作「灝
溁」、「皓溁」，是也〔註 38〕。《御覽》卷 78 引正作「溁」字。《玉篇》：
「溁，浩溁，溰瀁，水無際。」《廣韻》：「溁，浩溁，大水貌。」《類
聚》卷 8、《御覽》卷 59、《事類賦注》卷 7、《記纂淵海》卷 5 引作
「浩漾」，《初學記》卷 6 引作「浩瀚」，《白帖》卷 3 引作「浩蕩」，
蓋皆臆改。

（31）猛獸食顓民，鷙鳥攫老弱

高注：顓，善。攫，撮。
按：顓，《蒙求集註》卷下、《記纂淵海》卷 43 引同，《類聚》卷 11、《御
覽》卷 78 引作「精」，引注並作「精，善」。《通志》卷 1、《資治通

〔註 35〕胡文英《吳下方言考》卷 7，乾隆四十八年留芝堂刻本。
〔註 36〕參見許寶華、宮田一郎《漢語方言大詞典》，中華書局 1999 年版，第 6919
頁。
〔註 37〕另參見傅亞庶《讀〈淮南子〉札記》，《東北師大學報》1989 年第 3 期，第 94
頁。
〔註 38〕傅亞庶《讀〈淮南子〉札記》謂王校非，未得；《東北師大學報》1989 年第 3
期，第 94 頁。

鑑外紀》卷 1 亦作「精」。顓，迂謹、愚蒙。《說文》：「顓，頭顓顓謹皃。」《繫傳》：「鍇按：《淮南子》曰：『以害顓民。』顓，謹也。」《漢書‧揚雄傳》《法言》序：「天降生民，倥侗顓蒙。」顏注引鄭氏曰：「童蒙無所知也。」李軌注：「顓蒙，頑愚也。」此即「顓民」之誼。《呂氏春秋‧懷寵》「以彰好惡。」高注：「好其顓民，惡其惡君也。」亦「顓民」連文之證，蓋爲二漢人成語。人民頑愚，斯爲善矣，故高注訓善。「精民」不辭。「精」爲「顓」形誤。《廣韻》：「精，善也，好也。」指米之精粹，非此之誼。

（32）背方州，抱圓天

按：背，《文子‧精誠》作「負」，義同。圓，《御覽》卷 78 引作「周」，《文子》作「員」，周亦員（圓）也。

（33）和春陽夏，殺秋約冬

按：《詩‧七月》鄭注：「陽，溫也。」馬宗霍謂「陽」當作「煬」，引《俶眞》「抱德煬和」爲證。「煬和」之煬當讀爲養，動詞。施於此未安，馬說非是。

（34）陰陽之所壅沈不通者

按：壅，《文子‧精誠》作「擁」，《路史》卷 10 作「雝」，並爲壅借字。

（35）臥倨倨，興眂眂

高注：倨倨，臥無思慮也。眂眂，視無智巧貌。

按：《莊子‧應帝王》：「其臥徐徐，其覺于于。」又《盜跖》：「臥則居居，起則于于。」王念孫據校「眂眂」爲「盰盰」，是也。《論衡‧自然》：「坐者于于，行者居居。」亦其證。于于，或作「愚愚」、「與與」、「吾吾」、「俉俉」、「衙衙」等字形，形容「暇豫」〔註39〕。

（36）一自以為馬，一自以為牛

按：馬宗霍曰：「一猶或也。」《莊子‧應帝王》：「一以己爲馬，一以己爲牛。」爲此文所本。成玄英疏：「或馬或牛，隨人呼召。」吳昌瑩

〔註39〕參見蕭旭《國語校補》「暇豫之吾吾」條，收入《群書校補》，廣陵書社 2011年版，第 135～136 頁。

亦訓或〔註40〕。《論衡・自然》作「乍」，乍亦或也。

（37）日闇晦而不明，道爛漫而不修

按：爛漫，《路史》卷23引作「熖熮」。「熖」同「焰」，誤。

（38）棄捐五帝之恩刑，推蹷三王之法籍

按：推，去也。蹷讀爲撅，《方言》卷10：「拌，棄也。楚凡揮棄物或謂
之敲。」郭注：「今汝潁間語亦然，或云撅也。」錢繹曰：「《廣雅》：
『撅，投也。』撅、敲一聲之轉。」〔註41〕《漢書・敘傳》《答賓戲》：
「是故魯連飛一矢而蹷千金，虞卿以顧眄而捐相印也。」李奇曰：
「蹷，蹋也，距也。」《文選》同，呂延濟注：「蹷，棄也。」胡紹
煐曰：「蹷，當讀爲撅。《廣雅》、《方言》云云。是撅有揮棄義，此
言飛一矢而揮千金也。」〔註42〕呂、胡說是，蹷亦捐也。「推撅」、「棄
捐」同義對舉。《書鈔》卷41引無「捐」字，「推蹷」作「摧」；《路
史》卷23羅苹注引無「捐」、「推」二字。並爲臆改，非《淮南》之
舊。「摧」爲「推」形誤。

（39）仁（人）君處位而不安，大夫隱道而不言

高注：不爲民所安，隱仁義之道，不正諫直言也。

按：道，《文子・上禮》、《路史》卷37羅苹注作「遁」，「道」爲「遁」
形誤。高注云云，已誤作「道」。

（40）群臣準上意而懷當

高注：準，望也。懷，思也。當，合也。取合主意，不復以道正諫也。

按：《文子・上禮》作「群臣推上意而壞常」，《路史》卷37羅苹注作「群
臣推異而壞常」。「異」爲「意」音誤。劉績謂當據《文子》，此乃
字誤。俞樾亦謂「懷當」乃「壞常」之誤，敗壞典常也。楊樹達、
于省吾、向宗魯、王叔岷、何寧並駁俞說。今按「懷當」從楊氏，
「壞常」則爲借字，古書壞、懷通用，常、當通用。「推」爲「準」
形誤。

〔註40〕吳昌瑩《經詞衍釋》，中華書局1956年版，第58頁。
〔註41〕錢繹《方言箋疏》，上海古籍出版社1984年版，第570頁。
〔註42〕胡紹煐《文選箋證》卷29，黃山書社2007年版，第790頁。

（41）邪人參耦比周而陰謀，居君臣父子之間而競載，驕主而像其意

高注：陰謀，私謀也。像，猶隨也。

按：《文子·上禮》作「邪人諂而陰謀遽載，驕主而象其〔意〕」，像、象通用。疑「而競載」三字當在「陰謀」下，衍「而」字。馬宗霍謂載猶生也，是。于省吾謂載讀爲才，楊樹達謂競載猶爭車，並失之。《路史》卷 23「像」作「豫」，形近而誤。《荀子·議兵》：「修上之法，像上之志。」又《君道》：「順上之法，象上之志。」「修」當作「循」，亦順也、隨也。

（42）植社槁而䃠裂

按：王念孫曰：「䃠當爲墲，隸書之誤也。《說文》：『罅，裂也。墲，坼也。』罅、墲古字通。《賈子·耳痺》作『置社槁而分裂。』」王說甚確，于大成舉《資治通鑑外紀》卷 2 作「墲」以證之〔註 43〕，《路史》卷 37 羅苹注作「罅」，亦爲王說塙證。《路史》卷 23 羅苹注引作「墂」，《通志》卷 3 作「塴」，並爲臆改。《通志》「植」作「樹」，義同。

（43）豕銜蓐而席澳

高注：豕銜其蓐席入之澳，言豕禍也。一說銜蓐自藏。

按：銜，《御覽》卷 82、《路史》卷 37 引作「銜」，銜，同「啣」、「銜」。澳，楊樹達、向宗魯讀爲奧；《御覽》、《通志》卷 3、《路史》作「隩」，亦借字。《賈子·耳痺》作「彘啣菹而適奧」。席，坐也〔註 44〕，高注非是。

（44）美人挐首墨面而不容

高注：挐首，亂頭也。草與髮并編爲挐首，不修容飭也。

按：《文選·吳都賦》：「攢柯挐莖，重葩殗葉。」李善注引許慎《淮南子》

〔註 43〕于大成《淮南雜志補正》，收入《淮南鴻烈論文集》，里仁書局 2005 年版，第 1369 頁。

〔註 44〕參見唐莉《〈淮南子〉高誘注獻疑》，《四川師範大學學報》1993 年第 4 期，第 144 頁。

注曰：「挐，亂也。」當即此文之注。正字爲挐，《說文》：「挐，牽引也。」《御覽》卷 82 引「挐」誤作「婢」，注誤作「婢首，亂頭也。萃鬢髮并編爲婢首，不修容飾也」。

（45）曼聲吞炭內閉而不歌

按：閉，《御覽》卷 82 引誤作「闌」。

（46）山無峻榦，澤無洼水

高注：峻榦，美材也。洼水，淳水。言山澤不以時故也。

按：洼水，《書鈔》卷 41 引誤作「注水」，《御覽》卷 82 引作「佳水」，注作「峻榦，美材。佳水，清水。言入山澤不以時故」。作「佳水」爲長，與「峻榦」適相對舉。言捕魚不以其時，致澤水不清耳。

（47）相攜於道，奮首於路

高注：攜，引也。奮首，民疲於役，頓仆於路，僅能搖頭耳。言疲困也，故曰「奮首」。

按：《禮記·曲禮上》鄭注：「奮，振去塵也。」奮又音轉爲拂，《時則篇》：「鳴鳩奮其羽。」《禮記·月令》作拂。《廣韻》：「拂，拭也。」《儀禮·既夕禮》鄭注：「拂，去塵也。」《玄應音義》卷 4：「拂，除塵也。」奮首，猶言拂面，言振去頭上之汗塵。俞樾乙爲「奮于首路」，于省吾謂奮訓奮勉，馬宗霍謂奮訓仰犖，何寧謂奮訓振動，許建平、趙宗乙讀奮爲僨，訓仆〔註45〕，並非是。

（48）諸侯力征

按：征，《御覽》卷 339 引作「政」，借字。

（49）持以道德，輔以仁義

按：輔，讀爲扶，亦持也。《兵略篇》：「以義扶之。」正作「扶」字。《漢書·張耳陳餘傳》：「輔以義。」《史記》輔作扶，此其相通之證。

（50）夫聖人者，不能生時，時至而弗失也

〔註45〕許建平《淮南子補箋》，《中國典籍與文化論叢》第 6 輯，中華書局 2000 年版，第 347 頁。趙宗乙《淮南子札記》，黑龍江人出版社 2009 年版，第 108 頁。

按：此爲古成語。《戰國縱橫家書》：「聖人不能爲時，時至亦弗失也。」
〔註46〕《文子・上禮》：「夫聖人非能生時，時至而不失也。」爲時，
即「生時」，創造時機。而，猶亦也〔註47〕。

（51）則是所脩伏犧氏之迹而反五帝之道也

按：脩，當爲「循」形誤。上文「脩太常」，劉家立據《文子・上禮》校
作「循」，是其比。

（52）抔拔其根，蕪棄其本

按：《廣雅》：「抔，拔也。」字或作教，《俶眞篇》：「疾風教木而不能拔
毛髮。」高注：「教亦拔也。」楊樹達曰：「抔當讀爲勃，《說文》：『勃，
排也。』」楊說是也，《文子・上禮》作「悖」，亦借字。朱駿聲曰：
「今蘇俗語以力旋轉物曰勃。」〔註48〕謂旋轉而拔之也。又音轉爲
拂，《廣雅》：「拂，拔也。」王念孫《疏證》：「拂猶抔也，方俗語有
輕重耳。」〔註49〕張雙棣謂楊說非是，抔訓拔，則失考。

（53）是猶抱薪而救火

按：《鬼谷子・摩篇》：「抱薪趨火，燥者先然。」《戰國策・魏策三》：「譬
猶抱薪而救火也。」《鄧子・無厚篇》：「譬如拯溺錘之以石，救火投
之以薪。」又《轉辭篇》：「故抱薪加火，燥者必先燃。」〔註50〕此爲
先秦古成語。《史記・魏世家》：「譬猶抱薪救火。」《漢書・枚乘傳》：
「譬猶抱薪而救火也。」又《董仲舒傳》：「如以湯止沸，抱薪救火，
愈甚，亡益也。」《賈子・數寧》：「抱火厝之積薪之下。」本書《說
山篇》：「譬猶揚堁而弭塵，抱薪而救火。」〔註51〕淮南、枚、董、賈
並轉述古語。抱，楊樹達謂古拋字〔註52〕，投擲也。

〔註46〕《戰國策・秦策三》「亦」作「而」。
〔註47〕參見裴學海《古書虛字集釋》，中華書局1954年版，第539頁。
〔註48〕朱駿聲《說文通訓定聲》，武漢市古籍書店1983年版，第682頁。
〔註49〕王念孫《廣雅疏證》，收入徐復主編《廣雅詁林》，江蘇古籍出版社1998年版，
第261頁。
〔註50〕《類聚》卷80引作「抱薪爇火，燥者先著」。
〔註51〕《主術篇》同。
〔註52〕楊樹達《漢書窺管》，收入《楊樹達文集》之十，上海古籍出版社1984年版，
第367頁。

《精神篇》校補　卷第七

（1）萬物失之者死，法之者生

　　按：《文子‧九守》作「萬物逆之者死，順之者生。」《雲笈七籤》卷 91
　　　　引《九守》「逆」作「失」。法，取法、效法，與「順」義相因。作
　　　　「逆」與「法」、「順」相對，是。于大成曰：「逆本字作屰，《說文》：
　　　　『屰，不順也。』與『失』形近，遂又誤爲『失』矣。」〔註1〕

（2）夫天地之道，至紘以大

　　按：紘，楊樹達謂與「宏」、「泓」義近，深也。《文子‧九守》作「閎」，
　　　　亦借字。

（3）精神何能久馳騁而不既乎

　　高注：既，盡。

　　按：既，《文子‧九守》作「乏」，《御覽》卷 363 引《文子》作「止」。
　　　　止亦盡也。「乏」爲「之」形誤，「之」又「止」音誤。

（4）五藏能屬於心而無乖，則教志勝而行不僻矣

　　高注：教志勝，言己之教志〔去〕也。僻，邪也。勝，或作邁。言教志
　　邁去，故行正而不邪也。

　　按：乖，《文子‧九守》作「離」。《廣雅》：「乖，離也。」教志，《文子》
　　　　作「氣意」。李哲明、馬宗霍謂「教」與「詩」、「悖」、「愨」同，訓

─────────────────────────────

〔註 1〕轉引自王利器《文子疏義》，中華書局 2000 年版，第 114 頁。

亂；並是也。字或作勃，《莊子‧庚桑楚》：「徹志之勃，解心之謬，去德之累，達道之塞。」林希逸曰：「勃志，言六者能悖亂其志也。」

（5）五聲譁耳，使耳不聰

按：譁，《文子‧九守》作「亂」，與上下文「五色亂目」、「五味亂口」一致。

（6）嗜慾者，使人之氣越

高注：越，失。

按：越，《文子‧九守》作「淫」，《雲笈七籤》卷 91 引《九守》作「衰殺」二字。《廣雅》：「淫，游也。」

（7）隨其天資而安之不極

高注：資，時也；一曰性也。極，急也。諭人之不急求生也。

按：天資，馬宗霍謂猶言天所賦予，是也。極，于大成讀為恆，引《說文》「恆，疾也」，是也。《廣韻》：「恆，急性相背。」指心急、性急。下文「精神澹然無極」亦同，彼文高注：「極，盡。」失之。馬宗霍謂極讀為亟，《說文》：「亟，敏疾也。」指行動快速。馬說稍隔。于鬯謂極訓近，非其旨也。

（8）吾生也有七尺之形，吾死也有一棺之土

按：于鬯謂「棺」本作「自」，即「堆」字，殊為無據。《文選‧挽歌詩》、《七哀詩》、《弔魏武帝文》李善註、《意林》卷 2、《書鈔》卷 92、《初學記》卷 14、《御覽》卷 551、《古今合璧事類備要》前集卷 67 引並同今本。《三國志‧文帝》裴松之注引《魏書》文帝與王朗書曰：「生有七尺之形，死惟一棺之土。」《梁書‧劉顯傳》：「生有七尺之形，終為一棺之土。」《晉書‧皇甫謐傳》：「今生不能保七尺軀，死何故隔一棺之土？」《劉子‧惜時》：「生為無聞之人，歿成一棺之土。」諸書並本《淮南子》，可知作「棺」不誤。《禮記‧祭義》：「眾生必死，死必歸土，此之謂鬼。」一棺之土謂死有一棺之葬地也。許建平謂「一棺之土」猶俗言「人死化為泥」〔註2〕，非也。

〔註2〕許建平《淮南子補箋》，《中國典籍與文化論叢》第 6 輯，中華書局 2000 年

（9）譬猶陶人之埏埴也

高注：陶人，作瓦器治官也。頓泥坯取之於地以爲器。

按：頓，讀爲抷。《廣雅》：「抷，引也。」王念孫曰：「抷，古通作頓。」
〔註3〕

（10）抱德煬和，以順于天

高注：煬，炙也。向火中炙和氣，以順天道也。煬，讀供養之養。

按：煬，讀爲養，已詳《俶眞篇》校補。

（11）機械之巧，弗載於心

按：《廣雅》：「載，戴也。」猶言戴藏。《原道篇》：「故機械之心藏於胸中。」《本經篇》：「機械詐僞，莫藏於心。」正作「藏」字。

（12）亦不與之抮抱矣

高注：抮抱，猶持著也。

按：高注「持著」者，猶言扭轉也。錢繹曰：「抮抱雙聲字，亦嫗伏之意。」〔註4〕《原道篇》：「扶搖抮抱羊角而上。」高注：「抮抱，引戾也。」此文亦同。字或作「紾抱」，《本經篇》：「菱杼紾抱」，高注：「紾，戾也。抱，轉也。」吳汝綸、楊樹達並謂「抮抱」同「紾抱」，是也。字或作「軫軳」，《廣雅》：「軫軳，轉戾也。」「軳」爲「軥」字形誤〔註5〕。《方言》卷3：「軫，戾也。」《玉篇》：「軥，戾也。抮，戾也。」〔註6〕「戾」同「捩」，亦扭轉也。《慧琳音義》卷75：「軫，轉也。」抮、軫並讀爲紾，《說文》：「紾，轉也。」《廣

版，第 347 頁。
〔註3〕王念孫《廣雅疏證》，收入徐復主編《廣雅詁林》，江蘇古籍出版社 1998 年版，第 110 頁。
〔註4〕錢繹《方言箋疏》，上海古籍出版社 1984 年版，第 463 頁。
〔註5〕參見王念孫《廣雅疏證》，收入徐復主編《廣雅詁林》，江蘇古籍出版社 1998 年版，第 490 頁。吳承仕、黃侃謂「軳」不誤，反未得也。《廣雅》「軫軳，轉戾也」之訓，即本《淮南》，其字當從「包」，何足疑也？吳承仕《淮南子許慎、高誘注》，收入《經籍舊音辨證》，中華書局 2008 年版，第 354 頁。黃侃《經籍舊音辨證箋識》，附於吳承仕《經籍舊音辨證》，第 409 頁。黃侃《廣雅箋識》，亦收入《廣雅詁林》，第 490 頁。
〔註6〕《廣韻》、《集韻》、《類篇》並同。

雅》：「抮，盩也。」是「紾抱」、「抮抱」、「軫輓」即「紾輓」，同義連文也。俞樾謂《原道篇》當作「抮扶搖抱羊角而上」，引《莊子‧逍遙遊》「摶扶搖羊角而上者九萬里」爲證；劉殿爵申之云：「抮、摶，開合口字，音近相通。」〔註7〕劉氏不能訂正，又從而爲之辭，其失愈遠也。陳廣忠謂「『抮抱』當作『抮艳』，抱字皆誤」〔註8〕，未達通借之指也。「艳」諸書皆未收錄，究何義乎？

（13）見事之亂而能守其宗

高注：見事亂者止之，亂不能眩惑，故能守其宗。宗，本也。

按：《說文》：「救，止也。」是「止」有「救治」、「止息」之義。「止亂」是秦漢人成語。吳承仕謂「止」當作「正」，于大成從之，非也。

（14）渾然而往，逯然而來

高注：渾，轉行貌。逯，謂無所爲，忽然往來也。逯，讀《詩‧綠衣》之綠也。渾，讀大珠渾渾之渾也。

按：渾，何寧讀爲滾。竊謂「渾」同「踔」，影澤存堂本《玉篇》已載「踔」字，音「胡困切」，而失其義；元南山書院刊本、元圓沙書院刊本、早稻田大學藏和刻本《玉篇》有釋文云：「行也。」《康熙字典》：「踔，『渾』去聲，《篇海》：『行也。』」逯，莊逵吉引《說文》「逯，行謹逯逯也」，是也。《方言》卷12：「逯，行也。」錢氏《箋疏》引此文爲證〔註9〕。字或作跺、躿，《繆稱篇》：「故人之憂喜，非躿跺焉往生也。」《玉篇》：「躿、跺，二同。行貌。」

（15）不學而知，不視而見，不為而成，不治而辯

按：《說文》：「辯，治也。」不治而辯，言不治而自治也，與「不爲而成」、「不視而見」相近。張雙棣謂「治」與「辯」通，猶言不用言辭而能辯議，恐未確。

（16）以道為紃

〔註7〕 劉殿爵《讀淮南鴻烈札記》，香港《聯合書院學報》第6期，1967年出版，第140頁。
〔註8〕 陳廣忠《淮南子斠詮》，黃山書社2008年版，第7頁。
〔註9〕 錢繹《方言箋疏》，上海古籍出版社1984年版，第661頁。

高注：紃者，法也。

按：紃，《文子‧九守》作「循」，並讀爲順，《說文》：「順，理也。」故
　　高注訓法。朱駿聲則謂紃讀爲訓〔註10〕，亦備一通。于省吾謂紃讀
　　爲循，馬宗霍謂「紃」由本義「圜釆」引申爲規範，王利器謂「紃」
　　通「鉛」，同「沿」〔註11〕，並失之。

（17）契大渾之樸而立至清之中

按：契，讀爲挈，持，取；《文子‧九守》作「守」，義同。清，《文子》
　　誤作「精」。

（18）此精神之所以能登假于道也

高注：假，至也。上至於道也。或作蝦蟇雲氣。

按：《莊子‧大宗師》：「是知之能登假於道也若此。」郭註：「言夫知之
　　登至於道者，若此之遠也。」成疏：「假，至也。」並與高同。「假」
　　當讀「格」音。何寧謂此文「假」爲「霞」借字，陳直引《西嶽華
　　山廟碑》「思登假之道」，謂「〔假〕當即遐字假借，謂登仙也。高注
　　似失之迂曲」〔註12〕，並誤。《莊子‧德充符》：「彼且擇日而登假。」
　　彼文「假」爲「霞」借字〔註13〕。林希逸曰：「登，升也。假，至也。」
　　亦誤。二文「登假」同形異詞。

（19）若吹呴呼吸，吐故內新

按：呴，《莊子‧刻意》、《論衡‧道虛》同，《齊俗篇》作「嘔」。《莊子》
　　之「呴」，《釋文》：「呴，亦作煦。」敦煌寫本 P.2508《莊子》、《御
　　覽》卷 720 引《莊子》並作「煦」，《類聚》卷 75 引作「吁」，《廣
　　弘明集》卷 13 釋法琳《辨正論‧九箴篇》引作「欨」，《後漢書‧
　　仲長統傳》李賢注引作「煦」，《文選‧東方朔畫贊》、《養生論》李
　　善註引並作「噓」。楊樹達曰：「《說文》：『欨，吹也。』呴蓋欨之

〔註10〕朱駿聲《說文通訓定聲》，武漢市古籍書店 1983 年版，第 809 頁。
〔註11〕王利器《文子疏義》，中華書局 2000 年版，第 171 頁。
〔註12〕陳直《讀子日札‧淮南子》，收入《摹廬叢著七種》，齊魯書社 1981 年版，第 97 頁。
〔註13〕參見蕭旭《〈敦煌詩歌導論〉札記》，收入《群書校補》，廣陵書社 2011 年版，第 1359～1360 頁。

或體。」《說文》:「嘘,吹也。」《玉篇》:「呴,亦嘘,吹之也。」《集韻》:「呴,氣以溫之也,或作欨、休、咻。」又「嘘,《說文》:『吹也。』一曰出氣急曰吹,緩曰嘘。或作吁。」又「嘔,悅言也,或作呴。」《文選‧劇秦美新》李善注:「鄭玄曰:『以氣曰煦。』煦與嘔同。」又《非有先生論》注:「煦與嘔同,音吁。」可知「嘘」、「欨」同訓吹,「嘔」、「呴」、「煦」、「煦」同「欨」,「吁」同「嘘」。內,《莊子》、《論衡》作「納」,借字。「若」表提起或他轉。張雙棣疑「若」下有「夫」字,未是。

(20) 梟浴蝯躩

按:躩,讀爲躍、玃、趯,《說文》:「躍,行貌。玃,行貌。趯,大步也。躩,足躩如也。」「躩」本義爲足曲,故爲借字。《廣韻》:「躩,行貌。玃,上同。」《楚辭‧九辯》:「右蒼龍之躩躩。」朱子集註:「躩,又作躩,音同。」洪興祖補注:「躩躩,行貌。」

(21) 使神滔蕩而不失其充,日夜無傷而與物爲春,則是合而生時于心也

高注:充,實也。無傷,無所賊害也。與物爲春,言養物也。

按:《本經篇》:「共工振滔洪水」高注:「振,動。滔,蕩也。」《御覽》卷 81 引注誤作「滔,漫也」。此文「滔」、「蕩」同義連文。朱起鳳曰:「滔、搖聲相近。」〔註 14〕失之。滔蕩,《文子‧九守》作「暢達」,《雲笈七籤》卷 91 引《九守》作「陽達」。充,《莊子‧德充符》誤作「兌」〔註 15〕,《文子》誤作「元」〔註 16〕,《雲笈七籤》引《九守》作「充」不誤。傷,《莊子》作「郤」,《釋文》:「郤,間也。」林希逸本作「卻」,注:「卻,止也。」《文子》作「隙」,《雲笈七籤》卷 91 引誤作「陰」。「郤」、「卻」並讀爲「隙」,林注未得。合,《莊子》作「接」,義同;林希逸曰:「接,猶感也。」

(22) 有綴宅而無耗精

〔註 14〕 朱起鳳《辭通》,上海古籍出版社 1982 年版,第 2116 頁。
〔註 15〕 參見王叔岷《莊子校詮》,中華書局 2007 年版,第 194 頁。
〔註 16〕 參見王叔岷《文子斠證》,收入《諸子斠證》,中華書局 2007 年版,第 511 頁。

高注：綴宅，身也。精神居其宅則生，離其宅則死。言人雖死，精神終不耗滅，故曰無耗精也。

按：《莊子‧大宗師》作「有旦宅而無情死」〔註 17〕。「旦宅」、「綴宅」有十餘說：（a）《釋文》：「旦宅，李本作『怛侘』，云：『驚惋之貌。』崔本作『鉏宅』，鉏，怛也。」（b）《釋文》：「旦宅，王云：『旦暮改易，宅是神居也。』」（c）成疏：「旦，日新也。宅，神之舍也。」（d）林希逸曰：「宅，居也。旦，生也。死生旦夜也。」（e）方以智曰：「旦宅，即神宅。京山曰：『《莊子》：「有旦宅而無情死。」』即神宅也。」〔註 18〕顧炎武曰：「《禮記‧郊特牲》：『所以交於旦明之義也。』鄭康成曰：『旦，當爲神，篆字之誤也。』《莊子》：『有旦宅而無情死。』亦讀爲神。」〔註 19〕鍾泰曰：「旦，明也……神、明義亦相通……『有旦宅』者，謂宅於神明。」〔註 20〕（f）章太炎曰：「旦即嬗、禪等字之借，言有易居而無實死也。」〔註 21〕陳季皋說同。（g）劉師培曰：「『眊』、『死』，『精』、『情』形近互譌……『旦宅』之詁，李殆近之。綴或亦惙字叚書耳。」〔註 22〕（h）奚侗曰：「『旦宅』當作『怛化』，情當作精，應與『死』字倒置。綴借作惙。怛、惙義同，憂也。」〔註 23〕朱起鳳亦謂「旦宅」爲「怛化」之誤〔註 24〕。（i）朱桂曜曰：「『旦宅』即『怛侘』之譌或假。『旦』與『怛』通，『宅』與『侘』通。」〔註 25〕（j）劉武曰：「旦宅，言人生駒隙，如一朝之居於宅耳。」〔註 26〕（k）馬其昶曰：「『旦』同『但』，皆『誕』之

〔註 17〕何承天《答宗居士書》引「情」誤作「憒」。

〔註 18〕方以智《通雅》卷 7，收入《方以智全書》第 1 冊，上海古籍出版社 1988 年版，第 305 頁。

〔註 19〕顧炎武《金石文字記》卷 5，收入《叢書集成新編》第 49 冊，新文豐出版公司 1985 年印行，第 79 頁。

〔註 20〕鍾泰《莊子發微》，上海古籍出版社 2002 年版，第 160 頁。

〔註 21〕章太炎《莊子解故》，收入《章太炎全集（6）》，上海人民出版社 1980 年版，第 136 頁。

〔註 22〕劉師培《莊子斠補》，收入《劉申叔遺書》，江蘇古籍出版社 1997 年版，第 887 頁。

〔註 23〕奚侗《莊子補注》，民國六年當塗奚氏排印本。

〔註 24〕朱起鳳《辭通》，上海古籍出版社 1982 年版，第 2078 頁。

〔註 25〕朱桂曜《莊子內篇證補》，上海商務印書館中華民國 24 年版，第 184 頁。

〔註 26〕劉武《莊子集解內篇補正》，中華書局 1987 年版，第 174 頁。

借字。情者，誠也、實也。」〔註27〕（1）錢穆曰：「『且』疑『且』字形譌。且宅，暫居也。」〔註28〕（m）馬敘倫曰：「且，借爲傳；綴亦可借爲傳也。『死』字當依《淮南》作耗，而借爲眊。『情』如字。」〔註29〕（n）劉文典曰：「『且』當爲『綴』，『情死』爲『耗精』二字誤倒。」〔註30〕（o）朱起鳳曰：「且即眞字之壞，綴又沿且之音而誤。」〔註31〕（p）楊樹達曰：「綴讀爲輟。輟，已也。」（q）于省吾曰：「綴宅應讀作怛度，怛度即憂度。」眾說紛紜，王叔岷總結說：「且，章說是。綴續字與嬗、禪義亦相因，轉變無窮，所謂綴也。綴不當借爲惙。宅喻身，高說是。『情死』乃『死情』之誤倒，劉、奚說並是。死與耗義近，情、精古通，情非誤字。」〔註32〕王說大致得之，竊謂「綴」讀爲掇，移動、挪動也。宋·陳思《海棠譜》卷上：「每歲冬至前後，正宜移掇窠子。」宋·李光《新年雜興》：「掇移妙境非難事，直使心超不二門。」「掇」、「移」同義連文。今江淮官話、吳語猶謂挪動爲掇〔註33〕。

（23）神將有所遠徙，孰暇知其所爲

按：暇，猶能也〔註34〕。

（24）人之所以樂爲人主者，以其窮耳目之欲，而適躬體之便也

按：《路史》卷 20 作「人之所貴爲天子者，爲其窮耳目之欲，適五體之宜也」。「便」、「宜」義同。

（25）今高臺層榭

按：層，《類聚》卷 11 引作「曾」，借字。

〔註27〕馬其昶《莊子故》，黃山書社 1989 年版，第 52 頁。
〔註28〕錢穆《莊子纂箋》，臺灣東大圖書股份有限公司 1985 年第 5 版，第 59 頁。
〔註29〕馬敘倫《莊子義證》卷 6，收入《民國叢書》第 5 編，商務印書館中華民國 19 年版，第 19 頁。
〔註30〕劉文典《莊子補正》，收入《劉文典全集（2）》，安徽大學出版社、雲南大學出版社 1999 年版，第 221 頁。
〔註31〕朱起鳳《辭通》，上海古籍出版社 1982 年版，第 2569～2570 頁。
〔註32〕王叔岷《莊子校詮》，中華書局 2007 年版，第 259 頁。王氏誤作「『死情』乃『情死』之誤倒」，逕正。
〔註33〕許寶華、宮田一郎《漢語方言大詞典》，中華書局 1999 年版，第 5392 頁。
〔註34〕訓見蕭旭《古書虛詞旁釋》，廣陵書社 2007 年版，第 97 頁。

（26）視龍猶蝘蜓

　　高注：蝘蜓，蜥蜴也；或曰守宮也。

　　按：蜓，《路史》卷 47 引作「蛵」。《玉篇》：「蛵，蟲名。」與「蝘」為
　　　　二物。

（27）龍乃弭耳掉尾而逃

　　高注：逃，去。

　　按：逃，《呂氏春秋・知分》作「逝」，《吳越春秋・越王無餘外傳》作
　　　　「去」。逝，同「跡」，古楚語，參見附錄二《〈淮南子〉古楚語舉
　　　　證》。

（28）而病傴僂

　　按：《廣雅》：「傴，僂也。」又「傴、僂，曲也。」「傴」、「僂」同義連
　　　　文。《左傳・昭公七年》：「故其鼎銘云：『一命而僂，再命而傴，三
　　　　命而俯。』」正單用對舉成文。傴，讀為痀。《六書故》：「痀，《說
　　　　文》曰：『曲脊也。』莊周曰：『見痀僂者。』疑即傴字。」字或作
　　　　跔、踘、佝、佝，《集韻》：「跔，《說文》：『天寒足跔。』一曰拘跔
　　　　不伸，或作踘、佝。」又「踘，足寒曲也，通作跔。」又「痀，痀
　　　　僂，身曲病。」又「痀、佝，病僂，或從人。」曲脊為痀，曲足為
　　　　跔，字本同源。字或作拘，見下條。字或作鉤，《戰國策・秦策五》：
　　　　「武安君曰：『縐病鉤。』」傴僂，或作「痀僂」、「痀瘻」，《集韻》：
　　　　「痀，痀僂，身曲病。」又「僂、瘻，痀僂，身曲病，或從身。」
　　　　或作「岣嶁」、「句僂」、「甌窶」、「甌婁」，《廣雅》：「岣嶁謂之衡山。」
　　　　《廣韻》：「岣，岣嶁，山巔。」《六書故》：「句僂，山名，別作『岣
　　　　嶁』。」《史記・滑稽傳》：「甌窶滿篝，污邪滿車。」《正義》：「甌
　　　　窶，謂高地。」《古今事文類聚》別集卷 20 引作「甌婁」。或作「拘
　　　　樓」，《爾雅》：「樓，聚也。」郭璞注：「樓猶今言拘樓聚也。」或
　　　　作「瓠瓜」、「鉤瓜」、「軀瘻」、「枸蔞」，《廣雅》：「瓠瓜，王瓜也。」
　　　　《集韻》：「瓜，鉤瓜，王瓜。」《五音集韻》：「瓜，瓠瓜，苦瓜。
　　　　瘻，軀瘻，傴也。枸，《博雅》：『枸蔞，輂也。』」皆以其形背高而
　　　　名之。方以智曰：「岣嶁，本作『句婁』。人句婁，謂其形也。因之

龜有句婁，山有句婁，言其背高也。」〔註35〕或作「枸簍」，《方言》卷9：「車枸簍……秦晉之閒自關而西謂之枸簍，西隴謂之㮴。」《廣雅》：「枸簍，軬也。」或作「傴𡠄」，《後漢書‧趙壹傳》《嫉邪賦》：「傴𡠄名勢，撫拍豪強。」李賢注：「傴𡠄，猶傴僂也。」又倒作「僂傴」，《白帖》卷29：「忘僂傴之恭，肆偃蹇之傲。」《漢書‧蔡義傳》：「（蔡義）為丞相時，年八十餘，短小無須眉，貌似老嫗，行步俛僂，常兩吏扶夾迺能行。」顏師古曰：「俛即俯字也。」《御覽》卷204引「俛僂」作「傴僂」，又卷382引作「僂傴」。又倒作「僂句」，《左傳‧昭公二十五年》：「臧會竊其寶龜僂句。」《白帖》卷98：「僂句，寶龜名。」黃生曰：「僂傴，俯身向前也，此背曲之病。《莊子‧列禦寇篇》作『痀僂』，又字書『僂』、『佝』當即一義。又《左傳‧昭公二十五》：『臧會竊其寶龜僂句。』此亦以其形名之。又《史記》：『甌窶滿篝，汙邪滿車。』汙邪，下地。則『甌窶』為高地可知；此亦以其形名之。」〔註36〕王念孫曰：「枸簍者，蓋中高而四下之貌。山顛謂之岣嶁，曲脊謂之痀僂，高田謂之甌窶，義與枸簍並相近。倒言之則曰僂句……龜背中高，故有斯稱矣。」〔註37〕吳秋輝亦曰：「『僂句』正謂龜之背隆起，如人之駝背者，然乃因其形以名之。」「句」同「勾」，俗語「僂句」訛作「羅過」、「羅鍋」〔註38〕，《古今圖書集成》卷294《太原府府志》有「羅鍋山」。杜注：「僂句，龜所出，地名。」《釋文》：「句，居具反。」並失之。又倒作「瘻痀」、「僂佝」、「鏤句」，《廣韻》：「瘻，瘻痀，曲脊。僂，僂佝，短醜貌。佝，僂佝。」《集韻》：「瘻，瘻痀，傴脊也。《六書故》：「鏤句，大龜名。」或作「傴旅」，《漢書‧東方朔傳》：「行步傴旅。」顏師古注：「傴旅，曲躬貌也。」

〔註35〕方以智《通雅》卷8，收入《方以智全書》第1冊，上海古籍出版社1988年版，第320頁。

〔註36〕黃生《義府》卷下，黃生、黃承吉《字詁義府合按》，中華書局1954年版，第211頁。

〔註37〕王念孫《廣雅疏證》，收入徐復主編《廣雅詁林》，江蘇古籍出版社1998年版，第610頁。

〔註38〕參見吳秋輝《齊魯方言存古》，收入《侘傺軒文存》，齊魯書社1997年版，第217頁。

（29）其以我為此拘拘邪

高注：拘拘，好貌。

按：高注「拘拘」訓好貌，楊樹達、馬宗霍並謂拘讀爲朐。茅本、汪本注作「拘拘，言體拘攣也」，《莊子·大宗師》作「將以予爲此拘拘也」，《釋文》：「拘拘，郭音駒。司馬云：『體拘攣也。』王云：『不申也。』」《集韻》：「拘，拘挐不展。」茅本蓋據司馬說改。馬敘倫、王叔岷謂拘借爲痀〔註39〕，《說文》：「痀，曲脊也。」司馬說爲長。「痀痀」正與上文「病傴僂」相應。其，猶將也。《素問·生氣通天論》：「緛短爲拘，弛長爲痿。」王冰注：「縮短故拘攣而不伸。」《泰族篇》：「夫指之拘也，莫不事申也。」「拘」、「申」相對爲文，並借爲痀。

（30）夫至人倚不拔之柱，行不關之塗

高注：倚於不可拔搖之柱，行於不可關閉之塗，言無不通。

按：拔，《文子·九守》作「撓」，《雲笈七籤》卷91引《九守》作「立」。

（31）生不足以挂志，死不足以幽神

按：《集韻》：「絓、罣、挂，礙也，或從网，亦作挂，通作絓。」

（32）殖華可止以義，而不可縣以利

高注：縣，視也。

按：止，《文子·九守》誤作「正」，《雲笈七籤》卷91引《九守》亦作「止」。與上文「莒君厚賂而止之」相應。縣，《文子》作「懸」，古今字。高注未安，吳承仕、楊樹達並謂縣讀爲眩。

（33）務光不汙於世，而貪利偷生者悶矣

按：悶，《記纂淵海》卷60引作「愧」，與上文複。

（34）乃始仍仍然知其盆瓴之足羞也

高注：仍仍，不得志之貌。「仍仍」或作「聆聆」，猶聞也。

按：方以智曰：「仍仍，猶奐奐也，意騃也……按《說文》：『憗，意騃也。』

〔註39〕馬敘倫《莊子義證》卷6，收入《民國叢書》第5編，商務印書館中華民國19年版，第13頁。王叔岷《莊子校詮》，中華書局2007年版，第241頁。

蓋以憪爲軟，而通用仍。」〔註40〕《六書故》：「按今亦以和易無他者爲憪。」

（35）鉗口而不以言，委心而不以慮

按：《劉子・清神》作「閉口而不言，棄心而不慮。」鉗，閉也；委，棄也。鉗字或作箝、拑，《賈子・過秦下》：「箝口而不言。」《史記・秦始皇本紀》作「拑」，《御覽》卷86引《史記》作「箝」，《文章正宗》卷12引《賈子》作「鉗」。

（36）覺而若昧，以生而若死

高注：昧，暗也，甐也。楚人謂甐爲昧，諭無知也。

按：王引之、楊樹達並謂「以」衍，是也。王引之謂「昧」當作「眯」，注中「暗也」二字乃後人所加，是也。《山海經・西山經》：「翼望之山有鳥焉……名曰鵸鵌，服之使人不厭。」郭璞注：「不厭夢也。《周書》曰：『服者不昧。』音莫禮反。或曰眯，眯目也。」《周書》見《王會解》，今本作「佩之令人不昧」，《文選・三月三日曲水詩序》李善注引同，又引孔晁注：「不昧，不忘也。」《容齋續筆》卷13引「昧」作「眯」。郝懿行曰：「案『昧』郭音莫禮反，則其字當作『眯』。然昧、眯古亦通用，《春秋繁露・郊語篇》云：『鷗羽去昧。』昧亦作眯，是也。又《說文》云：『寐，寐而未厭。』正音莫禮反，是此注眯與寐音義相近。」〔註41〕郝氏案語「昧、眯古亦通用」含混，《繁露》「昧」亦當作「眯」，字之誤也。又郝氏所引《說文》之「未」字當衍，《繫傳》正無「未」字，段氏據刪〔註42〕，是也。「眯」爲「寐」借字，字亦作「癝」，《廣韻》：「癝，寐不覺。」《集韻》：「寐，《說文》：『寐而未厭。』或作癝。」〔註43〕又「癝，《博雅》：『厭也。』或作眯。」《通鑑》卷72：「臣得與聞大謀，常恐眯夢漏泄，以益臣罪。」胡三省註：「眯，毋禮翻，一作寐。《說文》曰：『寐而眯（未）

〔註40〕方以智《通雅》卷9，收入《方以智全書》第1冊，上海古籍出版社1988年版，第349頁。

〔註41〕郝懿行《山海經箋疏》卷2，中國書店1991年版，第29頁。

〔註42〕段玉裁《說文解字注》，上海古籍出版社1981年版，第347頁。

〔註43〕《集韻》引《說文》亦衍「未」字。

厭。』厭讀曰魘。」高注「猒」同「厭」，俗作「魘」。《山海經・中山經》「泰室之山……有草焉……其名曰䔄草，服之不眯。」袁珂從王念孫校作眯〔註44〕。《中山經》：「鬼山……其中有鳥焉……名曰鴿鵐，其鳴自呼，服之不眯。」《西山經》：「英鞮之山……是多冉遺之魚……食之使人不眯，可以禦凶。」袁珂曰：「《莊子・天運篇》云：『彼不得夢，必且數眯焉。』《釋文》引司馬彪云：『眯，厭也。』厭，俗作魘，即厭夢之義。此經文眯之正解也，與下文『可以禦凶』之義亦合。山經凡言『不眯』，均當作此解。」〔註45〕《莊子》成疏亦云「眯，魘也。」《論衡・狀留篇》：「救昧不給。」孫詒讓曰：「昧，當爲眯。」〔註46〕亦其相誤之例。朱駿聲從誤本作「眛」，讀爲寐，非也；而「寐」字條又引此文高注作「眯」〔註47〕，則是也。陳廣忠引《說文》、《玉篇》等書「眯」訓物入目中，又謂作「昧」、「眛」、「眯」均可〔註48〕，殊爲不當。

（37）今夫繇者，揭钁臿，負籠土

高注：繇，役也。今河東謂治道爲繇道。揭，舉也。钁，斫也。臿，鏶也。青州謂之鏶，有刃也，三輔謂之鏅也。籠，受土籠也。

按：《說文》：「揭，高舉也。竭，負舉也。」此文揭當讀爲竭，與「負」同義對舉。臿，《御覽》卷387引作「鍤」，古字通。「臿」、「鍤」爲古楚語，參見附錄二《〈淮南子〉古楚語舉證》。劉文典謂《御覽》卷387引「钁」作「錢」，檢景宋本《御覽》仍作「钁」。

（38）病疕瘕者，捧心抑腹，膝上叩頭

高注：抑，按也。叩或作跔，跔讀車軥之軥也。

按：朱駿聲謂跔讀爲敂〔註49〕，《說文》：「敂，擊也。」叩亦敂借字。

〔註44〕　袁珂《山海經校注》，巴蜀書社1993年版，第177頁。
〔註45〕　袁珂《山海經校注》，巴蜀書社1993年版，第74頁。
〔註46〕　孫詒讓《札迻》，齊魯書社1989年版，第287頁。
〔註47〕　朱駿聲《說文通訓定聲》，武漢市古籍書店1983年版，第551、575頁。
〔註48〕　陳廣忠《〈淮南子〉楚語考》，收入《儒道國際學術研討會：兩漢論文集（第二屆）》，臺灣師範大學出版2005年版，第244～245頁。
〔註49〕　朱駿聲《說文通訓定聲》，武漢市古籍書店1983年版，第350頁。

（39）踡跼而諦，通夕不寐

　　按：《玉篇》：「踡，踡跼，不伸也。」或作「蜷局」，《楚辭・離騷》：「蜷局顧而不行。」《玉篇》：「蜷，蜷局也，連蜷形。」或作「踡跔」，《楚辭・九思・憫上》：「踡跔兮寒局數。」《漢魏六朝百三家集》卷 20 作「踡跔」。或作「觠局」〔註 50〕，《廣雅》：「觠局，匍跬也。」跼，讀爲痀，字或作跔。已詳上文。

（40）噲然得臥

　　按：傅山、盧文弨、朱駿聲、李哲明、馬宗霍並謂噲讀爲快〔註 51〕，《漢語大字典》從朱說〔註 52〕。竊謂噲讀爲鱠，《玉篇》：「鱠，喘息也。」《廣韻》：「鱠，喘息聲。」《集韻》：「鱠，鼻息。」又「鱠，臥息。」鱠然，猶言鼾然。鼾、鱠義同。于鬯謂「一噲」猶今人言「一霎」，非是。

（41）衰世湊學，不知原心反本

　　高注：湊，趨也。趨其末，不修稽古之典，苟邀名號耳。

　　按：高氏湊訓趨，則讀湊爲走，《說文》：「走，趨也。」《戰國策・燕策一》：「士爭湊燕。」《史記》作「趨」，易作同義字也；《新序・雜事三》作「走」，用本字。《原本玉篇殘卷》引作「裹世湊學者，不知原心及本。」又引許注：「湊，競進也。」「裹」、「及」並形誤字。《慧琳音義》卷 30「至湊」條亦引許注：「湊，競進也。」〔註 53〕則許氏讀湊爲奏，《說文》：「奏，奏進也。」馬宗霍謂「湊」由本義「水上人所會也」引申訓趨，未得。

〔註 50〕　參見王念孫《廣雅疏證》、錢大昭《廣雅疏義》，並收入徐復主編《廣雅詁林》；江蘇古籍出版社 1998 年版，第 496 頁。又參見姜亮夫《詩騷聯綿字考》，收入《姜亮夫全集》卷 17，雲南人民出版社 2002 年版，第 285 頁。姜著「觠」誤刻作「觢」，逕正。

〔註 51〕　傅山《讀子二・淮南存雋》，收入《霜紅龕集》卷 33，《續修四庫全書》第 1395 冊，上海古籍出版社 2002 年版，第 664 頁。盧文弨《鍾山札記》，收入《叢書集成新編》第 13 冊，新文豐出版公司 1985 年版，第 531 頁。朱駿聲《說文通訓定聲》，武漢市古籍書店 1983 年版，第 656 頁。

〔註 52〕　《漢語大字典》（第二版），崇文書局、四川辭書出版社 2010 年版，第 747 頁。

〔註 53〕　何寧引誤作「卷 29」，逕正。

（42）趨翔周旋，詘節卑拜

按：詘，《文子・上禮》作「屈」，借字。卑拜，《文子》同，《御覽》卷523引《文子》誤作「異儀」。

（43）肉凝而不食，酒澄而不飲

按：澄，《文子・上禮》作「瀓」，字同。《御覽》卷523引《文子》作「敗」，當爲臆改。《文選・皇太子釋奠會作詩》、《贈陸機出爲吳王郎中令》、《答盧諶》李善註引《淮南子》並作「澄」字。《類聚》卷74魏・邯鄲淳《投壺賦》：「機設而弗倚，酒澄而弗舉。」蓋本此文，亦作「澄」字。

（44）鉗陰陽之和，而迫性命之情

按：鉗，《文子・上禮》同，並誤。「鉗」同「拑」，當作「捪」，形近而誤。《集韻》：「捪，亂也，或作拑。」《御覽》卷523引《文子》作「汨」，《小爾雅》：「汨，亂也。」「汨」同「捪」、「捪」，本字爲「涽」。《說文》：「涽，濁也。」段注：「今人『汨亂』字當作此。」〔註54〕「捪陰陽之和」即下文「涽和」之誼；下文又云「此皆迫性拂情而不得其和也」，「捪陰陽之和」亦即「不得其和」也。趙宗乙謂「疑鉗當爲汨」〔註55〕，得之。何寧謂「鉗」當從景宋本作「錯」，未得。「錯」亦「捪」之誤。迫，讀爲故，《說文》：「故，迮也。」下文「迫性拂情」、「迫性閉欲」亦同。

（45）故縱體肆意而度制

高注：縱，放也。肆，緩也。儀，法。

按：《玉篇》：「肆，放也，恣也。」

（46）不原其所以樂而閉其所樂

按：閉，疑當作「閑」，形近而誤。閑讀爲防，《文子・上禮》正作「防」。

（47）是猶決江河之源而障之以手也

高注：障，蔽也。言不能捪也。

〔註54〕段玉裁《說文解字注》，上海古籍出版社1981年版，第550頁。
〔註55〕趙宗乙《淮南子札記》，黑龍江人出版社2009年版，第120頁。

按：障，隄防。《呂氏春秋・達鬱》：「召公曰：『是障之也，非弭之也。防民之口，甚於防川，川壅而潰，敗人必多。』」高注：「障，防。」《國語・周語上》作「鄣」，字同；韋昭注亦云：「鄣，防也。」「障」與下文「壅」異字同義。《文子・上禮》「障」正作「壅」。高注障訓揜蔽，失之。

（48）兩者心戰，故臞；先王之道勝，故肥

按：臞，瘦也。字或作癯，《風俗通義・窮通》：「昔子夏心戰則癯，道勝如肥。」

（49）直宜迫性閉欲，以義自防也

按：迫，《文子・上禮》誤作「遏」。上文「迫性命之情」、「迫性拂情」並作「迫」字。

（50）雖情心鬱殪，形性屈竭，猶不得已自強也

按：鬱殪，《文子・上禮》誤作「咽噎」。屈竭，《文子》誤作「飢渴」。鬱殪，或作「鬱邑」、「鬱悒」、「於邑」、「菸邑」、「於悒」、「紆鬱」等形，倒言則作「抑鬱」等形〔註56〕。

（51）餘天下而不貪，委萬物而不利

高注：委，棄也。

按：餘，讀爲捨，亦棄也。字或作余、舍，上博簡《天子建州》甲：「士受余。」《天子建州》乙作「舍」〔註57〕。劉信芳讀余、舍爲舍〔註58〕。向宗魯謂「餘天下」三字不詞，何寧解爲「以天下爲餘物」，並未得。

（52）越人得髯蛇，以為上肴

高注：髯蛇，大蛇也，其長數丈，厚（享）以爲上肴。

按：髯，同「髯」，當讀爲蚺，《御覽》卷933、《記纂淵海》卷100引正

〔註56〕另參見蕭旭《「抑鬱」考》。
〔註57〕上博簡《天子建州》甲、乙，收入馬承源主編《上海博物館藏戰國楚竹書（六）》，上海古籍出版社2007年版，第323、337頁。
〔註58〕劉信芳《楚簡帛通假彙釋》，高等教育出版社2011年版，第202頁。

作「蚺」。《說文》：「蚺，大蛇，可食。」肴，《御覽》引作「殽」，借字。《嶺表錄異》卷中：「蚺蛇大者五六丈，圍四五尺，以次者亦不下三四丈，圍亦稱是。」

（53）故知其無所用，貪者能辭之；不知其無所用，廉者不能讓也

按：上「能」字，《文子‧上禮》作「皆」，皆，讀爲解，亦猶能也〔註59〕。

（54）知冬日之筻，夏日之裘，無用於己，則萬物之變為塵埃矣

高注：筻，扇也。楚人謂扇爲筻。

按：知，何寧據《文子‧上禮》校作「如」，是也。「筻」爲楚語，字或作翣，參見附錄二《〈淮南子〉古楚語舉證》。變爲塵埃，《文子》同，《意林》卷 1 引《文子》作「生塵垢」。《廣韻》：「垢，塵垢。埃，塵埃。」「塵埃」同「塵垢」。

〔註59〕參見蕭旭《古書虛詞旁釋》，廣陵書社 2007 年版，第 158 頁。

《本經篇》校補　卷第八

（1）在內而合乎道，出外而調于義

　　高注：義或作德。

　　按：《文子‧下德》作「同乎義」，調亦合也，與「同」義同。「義」字是。

（2）四時不失其敘

　　按：敘，《類聚》卷 52、《御覽》卷 15、873、《記纂淵海》卷 4 引並作
　　　　「序」，借字。《說文》：「敘，次弟也。」

（3）玄元至碭而運照

　　高注：玄，天也。元，氣也。碭，大也。言盛德之君，恩仁廣大，徧照
四海也。

　　按：朱駿聲曰：「碭，叚借為宕。宕，轉注為寬廣之義，經傳皆以蕩為
　　　　之。」〔註1〕「宕」從宀碭省聲，本義為通迥之屋。《說文》：「唐，
　　　　大言也。啺，古文唐。」王紹蘭引此文，云：「碭無大義，此假碭
　　　　為啺也。」趙宗乙說同〔註2〕。尋《玉篇》：「潒，水潒漾也，今作
　　　　蕩。」《廣韻》：「潒，水大貌。」又「蕩，大也。」《集韻》：「蕩，
　　　　一曰大也、放也。」《說文》：「簜，大竹也。」又「篔，大竹箅也。」
　　　　《集韻》：「瑒，大圭，尺二寸。」通迥之屋為宕，大言為啺（唐），

〔註1〕 朱駿聲《說文通訓定聲》，武漢市古籍書店 1983 年版，第 880 頁。
〔註2〕 王紹蘭《說文段注訂補》，收入丁福保《說文解字詁林》，中華書局 1988 年版，
　　　　第 2190 頁。趙宗乙《淮南子札記》，黑龍江人出版社 2009 年版，第 125 頁。

大水爲潒（蕩），大竹爲簜，大竹筩爲簜，大圭爲瑒，諸字並同源，中心詞義爲「大」。《御覽》卷4引《汲冢周書》：「本有十日，迭次而出，運照無窮。」〔註3〕又卷571引《古今樂錄》：「日月運照，靡不記睹。」《主術篇》：「是以中立而徧運照海內。」《禮記・中庸》：「日月所照。」鄭注：「如天取其運照不已也。」《易林・困之升》：「天覆地載，日月運照。」後漢・支婁迦讖譯《佛說無量清淨平等覺經》卷4：「日月運照，倍益明好；風雨時節，人民安寧。」並「運照」連文，「運」即運行之誼。高注「徧照」，張雙棣引《書》傳「運謂所及者遠」及《越語》韋注「南北爲運」，並非是。

（4）逮至衰世，鐫山石，鍔金玉，擿蚌蜃，消銅鐵，而萬物不滋

高注：鐫，猶鑿也，求金玉也。鍔，刻金玉以爲器也。擿，猶開也，開以求珠也。

按：鐫，《文子・上禮》作「鑽」，義同。鍔，《文子》作「挈」，字同，刻也，字或作剌、鍥、契，《集韻》：「剌，刻也，通作鍥、鍔。」《釋名》：「契，刻也，刻識其數也。」本字爲㓞，《說文》：「㓞，刻也。」蚌，《文子》誤作「礳」。

（5）疏川而爲利，築城而爲固

高注：疏，通也。

按：疏，《文子・上禮》作「濬」，義同。《說文》：「疏，通也。」又「濬，深通川也；睿，古文睿。」利，《文子》作「池」。

（6）竭澤而漁

高注：竭澤，漏池也。

按：王念孫曰：「漉、漏聲相近。」王說是。《主術篇》：「涸澤而漁。」高注：「涸澤，漉池也。」《玉篇》：「漉，竭也、涸也。」《六書故》：「漉，漏也，漏、漉聲義相通。」字本作盝，《爾雅》：「揮、盝、歇、涸，竭也。」邢昺疏：「皆謂竭盡也。」字或作漉，《方言》卷12：「漉、歇，涸也。」郭注：「謂渴也。」錢繹《箋疏》引《主術篇》及此篇，

云：「漏、漉一聲之轉。」〔註4〕《集韻》：「盝、淥，《爾雅》：『竭也。』或從水，通作漉。」下文「鴻水漏，九州乾」，漏亦漉也。

（7）脩掞曲校

按：掞，一本作「棪」，並讀爲剡，刻削也。校，一本作「挍」，古字通，猶言裝飾。

（8）夭矯曾撓

按：夭矯，連綿詞，曲折貌。《修務篇》：「龍夭矯，燕枝拘。」《類聚》卷62魏・夏侯惠《景福殿賦》：「或夭矯而雲起，或詰曲而鐶縈。」「夭矯」亦「詰曲」也。《六書故》：「蟜，夭矯，卷尾彊曲也。」又「夭，象人頸項夭矯也。」字或作「夭蟜」，《史記・司馬相如傳》《上林賦》：「夭蟜枝格，偃蹇杪顛。」《正義》引郭璞曰：「夭蟜，頻申也。」「夭蟜」亦「偃蹇」也，《漢書・司馬相如傳》：「掉指橋以偃蹇兮，又猗抳以招搖。」顏師古注引張揖曰：「偃蹇，委曲貌。」《漢書・揚雄傳》：「踔夭蟜，娭澗門。」顏師古注：「夭蟜，亦木枝曲也。」《集韻》：「蟜，一曰夭蟜，龍貌。」字或作「侁僑」，《廣韻》：「侁，侁僑，不伸；又尫弱貌。」字或作「夭撟」，《廣雅》：「偃蹇，夭撟也。」《爾雅》：「人曰撟。」郭璞注：「頻伸夭撟。」邢昺疏：「人之罷倦，頻伸夭撟，舒展曲折名撟。」《集韻》：「撟，夭撟，頻伸貌。」字或作「夭嬌」，《文苑英華》卷144唐・獨孤授《蟠桃賦》：「驂素虯之夭嬌，駕綵鳳之廻環。」字或作「妖嬌」，《文苑英華》卷334唐・司馬逸客《雅琴篇》：「窈窕樓臺臨上路，妖嬌歌舞出平陽。」曾，讀爲層，重也。撓，曲折也。字或作「曾撓」，《修務篇》：「目流眺，口曾撓。」又「繞身若環，曾撓摩地。」方以智曰：「曾撓，猶曾波也。《招魂》曰：『娭光眇視，目曾波些。』曾，重也。摹寫娭笑輕眇回波層折之態，已極致矣。《大招》用『曾頰』，《淮南・修務訓》『流眄』、『曾撓』，正謂眇視若笑也。」〔註5〕《史記・司馬相如傳》《集解》引郭璞注引《淮南》「曾撓摩地」作「曾

〔註4〕錢繹《方言箋疏》，上海古籍出版社1984年版，第660頁。
〔註5〕方以智《通雅》卷18，收入《方以智全書》第1冊，上海古籍出版社1988年版，第624頁。

折摩地」，可知「撓」正當訓曲折也。高注：「曾，則也。撓，弱也。」朱起鳳謂注「則」爲「折」字之誤〔註6〕，並未得。字或作「增撓」，《楚辭・遠遊》：「雌蜺便娟以增撓兮。」邢昺《爾雅疏》引作「曾撓」。洪興祖《補注》：「《集韻》：『撓，纏也。』」姜亮夫曰：「增，重也。撓，糾纏之也。」〔註7〕

（9）松柏箘露

按：露，一本作「簬」，朱駿聲謂露借爲簬〔註8〕；《類聚》卷52引作「簵」，爲「簬」古字，見《說文》。

（10）民之專室蓬廬，無所歸宿

高注：專，特小室也。蓬廬，篷蓆覆也

按：《修務篇》：「獨守專室而不出門。」高注：「專室，小室也。」《鹽鐵論・輕重》：「父子夫婦，內藏於專室土圜之中。」朱起鳳曰：「專乃團字省借。」〔註9〕蔣超伯亦謂專即團字，並是也。趙宗乙謂「專當訓圜……專乃團之省借字」〔註10〕，亦得之。《說文》：「團，圜也。」「圜」同「環」。「專室」即「環（圜）堵之室」，《家語・儒行解》：「儒有一畝之宮，環堵之室。」王肅注：「方丈曰堵。一堵，言其小者也。」《莊子・庚桑楚》：「環堵之室。」《釋文》：「環，《廣雅》云：『圓也。』一丈曰堵。環堵者，面各一丈，言小也。」又《讓王》：「環堵之室。」《御覽》卷174引「環」作「圜」。又作「專屋」，《鹽鐵論・取下》：「夫高堂邃宇、廣廈洞房者，不知專屋狹廬、上漏下濕者之廇也。」又《貧富》：「公輸子能因人主之材木以構宮室臺榭，而不能自爲專屋狹廬，材不足也。」又作「圜舍」，《三國志・管寧傳》裴松之注引《魏略》：「（焦）先等作圜舍，形如蝸牛。」又作「圜室」，《類聚》卷36晉・王康琚《招隱詩》：「華條當圜室，翠葉代綺窗。」《拾遺記》卷1：「取虯龍育於圜室，以充祭祀。」

〔註6〕 朱起鳳《辭通》，上海古籍出版社1982年版，第2041頁。
〔註7〕 姜亮夫《楚辭通故（四）》，收入《姜亮夫全集》第4卷，雲南人民出版社2002年版，第166頁。
〔註8〕 朱駿聲《說文通訓定聲》，武漢市古籍書店1983年版，第456頁。
〔註9〕 朱起鳳《辭通》，上海古籍出版社1982年版，第2079頁。
〔註10〕 趙宗乙《淮南子札記》，黑龍江人出版社2009年版，第126頁。

朱起鳳又謂「圓」爲「團」誤，則失考。朱駿聲曰：「專，叚借爲環，注『特小室也』，失之。」〔註11〕未得。環（圓）堵之室，故爲小室，高注不誤。「專」無「狹小」之義。《漢語大字典》、《漢語大詞典》謂「專」訓狹小、小〔註12〕，何寧謂「專」訓獨、一，並失之。馬宗霍謂「專室」即「瓦室」，失之彌遠。

（11）經誹譽，行賞罰

高注：經，書也。誹，惡。譽，善。

按：經，讀爲輕。《呂氏春秋・下賢》：「得道之人……假乎其輕俗誹譽也。」正作「輕」字。《詮言篇》：「自信者，不可以誹譽遷也。」《莊子・天地》：「不受天下之非譽。」又《達生》：「不敢懷非譽巧拙。」又《庚桑楚》：「挎者，挎畫外非譽也。」《荀子・正名》：「不動乎眾人之非譽。」《文子・九守》：「非譽不能塵垢。」〔註13〕諸文之意，皆謂輕誹譽也。《管子・明法解》：「國之所以亂者，廢事情而任非譽也。」任非譽，則不能輕之，故致國亂，此從反面證明經當讀爲輕。《漢書・食貨志》：「不敢言輕賦法矣。」《史記・平準書》輕作擅。《集解》引徐廣曰：「擅一作經。經，常也。」經亦讀爲輕，訓常非也〔註14〕。銀雀山漢簡《孫子兵法・計》：「輕之以五，效之以計。」〔註15〕今本輕作經，亦其相通之證。高注經訓書，固非是。吳承仕謂書當作畫，別異之稱；于省吾謂經訓分理、程量；馬宗霍謂經訓示，胥失之也。

（12）民之滅抑夭隱

高注：抑，沒也。言民有滅沒夭折之痛。

按：高注隱訓痛，字當讀爲慇，《說文》：「慇，痛也。」《集韻》：「慇，痛也，通作隱。」然「滅抑夭隱」四字當平列，隱指病痛。如高注，

〔註11〕 朱駿聲《說文通訓定聲》，武漢市古籍書店 1983 年版，第 758 頁。

〔註12〕 《漢語大字典》（第二版），崇文書局、四川辭書出版社 2010 年版，第 550 頁。《漢語大詞典》（縮印本），漢語大詞典出版社 1997 年版，第 1276 頁。

〔註13〕 《文子・微明》同。

〔註14〕 蕭旭《漢書校補》，收入《群書校補》，廣陵書社 2011 年版，第 244 頁。

〔註15〕 銀雀山漢簡《孫子兵法》，收入《銀雀山漢墓竹簡〔壹〕》，文物出版社 1985 年版，第 3 頁。

則爲偏正，非其誼也。

（13）君臣不和，五穀不為

按：爲，張雙棣訓成，是也；《文子·下德》作「登」，登亦成熟之義。

（14）旁薄眾宜

高注：旁，並也。薄，近也。眾物宜適也。

按：吳承仕謂「近」當作「迫」，高以聲訓。按「旁薄」同「磅礴」、「旁魄」、「旁礴」、「滂薄」，又作「犇埄」、「烽垮」、「燧垮」、「旁悖」、「坌勃」等形，盛貌；今多作「蓬勃」〔註16〕。

（15）以相嘔咐醞釀，而成育群生

高注：咐讀符命之符。

按：嘔咐，或作「嘔符」、「嘔苻」，《俶眞篇》：「以聲華嘔符嫗掩萬民百姓。」符，一本作「苻」。或作「傴拊」，《莊子·人間世》：「是皆修其身以下傴拊人之民。」《釋文》引崔譔曰：「傴拊，猶嘔呴，謂養也。」又引李頤曰：「傴拊，謂憐愛之也。」成玄英疏：「傴撫，猶愛養也。」或作「嫗伏」，《禮記·樂記》：「羽者嫗伏，毛者孕鬻。」嘔，讀爲嫗、傴，《集韻》：「嫗，以氣曰煦，以體曰嫗。」《六書故》：「嫗，母俯兒也，聲義與傴近。」指以體相溫。咐、符、苻、拊、伏，並讀爲孚，俗作孵。《說文》：「孚，卵孚也。」又音轉爲抱、菢、部、剖，互詳《原道篇》「羽者嫗伏」條、《俶眞篇》「嘔符嫗掩」條校補。

（16）與一世而優游

高注：優遊，猶委從也。

按：優遊，即「優柔」。委從，舒緩貌，字或作「委縱」，另詳《原道篇》「優遊委縱」條校補。

（17）懷機械巧故之心

按：故，《文子·下德》作「詐」。《繆稱篇》：「故上多故，則民多詐矣。」

〔註16〕 參見蕭旭、趙鑫曄《〈伍子胥變文〉校補》，收入蕭旭《群書校補》，廣陵書社2011年版，第1118～1119頁。

「故」、「詐」同義對舉。

（18）雷震〔霆〕之聲，可以鐘鼓寫也

按：寫，《文子》誤作「象」，形近致訛。

（19）風雨之變，可以音律知也

高注：律知陰陽。

按：知，《文子・下德》同；《御覽》卷13引作「和」，《劉子・心隱》亦
作「和」。王叔岷謂「和乃知之誤」，趙宗乙謂「知當爲和」〔註17〕，
趙說偵矣。

（20）明可見者，可得而蔽也

高注：蔽，或作察。

按：《文子・下德》亦作「蔽」，作「察」與下文「色可察者」犯複。《四
庫全書考證》謂《文子》「明刊本蔽作敝，誤。」〔註18〕蔽、敝，並
讀爲瞥，《說文》：「瞥，過目也。」《廣韻》：「瞥，暫見，亦作覕。」
《韻補》：「瞥，視也。」《說林篇》：「鼈無耳，而目不可以瞥精於明
也。」高注：「不可瞥，瞥之則見也。」正其確證。朱駿聲謂「蔽」
爲「覆蓋」、「掩匿」義〔註19〕；于省吾謂訓決。考「蔽」訓決爲決
斷、斷罪義。二氏說並未確。

（21）夫至大，天地弗能含也；至微，神明弗能領也

高注：領，理也。

按：《文子・下德》「含」作「函」，「領」作「見」。函亦含也，見猶知也。
領讀爲聆〔註20〕，瞭解。高注領訓理，猶今言領會、理解。《漢書・
揚雄傳》「君子純終領聞。」顏注引李奇曰：「領理所聞也。」

〔註17〕王叔岷《劉子集證》，中華書局2007年版，第102頁。趙宗乙《淮南子札記》，
　　　　黑龍江人出版社2009年版，第127頁。
〔註18〕《四庫全書〈文子纘義〉考證》，收入景印文淵閣《四庫全書》第1499冊，
　　　　臺灣商務印書館1986年初版，第696頁。
〔註19〕朱駿聲《說文通訓定聲》，武漢市古籍書店1983年版，第588頁。
〔註20〕參見蔣禮鴻《義府續貂》，收入《蔣禮鴻集》卷2，浙江教育出版社2001年版，
　　　　第83～84頁。

（22）飾智以驚愚，設詐以巧上

　　高注：巧，欺也。

　　按：飾智以驚愚，出《莊子·達生》，《御覽》卷 509 引《莊子》「驚」誤
　　　　作「矜」。巧，《文子·下德》誤作「攻」，蓋「巧」、「攷」音近，「攷」、
　　　　「攻」形近，此歧之又歧者也。《史記·汲黯傳》：「刀筆吏專深文巧
　　　　詆。」「巧詆」同義連文，詆亦欺也。

（23）洞然無為而天下自和，儋然無欲而民自樸

　　按：洞，當據《文子·下德》作「漠」。《原道篇》：「故漠然無爲而無不
　　　　爲也，澹然無治也而無不治也。」正作「漠」字。彼文「澹」當據
　　　　此讀爲「儋」。

（24）施者不德，受者不讓，德交歸焉，而莫之充忍也

　　高注：忍，不忍也。

　　按：《文子·下德》作「施者不德，受者不讓，德反歸焉，而莫之惠」，
　　　　舊註：「使天下不知所得，不讓所來，則至德反歸，而未始嘗惠者
　　　　也。」忍，當據彼文校爲惠，「充」字疑衍。反，當據此文校爲交，
　　　　猶俱也。李定生、徐慧君曰：「疑『反』爲『交』之誤。」〔註 21〕
　　　　《韓子·解老》：「故曰：『兩不相傷，則德交歸焉。』言其德上下
　　　　交盛，而俱歸於民也。」傅山曰：「大概即《大宗師篇》『澤及萬世
　　　　而不爲仁』之意。」〔註 22〕王念孫曰：「忍讀爲牣，滿也。」吳汝
　　　　綸說同。馬宗霍曰：「莫之充忍猶言莫之勝容也。」並未確。

（25）取焉而不損，酌焉而不竭

　　高注：酌，猶予。竭，盡也。

　　按：酌，張雙棣訓取，是也；酌讀爲勺，《說文》：「勺，挹取也。」《莊
　　　　子·天地》：「注焉而不滿，酌焉而不竭。」〔註 23〕《類聚》卷 9、《御
　　　　覽》卷 67 引《莊子》正作「取」。

〔註21〕 李定生、徐慧君《文子校釋》，上海古籍出版社 2004 年版，第 366 頁。
〔註22〕 傅山《讀子二·淮南存雋》，收入《霜紅龕集》卷 33，《續修四庫全書》第 1395
　　　　冊，上海古籍出版社 2002 年版，第 665 頁。
〔註23〕 《莊子·齊物論》同。

（26）莫知其所由出，是謂瑤光

高注：瑤光，謂北斗杓第七星也，居中而運，歷指十二辰，擿起陰陽，以殺生萬物也。一說，瑤光，和氣之見者也。

按：高注前說是。瑤光，《文子・下德》作「搖光」，《莊子・齊物論》作「葆光」，有三說：（a）郭注：「任其自明，故其光不弊也。」《釋文》：「崔云：『若有若無，謂之葆光。』」成疏：「葆，蔽也。至忘而照，即照而忘，故能韜蔽其光，其光彌朗。」林希逸曰：「葆，藏也。藏其光而不露，故曰葆光。」（b）聞一多曰：「瑤從䍃聲，䍃從缶聲，葆從保聲，缶、葆（保）聲同，故『葆光』一曰『瑤光』……《文子》作『搖光』……要之，『搖光』本北斗之別名。北斗一名『搖光』者，『搖光』即『觚瓜』聲之轉，故一曰『葆光』，葆、觚聲亦近也。『葆光』（瑤光、搖光）即斗之名，故曰『注焉而不滿，酌焉而不竭』，又曰『資（貲）糧萬物者也』。」〔註24〕（c）王叔岷曰：「竊疑《淮南》瑤本作珤，珤即古寶字，寶、葆古通。高注云云，所見本已作瑤矣，《文子》作『搖光』，則又『瑤光』之變也。」〔註25〕瑤、搖並讀爲葆，訓韜蔽、隱藏。

（27）瑤光者，資糧萬物者也

按：張雙棣謂資訓供給、資助；聞一多曰：「糧爲量之誤，資與貲通，貲亦量也。」〔註26〕聞說誤。《莊子・知北遊》：「運量萬物而不匱，則君子之道彼其外與，萬物皆往資焉而不匱，此其道與。」丁展成曰：「『運』爲『資』之誤字，古『運』字或作『員』，以『資』、『員』形近訛作『員』，因轉書作『運』。量，『糧』之借字。」〔註27〕

（28）世無災害，雖神無所施其德；上下和輯，雖賢無所立其功

按：《文子・精誠》「神」作「聖」，「輯」作「睦」。「輯」、「睦」義同。

〔註24〕聞一多《莊子內篇校釋》，收入《古典新義》，《聞一多全集》卷2，三聯書店1982年版，第247～248頁。

〔註25〕王叔岷《莊子校詮》，中華書局2007年版，第77～78頁。

〔註26〕聞一多《莊子內篇校釋》，收入《古典新義》，《聞一多全集》卷2，三聯書店1982年版，第247頁。

〔註27〕丁展成《莊子音義繹》，民國二十三年排印本。

（29）託嬰兒於巢上，置餘糧於畮首，虎豹可尾，虺蛇可蹍，而
不知其所由然

　按：《路史》卷5引作「託嬰巢中，棲糧隴首，虎豹可尾，虺虵可蹍，
而人無有相媚之心」。《御覽》卷933引「置」作「致」，「畮」作
「畝」，「蹍」作「蹙」。致讀爲置。「畮」同「畝」。蹍，踐踏。《原
道篇》：「先者踰下，則後者蹙之。」高注：「蹙，履也」字或作蹠，
《文選・羽獵賦》：「蹠松栢，掌蒺藜。」李善註：「蹠，蹋也。掌，
擊之也。」與「蹍」同義。

（30）堯乃使羿……繳大風於青邱之澤

　高誘注：大風，風伯也。能壞人屋舍。羿于青邱之澤繳遮，使不爲害也。
一曰：以繳繫矢射殺之。

　俞樾曰：高注曰「大風，風伯也。能壞人屋舍」，此下當有「一曰鷙鳥」
四字，而今脫之。《文選・辨命論》注引高誘曰：「大風，鷙鳥」，是其證也。
注「繳遮」之說，以風言之也。「繳射」之說，以鳥言也。

　按：《文選・辨命論》：「雖大風立於青丘，鑿齒奮於華野。」李善註引此
文，又引高誘曰：「大風，鷙鳥。」《文選・三月三日曲水詩序》：「射
集隼於高墉，繳大風於長隧。」李善註引許愼曰：「大風，風伯也。」
呂延濟注：「大風，風伯。繳，射也。」《御覽》卷53引許愼注：「大
風，大鷙鳥也。」是許愼亦有二說也。《御覽》卷80引有注：「大風，
大鷙鳥也。繳，以石碬（磻）繳繫矢射之。」〔註28〕又卷305、832
引並有注：「大風，鷙鳥也。」又卷927注：「大風，鷙鳥，在東方。
一云：大風，風伯也。」皆未指明是哪家注文。考《俶眞篇》：「是
故雖有羿之知，而無所用之。」高誘注：「是堯時羿也。謂能射十日、
繳大風、殺窫窳、斬九嬰、射河伯之知巧也。非有窮后羿也。」高

〔註28〕何寧校「碬」爲「磻」，引《說文》「磻，以石箸惟繳也」。四庫正作「磻」字。
字或作碆，《玉篇》：「磻，以石維繳也。碆，同上。」《廣韻》：「碆，纏繳石。」
又「碆，石可爲矢鏃。」《戰國策・楚策四》：「不知夫射者方將脩其碆盧，治
其矰繳。」《六書故》引作「蒲」，誤。《御覽》卷916引作「脩弧矢」，臆改。
《史記・楚世家》：「碆新繳。」《集解》引徐廣曰：「以石傅弋繳曰碆。碆音
波。」《索隱》碆作磻，音播。字或作播，魏・曹植《離繳鴈賦》：「望范氏之
發機兮，播纖繳以凌雲。」趙幼文注：「播，布也。」未得。趙幼文《曹植集
校注》，人民文學出版社1984年版，第101頁。

氏即本此篇爲說，但未知高氏「大風」何解？又《氾論篇》：「羿除天下之害，而死爲宗布，此鬼神之所以立。」高誘注：「羿，堯時之諸侯。河伯溺殺人，羿射其左目。風伯壞人屋室，羿射，中其膝。又誅九嬰、窫窳之屬，有功於天下。」《路史》卷20引作許氏注，文字小異：「羿臣堯，河伯溺殺人，羿射其左目；風伯壞人室屋，羿中其膝；又誅九嬰、窫窳之屬。」〔註29〕則取「風伯」之說也。（a）「大鷟鳥」說。風讀爲鳳。林家驪曰：「鷟鳥，鳳之一種。」〔註30〕繳訓射。（b）「風伯」說。繳讀爲邀、徼，字亦作要，故訓遮。

（31）帝有桀紂，為璇室、瑤臺、象廊、玉牀

高注：璇、瑤，石之似玉，以飾室、臺也。璇或作旋，瑤或作搖。言室施機關，可轉旋也。臺可搖動，極士木之巧也。

按：前說是。《呂氏春秋·過理》：「作爲璇室，築爲頃宮。」高注：「璇室，以旋玉文飾其室也。」則已放棄後說。《晏子春秋·諫下》：「其王桀背棄德行，爲璿室、玉門。」「璿」同「璇」、「琁」，尤爲切證。

（32）刳孕婦

高注：孕婦，姙身將就草之婦也。

按：就草，指婦人分娩，或作「在草」、「坐草」〔註31〕。

（33）今至人生亂世之中，含德懷道，拘無窮之智，鉗口寢說，遂不言而死者，眾矣

按：《文子·精誠》作「故至人之治，含德抱道，推誠樂施，無窮之智，寢說而不言」，脫「拘」字。拘，收束，與「鉗口寢說」相應。王念孫從劉本改「拘」作「抱」，《漢語大字典》「拘」訓聚集、收集〔註32〕，並未得。

〔註29〕《楚辭·天問》：「胡射夫河伯而妻彼雒嬪？」宋·洪興祖《補注》引誤以爲《淮南子》正文。

〔註30〕林家驪《劉邦〈大風歌〉中「風」當作「鳳」解》，《文史》2003年第2輯，總第63輯，第33頁。

〔註31〕參見董志翹《〈高僧傳〉詞語通釋（二）》，《漢語史研究集刊》第3輯，巴蜀書社2000年版，第198～199頁。

〔註32〕《漢語大字典》（第二版），崇文書局、四川辭書出版社2010年版，第1963頁。

（34）含吐陰陽，押曳四時

高注：押曳，猶押引，和調之也。

按：押，景宋本作「狎」，並誤；莊本作「伸」，是。高注訓和調者，蓋本《俶眞篇》：「含陰吐陽，而萬物和同者，德也。」《雲笈七籤》卷17引《太上老君內觀經》：「發天象地，含陰吐陽，分錯五行，以應四時。」亦可參證。伸曳，《類聚》卷11、《書鈔》卷5陳禹謨補註引作「申洩」，《御覽》卷77引作「申曳」。「伸」同「申」，字或作抻、俹、搟，此字吳方言讀去聲；「洩」字誤。《廣韻》：「抻，抻物長也。」《集韻》：「伸，申也，或作俹、抻、搟。」又「抻，展也。申，引也。」又考《玉篇》：「曳，申也、牽也、引也。」本字為拽，字或作拽，《說文》：「拽，捯也。捯，臥引也。」《廣韻》：「拽，亦作拽，扡也。」則「伸（申）」、「曳」同義連文，猶言牽引、拉伸。李哲明謂「伸曳」當作「臾曳」，張雙棣、何寧並從之，謂即牽引之義，雖得其義，而改字無據。

（35）陰陽者，承天地之和，形萬殊之體

按：「陰陽」上，《類聚》卷11、《御覽》卷77引並有「法」字，當據補。下文「法陰陽者，德與天地參，明與日月並」，正有「法」字。

（36）開闔張歙，不失其敍；喜怒剛柔，不離其理

高注：歙，讀曰脅。敍，次也。

按：《類聚》卷11引「歙」作「斂」，「敍」作「序」，「離」作「雜」；《御覽》卷77引「歙」作「翕」，「敍」作「序」；《御覽》卷19引「敍」亦作「序」，引注「脅」作「翕」。「斂」、「雜」、「脅」並為誤字，「序」為「敍」借字，「歙」為「翕」借字。《說文》：「敍，次弟也。」《爾雅》：「翕，合也。」

（37）法陰陽者，德與天地參，明與日月並，精與鬼神總

高注：參，並。

按：道藏本、景宋本注作「參，明」，鍾佛操疑「明」為「朋」字之誤。王本注作「參，並」。張雙棣謂參訓三，引《禮記‧孔子閒居》「三王之德參於天地」鄭注：「參天地者，其德與天地為三也」。鄭注未

確，高注當作「參，並」。《文子・下德》作「德與天地參光，明與日月並照，精神與鬼神齊靈。」則「參」必非「三」也。《道德指歸論》卷5：「德與天地相參，明與日月同光。」與本文尤爲相合。《傅子・治體篇》：「則威德與天地並矣。」正作「並」字，亦其旁證。《易・乾》《文言》：「夫大人者，與天地合其德，與日月合其明。」爲此文所本，可證「參」與「並」、「齊」、「同」、「合」同義。《時則篇》：「與天合德，與神合明。」《莊子・在宥》：「吾與日月參光。」成疏：「參，同也。」《荀子・賦》：「大參天地。」《類聚》卷1引「參」作「齊」。皆其證也。趙宗乙亦謂張說非是〔註33〕，茲補確證焉。

（38）戴圓履方，抱表懷繩

按：懷，《文子・下德》作「寢」，舊註：「進正之道，皆在法象。」「懷」疑「寢」字脫誤。《覽冥篇》：「背方州，抱圓天……枕方寢繩。」高注：「方，檕四寸也。寢繩，直身而臥也。」所解「方，檕四寸也」不知何意，《文子・精誠》「枕方」作「枕石」，是也。

（39）優柔委從

按：楊樹達、何寧並謂從讀爲縱，傎矣。另詳《原道篇》「優遊委縱」條校補。《文子・下德》作「委順」，順、從同義。

（40）扶撥以爲正，壞險以爲平

高注：撥，任也。扶，治也。

按：任，吳闓生、吳承仕並校爲「枉」，可從；王溥本作「正」，朱本作「亂」，並臆改。吳汝綸、吳承仕並謂「撥」訓不正；朱駿聲、陶鴻慶、楊樹達、姜亮夫並謂「撥」借爲「𡴋」〔註34〕，不正之貌，諸說並是也。《楚辭・懷沙》：「孰察其撥正？」孫詒讓曰：「撥謂曲枉，與『正』對文。」〔註35〕《管子・宙合》：「夫繩，扶撥以爲正；準，壞險以爲平。」爲此文所本。《主術篇》：「扶撥枉橈，不失鍼鋒。」

〔註33〕趙宗乙《淮南子札記》，黑龍江人出版社2009年版，第130頁。
〔註34〕朱駿聲《說文通訓定聲》，武漢市古籍書店1983年版，第680頁。姜亮夫《楚辭通故》，收入《姜亮夫全集》第4卷，雲南人民出版社2002年版，第746頁。
〔註35〕孫詒讓《札迻》，中華書局1989年版，第403頁。

「撥枉橈」三字同義連文〔註36〕。于省吾曰:「扶謂扶持,撥謂撥正。」馬宗霍乙作「撥扶」,謂「撥」訓治,「扶」爲不正之義,「任」爲「左」字形誤;林定川謂「撥」讀爲廢,訓廢棄,「扶撥」即興廢繼絕之義〔註37〕,諸說並失之。《說文》:「扶,左也。左,手相助也。」「左」是佐助義,馬宗霍謂「左」是不正,轉換了概念,大誤。此文「扶」當讀爲榜,《說文》:「榜,所以輔弓弩。」引申爲矯正、糾正之義。《人間篇》:「去高木而巢扶枝。」許注:「扶,旁也。」以聲爲訓,是其比。扶撥,《文子‧下德》作「匡邪」,《纘義》本作「匡裹」,同義。壞,《文子》誤作「攘」。馬宗霍謂「壞」當作「攘」,已爲何寧所駁。

(41) 明於禁舍開閉之道,乘時因勢,以服役人心也

按:禁舍開閉,《文子‧下德》作「施捨開塞」。「開閉」同「開塞」,「施」字誤。《兵略篇》:「明於禁舍開塞之道,乘時勢,因民欲,而取天下。」《要略篇》:「操舍開塞,各有龍忌。」「操」字亦誤。《尉繚子‧兵談》:「明乎禁舍開塞,民流者親之,地不任者任之。」皆本於《逸周書‧文傳解》:「不明開塞禁舍者,其失天下如化。」〔註38〕則「禁舍」、「開塞」爲先秦之術語。舍,不禁也,指開山澤所遮禁者,以與民同利。《商君書》有《開塞篇》,《史記‧商君傳》《索隱》:「開謂刑嚴峻,則政化開;塞謂布恩賞,則政化塞。」〔註39〕也稱「開闔決塞」,《管子‧地數》:「伊尹善通移輕重,開闔決塞,通于高下徐疾之筴,坐起之費也。」

(42) 故小而行大,則滔窕而不親

高注:滔窕,不滿密也。

按:《呂氏春秋‧適音》:「不詹則窕。」高注:「窕,不滿密也。」《要略篇》:「布之天下而不窕。」高注:「窕,緩也。」《廣雅》:「韜,緩

〔註36〕 蔣禮鴻則謂「枉」爲「匡」或「排」之誤。蔣禮鴻《續〈淮南子校記〉》,收入《蔣禮鴻集》卷3,浙江教育出版社2001年版,第364頁。
〔註37〕 林定川《詞義札記》,《語文研究》1990年第2期。
〔註38〕 「其失天下如化」,今本作「其如天下何」,從王念孫說據《治要》卷8引校正。
〔註39〕 另有二解,參見黃懷信等《逸周書彙校集注(修訂本)》所引諸家說,上海古籍出版社2007年版,第246〜247頁。

也。」又「韜、窊，寬也。」傅山曰：「今忻州鄉語謂寬大有餘皆（曰）超滔，亦此滔窊之義。」〔註40〕王念孫《疏證》引此文，云：「韜、綯、滔並通。」又《補正》云：「佻，緩也。佻與窊同。」〔註41〕王說是也，而猶未盡。《廣韻》：「韜，寬也。綯，上同。」韜字或作鞱，《集韻》：「韜、鞱，一曰寬也，或從革。」窊字或作庬，《廣韻》：「庬，不滿之貌。」《集韻》：「庬，不滿也。」寬緩亦即不滿密也，滔、窊同義連文。《文子・下德》「滔窊」作「窮塞」。

（43）故閉四關，止五遁，則與道淪

高注：四關，耳目心口。遁，逸也。淪，入也。

按：遁，《文子・下德》明刊本誤作「道」，《纘義》本不誤。舊註：「五遁，謂五情。」

（44）真性命之情

按：真，別本作「冥」，《文子・下德》作「直」。王叔岷謂「真」為「冥」之誤，王利器亦謂作「冥」義勝〔註42〕，張雙棣謂「真」即《莊子》「貴真」之「真」，「直」為「真」之誤。彭裕商曰：「『直』當是『慎』字之誤，『慎』與『順』古通。『真』、『冥』亦均當是『慎』字之誤。」〔註43〕竊謂「直」字是，《說文》：「直，正見也。」引申訓正。《莊子・駢拇》：「彼正正者，不失其性命之情。」故此云「正性命之情」。《泰族篇》：「直行性命之情，而制度可以為萬民儀。」正作「直」字。

（45）精泄於目則其視明，在於耳則其聽聰，留於口則其言當，集於心則其慮通

高注：泄，猶通也。集，止也。

按：「泄」為古楚語，息止也。參見附錄二《〈淮南子〉古楚語舉證》。

〔註40〕 傅山《讀子二・淮南存雋》，收入《霜紅龕集》卷33，《續修四庫全書》第1395冊，上海古籍出版社2002年版，第665頁。

〔註41〕 王念孫《廣雅疏證》、《廣雅疏證補正》，並收入徐復主編《廣雅詁林》，江蘇古籍出版社1998年版，第237頁。

〔註42〕 王利器《文子疏義》，中華書局2000年版，第414頁。

〔註43〕 彭裕商《文子校注》，巴蜀書社2006年版，第187頁。

（46）百節莫苑

高注：苑，病也。苑讀南陽之宛也。

按：苑，讀爲薀。已詳《俶眞篇》「形苑而神壯」條校補。

（47）大構駕，興宮室

高注：構，連也。駕，材木相乘駕也。

按：駕，《文選·蕪城賦》、《同謝諮議銅雀臺詩》李善註、《初學記》卷24、《記纂淵海》卷 8 引並作「架」，張雙棣謂「架」爲後起區別字。字或作「加」，下文「大廈曾加」，高注：「曾，重。加，材木相乘架也。」何寧謂「加」爲「架」之誤，失之。《楚辭·天問》：「斡維焉繫？天極焉加？」聞一多曰：「加之言架也。」〔註44〕姜亮夫曰：「加字應讀作架。」〔註45〕姜說當本於聞氏。

（48）積堞旋石

高注：堞，累。

按：《文選·吳都賦》劉淵林註引作「積疊琁玉」，朱駿聲、張雙棣並謂堞借爲疊〔註46〕，《廣韻》：「疊，重也，累也，積也。」「堞」爲古楚語，參見附錄二《〈淮南子〉古楚語舉證》。旋，讀爲璿（璇、琁），《選》注、《玉篇殘卷》引正作「琁」。

（49）曲拂邅回，以像湡湑

高注：拂，戾也。邅回，轉流也。

按：朱駿聲謂拂借爲咈、弗〔註47〕，以申高注。《泰族篇》：「聖人見禍福於重閉之內，而慮患於九拂之外者也。」許注：「九拂，九曲。」拂亦曲也，同義連文。水流曲折則不順，故爲違逆也。「曲拂邅回」猶言曲折回轉。《原道篇》：「邅回川谷之間。」高注：「邅回，猶委曲也。」《文選·三月三日曲水詩序》：「曲拂邅廻，潺湲徑復。」劉良

〔註44〕聞一多《〈天問〉釋天》，收入《古典新義》，《聞一多全集》卷 2，三聯書店 1982 年版，第 321 頁。

〔註45〕姜亮夫《楚辭通故（四）》，收入《姜亮夫全集》卷 4，雲南人民出版社 2002 年版，第 64 頁。

〔註46〕朱駿聲《說文通訓定聲》，武漢市古籍書店 1983 年版，第 142 頁。

〔註47〕朱駿聲《說文通訓定聲》，武漢市古籍書店 1983 年版，第 626 頁。

注：「曲拂邅廻，謂水曲折流也。」

（50）殘高增下

高注：殘，墮也。增，益也。

按：馬王堆帛書《十六經・三禁》：「地之禁，不口高，不曾（增）下。」
又《稱》：「隋高增下，禁也。」〔註48〕可相參證。于鬯謂「高」、「下」
二字當互易，失之。殘，讀爲劗，《廣雅》：「殘，削也。」《集韻》：
「劗，平也、剪也。」字或作鏟、剗，《慧琳音義》卷 34、64 並引
《蒼頡篇》：「鏟，削平也。」

（51）接徑歷遠，直道夷險

高注：接，疾也。徑，行也。道之陁者正直之。夷，平也。

按：「接徑」、「直道」對舉成文，接亦直也，徑亦道也。吳汝綸、楊樹達
謂接讀爲捷、疌，以申高注，未安。高注誤以「直道」、「夷險」對
舉，故云「道之陁者正直之」。向宗魯謂「直道」當作「直迆」，已
爲何寧所駁。「歷遠」、「夷險」亦對舉成文，《治要》卷 37 引《愼子》：
「絕險歷遠者，不慢於御。」是其比。《要略篇》：「接徑直施，以推
本樸。」許注：「施，邪。」《楚辭・大招》：「接徑千里，出若雲只。」
王逸注：「言楚國境界，徑路交接，方千餘里。」朱季海曰：「『接徑』
楚語，猶貫穿、旁通云爾。《要略》曰：『接徑直施，以推本樸。』
是也。王注太拘。」〔註49〕二解亦皆失之。朱子註：「接徑，猶言通
路也。」得之。

（52）終日馳騖，而無蹟蹈之患

按：王念孫曰：「『蹟蹈』當爲『蹟陷』，字之誤也。蹟與隤同。高注《原
道》、《說山》、《修務》並云：『蹟，躓也，楚人謂躓爲蹟。』《玉篇》：
『陷，隤也。』《原道篇》曰：『先者隤陷，則後者以謀。』又曰：『蹟
陷（今本陷字亦誤作蹈）於污壑穽陷之中。』皆其證也。」王說至
確，而猶未盡。諸文「蹟」字正用楚語，《集韻》：「蹟，楚人謂躓仆

〔註48〕馬王堆帛書《十六經・三禁》、《稱》，收入《馬王堆漢墓帛書〔壹〕》，文物出
　　　　版社 1980 年版，第 74、82 頁。
〔註49〕朱季海《楚辭解故》，上海古籍出版社 1980 年版，第 178 頁。

爲蹟。」《說山篇》:「萬人之蹟,愈於一人之隧。」高注:「隧,陷也。」「蹟陷」即「蹟隧」也,隧讀爲墜、隊。隕,字或作隨,隨之言墜也。《廣韻》:「隕,下墜也。」「蹟陷」或作「隕陷」,《資治通鑑》卷248:「後古牆因雨隕陷。」胡三省註:「隕,下墜也。」字或作「潰陷」〔註50〕,《六韜·戰車》:「日夜霖雨,旬日不止,道路潰陷,前不能進,後不能解者,車之陷地也。」或倒作「陷潰」,《後漢書·南匈奴傳》:「更相馳突,至於陷潰創傷者。」朱起鳳《辭通》卷20從王氏說,是也;而卷19謂「蹟蹈」爲「潰淖」之訛,解爲「泥濘」〔註51〕,則失之。《人間篇》:「人莫蹟於山,而蹟於垤。」許注:「蹟,躓也。垤,蟻封。」考《韓子·六反》:「不躓於山,而躓於垤。」《古文苑》卷14漢·揚雄《揚州牧箴》:「人咸躓於垤,莫躓於山。」《呂氏春秋·慎小》:「人之情不蹶於山,而蹶於垤。」高注:「蹶,躓,顚頓也。」「蹶」同「蹷」,《說文》:「蹷,僵也。」《廣韻》:「蹷,失腳也。」諸書所引蓋古諺語,此正《淮南》用楚語「蹟」,而《韓子》、《呂氏》、揚雄等用通語「躓」、「蹶」之證也。《玉海》卷31引《淮南》作「躓」,則易作通語矣。

(53) 華蟲疏鏤,以相繆紾

高注:《書》曰:「山龍華蟲,藻火粉米。」繆紾,相纏結也。

按:《賈子·禮容語下》:「夫宮室不崇,器無蟲鏤,儉也。」《吳越春秋·王僚使公子光傳》:「不聞以土木之崇高,蟲鏤之刻畫,金石之清音,絲竹之淒唳,以之爲美。」「蟲鏤」即「華蟲疏鏤」也。《國語·周語下》作「器無彤鏤」,韋注:「彤,丹也。鏤,刻金飾也。」《國語》作「彤鏤」,借字。汪遠孫曰:「《賈子》作『蟲鏤』。彤、蟲聲近通假。」〔註52〕未定何者爲正字。朱駿聲曰:「蟲,叚借爲彤。」〔註53〕朱起鳳曰:「彤爲彫字之誤……蟲、彤疊韻。」〔註54〕方向東曰:

〔註50〕 參見朱起鳳《辭通》,上海古籍出版社1982年版,第2197頁。

〔註51〕 朱起鳳《辭通》,上海古籍出版社1982年版,第2197、2042頁。

〔註52〕 汪遠孫《〈國語〉明道本考異》,收入國學叢書《國語》附錄,商務印書館1958年版,第281頁。

〔註53〕 朱駿聲《說文通訓定聲》,武漢市古籍書店1983年版,第41頁。

〔註54〕 朱起鳳《辭通》,上海古籍出版社1982年版,第2173頁。

「『蠹鏤』當作『彤鏤』……賈誼必從《左傳》。」〔註55〕恐皆未確。
王引之曰：「蠹者赨之借字，《說文》：『赨，赤色也。』通作蠹，又
通作彤。」〔註56〕馬瑞辰、徐復說同〔註57〕，亦可商〔註58〕。

（54）寢兕伏虎，蟠龍連組

高注：蟠龍詰屈，相連文錯，如織組文也。

按：《國語・晉語八》：「而能金玉其車，文錯其服。」韋注：「文，文織。
錯，錯鏤也。」汪遠孫曰：「錯，謂繡也。《孟子・告子上》：『所以
不願人之文繡也。』趙岐注：『文繡，繡衣服也。』《世本》文王子
有錯叔繡……竝取文采交錯之義，韋云『錯鏤』，失之。」〔註59〕吳
承仕謂「文」爲「交」字之誤，張雙棣從之，未得。蟠，讀爲般，
盤旋曲折也。詳《道應篇》「下蟠於地」條校補。

（55）偃蹇蓼糾，曲成文章

按：蓼，讀爲繆、摎，與「糾」同義連文。《文選・吳都賦》：「輶軒蓼擾。」
李周翰注：「蓼擾，亂貌。」亦借蓼爲繆、摎。或倒作「糾蓼」，《漢
書・司馬相如傳》《大人賦》：「糾蓼叫奡。」顏師古注引張揖曰：「糾
蓼，相引也。」偃蹇，委曲纏繞貌〔註60〕。

（56）抑微滅瑕

高注：言劍理之美，沒滅其瑕。

按：孫詒讓謂微讀爲黴，訓隙。竊謂微讀爲黴，《說文》：「黴，〔物〕中
久雨青黑，從黑微省聲。」〔註61〕《廣雅》：「黴，敗也。」《玉篇》：

〔註55〕方向東《賈誼集匯校集解》，河海大學出版社 2000 年版，第 391～392 頁。
〔註56〕王引之《經義述聞》，江蘇古籍出版社 1985 年版，第 473 頁。
〔註57〕馬瑞辰《毛詩傳箋通釋》，中華書局 1989 年版，第 893 頁。徐復《〈賈誼集匯
　　　校集解〉序》，收入《語言文字學論稿》，江蘇教育出版社 1995 年版，第 383
　　　頁。
〔註58〕參見蕭旭《〈國語〉校補》，收入《群書校補》，廣陵書社 2011 年版，第 94～
　　　95 頁。
〔註59〕汪遠孫《〈國語〉發正》，收入王先謙《清經解續編》，鳳凰出版社 2005 年版，
　　　第 3110 頁。
〔註60〕參見趙達夫《釋「偃蹇」》，《新疆師範大學學報》1987 年第 1 期。
〔註61〕「物」字據《集韻》引補。

「黴，黴敗也。」字或省作黣，《集韻》：「黴、黣，《說文》：『物中久雨青黑。』一曰敗也，或省。」字或作溦，《玄應音義》卷 15「生溦」、「青溦」條並引《通俗文》：「物傷濕曰溦也。」《慧琳音義》卷 58「生溦」條引《通俗文》作「溦」，「溦」、「溦」並讀爲黴，字亦作黣，俗作霉，見《正字通》。字或作穤，《廣雅》：「穤，敗也。」又「穤，黑也。」《玉篇》：「穤，黑也，禾傷雨也。」《廣韻》：「穤，禾傷雨則生黑班也。」章太炎曰：「《爾雅》：『骭瘍爲微。』微即黴、溦，傷濕生瘍也。今人猶謂胯間生瘍曰黴毒。」〔註 62〕方以智曰：「陰淫之色曰黴黣，黴黣音梅輆，一作霉黣。淫氣著衣物生斑沫也。黣又作黫、沴。」〔註 63〕黣又作黔、顠。今吳方言猶有「霉黣」、「霉黣氣」之語〔註 64〕。《說山篇》：「後黴黑。」《修務篇》：「舜黴黑，禹胼胝。」又「顏色黴黑。」並用本字「黴」。《戰國策・趙策二》：「今寡君有微甲鈍兵。」微亦讀爲黴，黴甲，言鎧甲生黴也。《史記・張儀傳》「微」作「敝」，《說文》：「敝，一曰敗衣。」義正相合，並訓爲敗。鮑彪、金正煒、范祥雍並從《史記》改作「敝」〔註 65〕，失《策》文之舊；何建章謂「微」訓虧傷〔註 66〕，亦失之。字亦借作黐，《論衡・感類》：「晉文反國，命徹黐墨，舅犯心感，辭位歸家。」吳承仕曰：「《韓非子・外儲說左上》：『文公反國，至河，令手足胼胝，面目黎黑者後之』……云黐墨者，黐假爲黴，黐、黴同部聲近。《淮南子・說山訓》云：『文公棄荏席，後黴黑，舅犯

〔註 62〕 章太炎《新方言》卷 4，收入《章太炎全集（七）》，上海人民出版社 1980 年版，第 97 頁。

〔註 63〕 方以智《通雅》卷 12，收入《方以智全書》第 1 冊，上海古籍出版社 1988 年版，第 468 頁。

〔註 64〕 參見許寶華、宮田一郎《漢語方言大詞典》，中華書局 1999 年版，第 7015～7016 頁。

〔註 65〕 金正煒《戰國策補釋》，收入《續修四庫全書》第 422 冊，上海古籍出版社 2002 年版，第 519 頁。范祥雍《戰國策箋證》，上海古籍出版社 2006 年版，第 1044 頁。

〔註 66〕 何建章《戰國策注釋》，中華書局 1990 年版，第 675 頁。1998 年我作《戰國策札記》十餘萬言，寄呈何先生請益，何先生逐條寫出審讀意見，亦十餘萬言，憶之恍如昨日。拙見之偶得者，何先生採入新著《戰國策校釋》中。此條亦獲何先生首肯。時光匆遽，一晃十二年矣，附誌於此，良足一歎。

辭歸。』黳墨即黥黑也。」〔註67〕

（57）煎熬焚炙

按：焚，《書鈔》卷 142 引作「燔」，《御覽》卷 849 引作「烹」。《集韻》：「焚，火灼物也，或作燓、炃、煩，古作燔。」《廣韻》：「燔，炙也。」另詳《齊俗篇》「煎敖燎炙」條校補。敦煌寫卷 S.5431《開蒙要訓》：「煎熬炃（炙）燔。」「炃」同「炙」、「焚」。

（58）衣無隅差之削

高注：隅，角也。差，邪也。古者質，皆全幅爲衣裳，無有邪角。（邪角）削，殺也。

按：隅差，字或作「偶睉」、「隅眥」、「齵差」，已詳《原道篇》校補。

（59）凡人之性，心和欲得則樂，樂斯動，動斯蹈，蹈斯蕩，蕩斯歌，歌斯舞，歌舞節則禽獸跳矣；人之性，心有憂喪則悲，悲則哀，哀斯憤，憤斯怒，怒斯動，動則手足不靜矣

按：《禮記·檀弓下》：「人喜則斯陶，陶斯詠，詠斯猶，猶斯舞，舞斯慍，慍斯戚，戚斯歎，歎斯辟，辟斯踊矣。」鄭註：「陶，鬱陶也。猶，當爲搖，聲之誤也。搖謂身動搖也，秦人猶、搖聲相近。」〔註68〕「陶」訓鬱陶，喜也；桂馥謂本字爲慆，朱駿聲謂本字爲嗂〔註69〕，竊謂據本文陶當讀爲蹈。《詩·菀柳》：「上帝甚蹈。」《慧琳音義》卷 24「陶現」條引「蹈」作「陶」。蹈，跳也，爲「喜」之表徵之一。二文可相參證。

（60）兵革羽旄，金鼓斧鉞，所以飾怒也

按：羽旄，《御覽》卷 339 引作「鏄麾」。斧，《治要》卷 41、《御覽》卷 339 引作「鈇」。《主術篇》：「兵革斧鉞者，所以飾怒也。」《荀子·樂論》、《禮記·樂記》並作「鈇」，「鈇」同「斧」，《淮南》用正字。

〔註67〕 吳承仕《論衡校釋》，北京師範大學出版社 1986 年版，第 114 頁。
〔註68〕 《御覽》卷 467 引「猶」作「搖」。
〔註69〕 桂馥《說文解字義證》，齊魯書社 1987 年版，第 875 頁。朱駿聲《說文通訓定聲》，武漢市古籍書店 1983 年版，第 275 頁。

（61）古者天子一畿，諸侯一同，各守其分，不得相侵

　　按：《治要》卷 41 引「分」下衍「地」字。

（62）驅人之牛馬，傒人之子女

　　高注：傒，繫囚之繫，讀曰雞。

　　按：如高注，傒讀爲繫、係，《說文》：「係，絜束也。」《治要》卷 41 引
　　　　正作「繫」。《莊子・山木篇》：「正纍係履而過魏王。」敦煌寫卷 P.2531
　　　　「係」作「傒」，是其例。楊樹達引《說文》「婡，女隸也」，謂傒爲
　　　　婡異文；于大成謂傒爲係異文，何寧引《孟子・梁惠王下》「若殺其
　　　　父兄，係累其子弟，毀其宗廟，遷其重器，如之何其可也」以證高
　　　　注，而謂楊說誤。竊謂二說並通，《尉繚子・武議》：「夫殺人之父兄，
　　　　利人之財貨，臣妾人之子女，此皆盜也。」可爲楊說佐證。

（63）非兵之所爲生也

　　高注：言兵爲禁暴整亂設，不爲作亂生也。

　　按：生，《治要》卷 41 引作「主」，形誤。馬宗霍謂「生」訓「出」，與
　　　　上文「舉不義之兵」相應；張雙棣謂馬說非，高注是，「生」當訓產
　　　　生。張說是也，《道德指歸論》卷 4：「是爭之所爲起，而兵之所爲生
　　　　也。」